雪友特選 9

빛과 사랑을 찾아서

미우라 아야꼬 지음
김유곤 옮김

설우사

역자의 말

 일본이 낳은 기독교인 소설가 미우라 아야꼬 여사의 작품들은 세상에 나올 때마다 장안의 화제를 불러일으켰고, 베스트 앤 롱 셀러(best and long sellers)가 되었으며, 드디어 외국어로까지 번역되어 전세계의 독자들에게 깊은 감명을 주기에 이르렀다. 그녀의 어떤 작품들은 영화화되어 또 다른 감동을 관객들에게 선사하기도 하였다.
 하지만 미우라 여사는 단순한 소설가일 뿐만 아니라, 그 자신 영혼의 구도자요, 몸과 마음의 아픔을 붙안고 우는 자들에 대한 위안자요, 방황하는 젊은 혼들의 친밀한 카운슬러이기도 하다. 그녀는 시인이요 수필가이자 탁월한 연설가이기도 한다.
 그러면 그녀의 이토록 다함없는 창조적 활동은 도대체 어디에서 발원(發源)하고 있는가? "그것은 성경이다"라고 역자는 일언지하에 대답할 수 있다. 미우라 여사 자신이 여러 곳에서 이렇게 술회하고 있다. 기나긴 요양 생활 중에 그녀에게 용기와 힘과 삶의 희망을 안겨다 주었던 것은 참으로 신·구약 성경의 보석 같은 한 구절 한 구절이었다. "수고하고 무거운 짐을 진 사람들아, 다 내게로 오라." —이 복된 초대의 말씀을 읽고 하염없는 눈물로 베갯잇을 적시면서 삶에의 의지를 불태워 나가다가 죽음의 문턱에서 마침내 재기하여 자기와 같은 불행에 우는 이들에의 격려자이자 위로자와 친구로서 재기하였던 것이다.
 그러기에 미우라 여사는 그녀의 글 군데군데에서 성경의 구절들을 인용하거나 성경의 스토리를 삽입하고 있음을 우리는 본다. 하지만 작품 안에서 성경을 소개하는 데는 제약이 있을 수밖에 없다. 그래서 그녀는 드디어 그녀 자신의 체험적인 성경 이해에 바탕을 두어, 초보자를 상대로 한 성경 입문서를 쓰기에 이르렀다. 그 신약 입문서가 본 설우사에서 펴낸 「생명의 샘터」이고, 구약 입문서가 바로 본서이다.

위에서 '초보자를 상대로 한 입문서'라고 하였으나, 그 내용을 살펴보면 반드시 초보자만을 위한 평이한 해설서는 아님을 곧 알 수 있다. 소설가적인 유려한 필치로 썼기에 문장만은 누구나 다 쉽게 읽어 나갈 수 있지만, 거기에 담긴 사상은 독보적인 것이 많이 있다. 엄청난 고통을 몸소 체험한 문인이요, 그것도 섬세한 여류작가가 아니고는 건드릴 수 없는, 일찍이 그 어떤 성서학자도 꼬집어내지 못하였던 독특한 풀이를 여러 곳에서 하고 있다. 그 풀이는 책상머리에서 두뇌를 짜낸 것이 아니라, 실생활에서 누구나가 맞닥뜨리곤 했던 그런 인생의 기미(機微)를 건드리고 있다는 점에서 이 책 자체가 하나의 '해설 문학' 장르에 들어가도 좋을 것이라고 생각된다.

이 책을 번역함에 있어서 우리 독자들이 알기 쉽도록 정성을 다하였다. 이 책을 통하여 구약 성경의 진수를 파악하고, 거기서 흘러나오는 은혜의 이슬에 흠뻑 젖게 되기를 기원하는 바이다.

1991년 6월 1일
역자 김유곤 씀

머 리 말

성경은 영원한 베스트셀러라고 일컬어진다. 우리 나라에서 전체 가정의 80퍼센트가 신약성경 한 권 정도는 가지고 있다는 말을 들은 적이 있다.

그토록 많은 사람들이 갖가지 고민을 하면서 성경을 손에 넣고 있는 실정이다. 그럼에도 불구하고, 성경은 그다지 읽혀지지 않고 있는 것 같다. 그것은 무슨 까닭일까? 성경은 역시 길잡이가 없으면 이해하면서 읽어 나가기가 어렵기 때문일 것이다. 더구나 구약성경은 읽는 사람이 적다. 그 한 가지 이유로서 구약성경에 대한 오해도 있는 성싶다.

나 자신도 성경을 읽기 시작했을 무렵 큰 오해를 품고 있었다. 구약성경은 현대교회에서는 이미 쓰지 않는 낡은 경전이라고 생각하고 있었다. 그러므로 마땅히 신약성경만이 성경인 줄로 잘못 알고 있었다.

얼마 후에야, 아무래도 이것은 큰 잘못으로서 구약성경이란 구교인 가톨릭을 위한 성경이고, 신약성경은 신교(프로테스탄트)의 성경이라고 인식하게 되었다. 물론 이것도 큰 잘못인데 그런 줄 모르고 있었던 나는, 어느 날 가톨릭 교회로 신부를 방문한 적이 있었다. 그리고,

"구약성경도 가지고 있습니다."

하고 마치 큰 자랑거리라도 되는 듯이 말했다. 그 까닭은, 구교에서는 구약성경만을 읽고 있다고 굳게 믿고 있었으므로 구약성경을 가지고 있다고 말하지 않으면 신부님에 대해서 실례가 된다고 생각했

기 때문이다.

 그 당시 나 자신을 생각하면 지금도 부끄러워서 고소를 금치 못하기 일쑤인데, 우선 구약성경에 대해서, 대부분의 사람들도 의외로 이와 비슷한 오해를 하고 있는 것이 아닐까. 그 정도까지는 아니더라도 성경이라면 으레 신약성경을 가리킨다고 믿고 있는 사람이 뜻밖에 많은 것 같다.

 두말할 나위도 없이 구약·신약을 합친 것을 성경이라고 말한다. 구약이란 하나님이 사람에 대해서 하신 옛 계약이고, 신약이란 새로운 계약을 일컫는데, 이 구약을 읽지 않으면 신약성경을 올바르게 이해할 수 없는 것이다.

 성경은 최고의 문학이라고 사람들은 말하는데, 재미있다는 점에서 말한다면 구약성경은 진짜 재미가 있다. 드라마틱한 장면이나 인간성의 아름다움과 추악한 점을 도처에서 볼 수 있기 때문이다. 되풀이해서 영화화되고, 영화화되기만 하면 히트하는 이유도 거기에 있다.

 그렇지만 어디까지나 경전은 경전이다. 아무래도 혼자서 읽으면 알 수 없는 곳이 있다. 또, 흥미 본위로 읽어 나가기만 하면 아무것도 얻지 못한다. 거기에 담겨 있는 보석과 같은 진리를 발견하지 않으면 의미가 없다. 특히 창세기처럼 얼핏 보기에 유치하게 보이기도 하는 신화 속에서 놀랄 만한 영원한 진리와 인생에 대한 예지가 내포되어 있는 대목도 있다. 그러므로 길잡이는 아무래도 필요하게 마련이다.

 앞에서도 말했듯이 나 자신의 경험을 돌이켜보더라도 그것이 통감되기 때문에, 나는 친근감을 가지고 쉬운 길잡이 책을 써 보려고 다짐한 바 있다. 다만 나는 평신도이지 목사도 아니며 신학자도 아니다. 그러나 평신도 나름의 알기 쉬운 입문서가 있어도 좋지 않을까 하고 주제넘게 손을 댔다. 물론 목사의 설교나 참고서에서 배운 지식을 바탕으로 삼았다.

　다 쓰고 보니 구약 전반에 걸쳐 균등하게 미치지 못하였다는 점, 처·첩을 천 명이나 거느렸던 솔로몬의 영화나 극적인 예언자의 활동, 왕궁의 부패, 그리고 허무에 관한 문제를 파헤친 전도서 등에 관해서는 좀더 언급하고 싶었으나 붓이 미치지 못한 점 등, 여러 모로 불만스러운 점이 남아 있다. 하지만 나로서는 이 책이 하나의 동기가 되어 한 사람이라도 더 성경과 가까워져 주셨으면 하는 절실한 소망을 품고 글을 써 나갔다. 나의 이 소망이 실현되어 성경 속에 담겨 있는 보배를 자신의 것으로 삼아 주시는 분이 한 사람이라도 더 늘어난다면 더 이상 다행한 일이 없겠다.

　　　　　　　　　　　　　　　　　　　　미우라 아야꼬

빛과 사랑을 찾아서 / 차 례

1. 천지창조   11
2. 아담과 이브   19
3. 가인과 아벨   37
4. 노아의 방주   54
5. 바벨탑   63
6. 롯과 그의 딸들   72
7. 아브라함의 신앙   87
8. 요셉의 이야기   94
9. 율법과 십계명   108
10. 장사 삼손   134
11. 아름다운 이야기, 룻기   146
12. 고난의 책, 욥기   153
13. 시편, 다윗왕의 공로와 죄   163
14. 잠 언   181
15. 예 언   189
16. 단편들   204

1. 천지창조

    나는 해나 달이나 별을 보고 있으면 말할 수 없는 감동을 느낄 때가 종종 있다. 그것은 '아, 주님도 내가 지금 보고 있는 이 해를 보셨겠지. 이 달빛 아래를 걸으신 적이 있겠지. 이 별빛을 그 사랑의 눈길로 바라보셨던 적이 있겠지' 하고 생각하기 때문이다. 이렇게 생각할 때, 예수 그리스도를 사모하는 마음은 내게 그지없이 행복하고 맑은, 그리하여 애틋한 심정이 된다.
    이러한 감정은 어쩌면 공감을 얻지 못할지도 모른다. 그러나 부모와 자식이, 남편과 아내가, 연인끼리 멀리 떨어져 있으면서 같은 달을 쳐다보고 같은 별을 바라보고 있을 경우의 감개를 상상해 보면 이해할 수 있으리라고 믿는다. 나는 세례를 받을 때에 성경의 누가복음 4장을 읽다가 이와 비슷한 감동을 받은 적이 있다.
    예수님은 자라나신 고향 나사렛으로 가셔서 전에 하시던 대로 안식일에 회당에 들어가셨다. 그리고 성경을 읽으려고 일어나서 이사야의 예언서를 받아 이렇게 쓰인 곳을 찾아 읽으셨다(누가복음 4 : 15~17).
    이사야의 글이라고 함은 두말할 것도 없이 구약성경의 일부이다. 그때 나는, '아 예수님도 구약성경을 읽으셨구나!' 별안간 감전이라도 된 것처럼 깜짝 놀랐다. 지금까지는 몇 번이고 이 장면을 읽으면서 아무런 느낌도 없이 그냥 읽어 내려갔었다.

나는 예수님 자신도 구약성경을 읽으셨다는 사실이 갑자기 중대하게 느껴졌다. 나는 즉시 견딜 수 없을 만큼 구약성경이 읽고 싶어졌고, 마침내 구약성경도 친근감을 가지고 읽게 되었다. 그 전까지는,

"성경을 읽고 있습니까?"
라는 물음에
"예, 읽고 있습니다."
라고 대답하곤 하였지만 사실은 구약성경을 별로 읽지 않고 있었기 때문에 어정쩡한 대답밖에 되지 않았던 셈이다. 실례되는 말이지만, 신약성경밖에 읽지 않는 그리스도 신자는 성경을 읽지 않는 신자라고 볼 수 있다.

구텐베르크가 인쇄기를 발명한 사실은 잘 알려져 있다. 그러나 그 최초에 인쇄된 책이 신약성경이었다는 사실은 세상에 별로 알려져 있지 않다. 성경이 인쇄되기 위해서는 얼마나 많은 사람들의 기도가 담겨져 있는지 모른다. 지금은 서점에 가면 성경을 얼마든지 손쉽게 살 수 있다. 인쇄기도 없던 시대를 생각하여 우리는 더 깊이 감사하는 마음으로 세계 최고의 문학인 성경을, 구약성경의 첫 페이지부터 읽어 주시기를 바란다.

이런 성경의 맨 첫줄부터 읽어 보자. 여기에는 이런 말이 쓰여 있다.

태초에 하나님이 우주를 창조하셨다. (창세기 1:1)

개역에는,

태초에 하나님이 천지를 창조하시니라.

로 되어 있다.

이 첫절을 이해하는 이는 성경 전체를 이해할 수 있다고 말한 사람이 있다. 내가 처음 이 구절을 읽었을 때는 별로 큰 무게가 있는 말이라고는 깨닫지 못했고, '하나님이 천지를 만드셨다니 정말일까'

라고 생각했다. 지구도 해도 달도 별도 모두 있으니까 있는 것으로만 알고 있었다. 언제부터인지 몰라도 천체의 질서 정연한 운행 하나만 놓고 보더라도 우연한 존재라고는 말할 수 없다고 생각하게 되었다. 처음에는 '그저 있으니까'라는 말대로 극히 막연하게 여겼을 뿐이다.

재작년에 무디 과학영화를 보고 알았는데, 태양은 지구가 백만 개 이상이나 들어가는 크기이며, 게다가 그런 태양을 5억 개나 넣을 수 있는 거대한 별이 이 우주에는 수없이 있다고 한다. 누구나 다 알고 있는 저 구름이나 안개처럼 보이는 은하계는 하나님의 소우주로서, 이 은하계에는 평균 천억 개의 별이 있다고 한다. 이같은 은하계가 1억 개나 있다고 하는데, 사실은 그 10억 배나 되는 은하계가 있다고도 한다. 그야말로 천문학적 숫자이다.

그러한 별의 수는 지상의 모래알보다 많다고 하는데, 그들이 한 법칙에 따라 질서 정연히 운행되고 있다는 사실 하나만으로도 우리는 겸손한 마음으로 창조주 하나님 앞에 머리를 숙여야 하지 않을까. 인간이 달세계에 갔다고 하여 아무리 뽐내 봤자 이 무한이라고도 말할 수 있는 수의 별을 생각하면 별로 대단할 것이 못 된다.

다른 별에 관해서는 일단 그대로 두기로 하고, 우리가 살고 있는 지구상에는 갖가지 나무나 풀, 갖가지 색깔의 꽃, 갖가지 형태의 과실, 곡물, 채소가 자라고 있다. 바다나 강에도 역시 갖가지 물고기나 생물들이 살고 있다. 다시 지상의 벌레, 작은 동물, 맹수, 하늘을 나는 새 등등, 그 하나하나의 생태를 생각하기만 해도 우리는 경탄하지 않을 수 없다. 이러한 것들이 그저 우연히 발생했다고는 도저히 생각되지 않는다.

진실한 과학자일수록 겸손하게 하나님의 뜻을 자연 속에서 찾아본다고 하는데, '하나님은 하늘과 땅을 창조하셨다'라는 말씀은 그야말로 진리이다. 만일 이 엄청나게 크고 넓은 우주 속에서 인간이 가장 위대한 존재라고 한다면 그것은 얼마나 우스운 말인지 모른다.

'인간은 그 손가락을 1분간도 촛불 위에 대고 있을 수 없는 약한 존재이다'라고 말한 사람이 있는데, 물리적으로뿐만 아니라 정신적으로도 극히 약한 것이 인간이다. 사소한 욕설을 들었다고 해서 잠을 못 이루기도 하고, 벌컥 화를 내어 돌이킬 수 없는 사태를 일으키기도 하는 것이 우리의 모습이다.

우리는 참으로 한 사람을 끝까지 사랑하기도 어려운 불성실한 존재다. 게다가 남을 밀어내고 자신의 지위를 높이려고 하거나 이득을 꾀하거나 하는 좁은 소견을 가지고 있는 것이 우리들이다. 이렇게도 천박하고 약한 인간이 이 우주 속에서 가장 힘이 있는 자요 가장 뛰어난 자라고 한다면, 나는 어쩐지 불안해서 견딜 수 없는 느낌이 든다. 그러나,

'하나님은 하늘과 땅을 창조하셨다.'

고 하였다. 나는 우선 이 한 마디를 되풀이 되풀이 생각하며 음미하며 터득함이 성경에 대하는 자세로서, 또한 인간이 사는 자세로서 꼭 필요한 일이라고 여겨진다.

세상에는 하나님이란 말을 듣기만 해도 비웃는 사람이 있다. 우리 인간에게는 쉽사리 하나님을 믿으려 하지 않는 성품이 있다. 자신의 작은 머리로 하나님을 인식하려고 하면 그것은 무리다.

눈에 보이는 자신의 생명에 대한 신비도 모르고, 화초의 신비조차 해명할 수 없다. 어떤 사람은, 아니 지금 해명해 나가고 있지 않느냐고 말할지도 모른다. 하지만, 해명하면 할수록 새로운 신비 앞에 서게 된다. 하물며 우주의 끝을 밝혀 낸다는 것은 얼마나 요원한 이야기인지 모른다. 하나님은 전우주보다 위대한 분이다. 인간의 머리로는 도저히 인식할 수 없다.

나는 신앙 입문서로서 「빛이 있는 곳에서」라는 책을 썼다. 그 속에서 하나님에 관해 여러 각도에서 언급했다. 되도록 중복을 피하려

고 이에 관해 너무 긴 말을 하지 않겠으나 다음 사항만은 말해 두고 싶다.

그것은 흔히 말하는 '하나님'은 인식의 대상이 아니라 '믿음'의 대상이라는 사실이다. 하나님이 계시느냐, 계시지 않느냐는 그 사람 자신의 영혼의 문제요 신앙의 문제이다. 그렇다고 자신이 믿을 수 없다고 해서 '하나님 같은 존재가 어디 있느냐' 하고 일소에 붙이면 안 된다. 나 자신도 하나님을 믿지 않았을 때는,

'하나님이 어디 있느냐.'
'크리스천은 딱 질색이야.'
'죽어도 크리스천은 되지 않겠다.'

라고, 심한 악담을 늘어놓은 적이 있다. 그때의 나 자신의 건방진 태도를 회상해 보면 부끄러워서 얼굴을 들 수가 없다.

구약 창세기 제1장에는 하나님이 천지를 만들고 온갖 동물과 식물을 만들었다고 적혀 있는데, 그 가운데는 다음과 같이 '사람을 만들었다'는 것도 쓰여져 있다.

> 하나님은 "우리의 모습을 닮은 사람을 만들어 바다의 고기와 공중의 새와 가축과 온 땅과 땅에 기어다니는 모든 생물을 지배하게 하자" 하시고
> (창세기 1:26)
> 하나님은 그들을 축복하여 이렇게 말씀하셨다.
> "너희는 많은 자녀를 낳고 번성하여 땅을 가득 채워라. 땅을 정복하라. 바다의 고기와 공중의 새와 땅의 모든 생물을 지배하라."
> (창세기 1:28)

라고 쓰여져 있다.

그러면, '하나님은 자신의 모습대로 사람을 창조하셨다'라고 함은 무슨 뜻인가를 살펴보자. 이것은 우리 인간의 영성에 관해 말한 것이다. 하나님은 육체를 갖고 계시지 않는 분(그리스도는 '하나님은 영이다'라고 말씀하셨다)이므로 하나님의 육체와 닮은 것이 아니라

그 영성을 닮았다는 것이다. 그러므로 인간의 육체에서 거꾸로 생각하여 하나님도 사람과 같은 얼굴 모습을 갖고 있다고 생각함은 잘못이다. 우리 인간은 하나님을 닮은 영성이 주어졌다. 즉 하나님은 인간의 영성의 원형이다.

1961년 남편 미우라(三浦)가 맹장염으로 아시히가와(旭川) 시립병원에 입원했을 때 남편을 간호하고 있던 나는 의사와 간호사, 그리고 매점의 주인에게서,

'A간호부장과 꼭 닮았다.'

는 말을 듣고 깜짝 놀랐다. A간호부장은 그보다 한두 해 전에 세상을 떠난 분으로 인품이 매우 좋아 많은 사람에게 호감을 샀던 분인 것 같다. 어떤 이는 일부러 그녀의 사진이 장식되어 있는 방으로 나를 안내해 주었다. 물론 나와 A간호부장이 닮았다는 것은 얼굴 모습이지 그 성격은 아닐 것이다.

나는 많은 사람들로부터 A간호부장과 닮았다는 말을 듣고 생전의 A간호부장을 만났더라면 하는 아쉬운 마음이 간절해지기도 했다. 자기와 닮은 사람에게는 그러한 친근감이 솟아나는지도 모른다. 그것은 어쨌든 '하나님이 자신의 모습대로 사람을 만드셨다'라는 한 절 속에는 인간에 대한 하나님의 지극한 사랑이 담겨져 있는 것이 아닐까. 나는 자꾸만 그런 생각이 든다. 하나님은 창조주이기 때문에 인간을 어떤 형상으로든 만드실 수가 있었다. 그런데도 유독 자신과 닮은 존재로 인간을 만드셨던 것이다. 이것은 과연 무슨 까닭일까.

그 한 가지 이유로서, 인간이 하나님의 마음을 알고 그것을 행하기 위해서가 아니었을까. 인간은 극히 작은 존재라고 말하면서도 한편으로는 '인간의 목숨은 세계보다도 귀중하다'라고 말한다. 그것은 하나님의 뜻대로 행하는 사명을 지닌 생명이기 때문이 아닐까. 인간의 생명과 다른 동식물의 생명과의 차이가 바로 여기에 있다고 나

는 생각한다.

성경은 명백하게,

땅을 정복하라. 모든 생물을 지배하라.

라고, 인간의 사명을 제시하고 있다. 즉, 하나님의 뜻에 따라서 자연관리를 하는 것이 인간의 사명이다. 코끼리나 곰이나 사자와 같은 맹수를 체력면에서 본다면 인간이 도저히 다스릴 수 없다. 그럼에도 불구하고,

지배하라.

라고 명령하셨다. 체력은 없더라도 인간에게는 하나님과 비슷한 사랑과 지혜가 부여되어 있기 때문이다.

우리들은 곧잘 '인간답다'라는 말을 쓴다. 그러나 '인간답다'라는 말의 참뜻을 우리는 모르고 사용하고 있는 것이 아닐까. 진정으로 '인간답다'라고 함은 '하나님을 닮은 인간'답다는 것이며, '하나님에 의해 창조된 자로서의 겸손과 하나님을 닮은 사랑과 지혜를 가지고 자연을 관리하는 사명감'을 갖는 일이 아닐까. 날마다 신문을 읽으면서 우리는 이 하나님에게서 위탁받은 자연관리의 사명을 얼마나 게을리하며 포기하고 있는지를 통감한다. 자연의 관리자인 인간은 첫째로 산야의 푸르름을 해쳐서는 안 된다. 강도 바다도 깨끗이 보존해야만 한다. 공기도 맑은 그대로 두어야만 한다.

하지만, 인간은 그 본래의 사명을 잊고 하나님의 의지나 사랑을 저버리고 자기중심으로 살아온 결과 갖가지 공해에 시달리게 되고, 학자는 지구의 생명이 앞으로 20년밖에 남지 않았다고 선언할 만큼 지상을 황폐시켜 버렸다. 그뿐이랴, 동일한 사명을 가진 인간끼리 원폭·수폭 등의 무기를 저장하여 엄청난 파괴를 지상에 미치려고까지 하고 있다. 모처럼 하나님으로부터 부여된 지혜도, 자유 의지도, 한없는 욕망을 위해 사용하게 되었을 때 스스로 자기의 목을 조이는 결과를 초래해 버린 셈이 된다. 하나님을 배신한 인간의 지혜

란 이미 본래의 사명을 저버린 것이다.

　구약성경에는 이 창조자이신 하나님으로부터 어떻게 해서 인간이 떨어져 나가고, 타락해 나가고, 마침내 얼마나 추악한 결과를 드러내게 되었는가를 곳곳에 묘사하고 있다. 그것은 최고의 문학이라 일컬어지기에 손색이 없을 만큼 지극히 드라마틱하다.

2. 아담과 이브

언젠가 내가 아는 한 여성에게서 붓글씨를 써달라는 부탁을 받고, '하나님이 천지를 창조하셨다'라고 썼는데, 그녀는 묵묵히 그 서예를 응시하고만 있었다. 뭔가 불만인 듯한 표정이었다. 나는 원래 글씨가 서투르다. 서투른 글씨여서 마음에 들지 않았는가 생각하고,
"죄송합니다. 글씨가 서툴어서…."
하고 사과했다.
"아니에요, 글씨는 마음에 들어요. 다만 하나님이 천지를 창조하셨다는 말씀이 납득되지 않는군요. 하나님이 인간도 창조하셨나요?"
"그렇구말구요. 남자와 여자를 하나님이 창조하셨다고 분명히 성경에는 적혀 있어요."
"그렇군요. 그러나 하나님이 인간을 창조하셨다면, 하나님은 참으로 불공평하고 심술궂은 분이예요. 하나님은 좀더 공평하고 사랑이 있는 분이라야 할 텐데요."
나는 가슴이 뜨끔했다. 그녀의 아이는 뇌성마비에 걸려 몇 미터를 걸어가는 데도 땀을 뻘뻘 흘려야만 했다. 나 자신도 13년 동안이나 병석에 누워 있었기 때문에 그녀의 괴로움을 잘 알 수 있었다.
'왜 인간은 고통을 받아야 하는가. 왜 인간에게는 고난이 따르는 것일까.'

이것은 우리가 자주 듣는 소리이며, 인간의 역사에 있어서 한없이 외쳐졌던 말이기도 하다. 세상에는 태어나면서부터 고난을 짊어진 분이나, 육친을 잇달아 여읜 분이나, 위로할 말조차 없는 고난을 겪고 있는 사람들이 현실적으로 수없이 많다. 이러한 현실의 고난에 관해서 나는 나름대로 「빛이 있는 곳에서」라는 신앙입문서에서도 다소 다루어 보았다.

여기서는 그에 관해서 일단 보류하기로 하고, 다음 사항에 초점을 맞추어 생각해 보고 싶다. 그것은 하나님이 이 세상을 만드시고 아담과 하와를 창조하셨을 때는 이 지상에 아무런 고통도 비참한 일도 없었다고 한다. 분명히 아담과 이브는 낙원에서 행복하게 살고 있었을 것이다. 그런데 이 두 사람은 낙원에서 쫓겨나고 말았다. 우리는 벌거벗은 남자와 여자가 둘이서 허리에 무화과 나뭇잎을 두르고 슬프게 쫓겨나가는 그림을 알고 있다. 유명한 아담과 이브의 실락원이란 그림이다. 이 두 사람이 추방당했을 때부터 인간의 괴로움은 시작되었다고 한다. 이 두 사람이 왜 낙원에서 쫓겨났을까. 누구나 다 알고 있듯이 선악과를 먹었기 때문이라고 한다. 그 성경의 구절(창세기 2 : 8 이하)을 다음에 조금 인용해 보기로 하자.

> 여호와 하나님은 에덴 동쪽에 동산을 만들어 자기가 지은 사람을 거기에 두시고 갖가지 아름다운 나무가 자라 맛있는 과일이 맺히게 하셨는데 그 동산 중앙에는 생명 나무와 선악을 알게 하는 나무도 있었다. (중략) 여호와 하나님은 자기가 만든 사람을 에덴 동산에 두어 그 곳을 관리하며 지키게 하시고 그에게 이렇게 말씀하셨다. "네가 동산에 있는 과일을 마음대로 먹을 수 있으나 단 한 가지 선악을 알게 하는 과일만은 먹지 말아라. 그것을 먹으면 네가 반드시 죽을 것이다."

이 뒤에 하나님은 "사람이 혼자 사는 것이 좋지 못하니 내가 그를 도울 적합한 짝을 만들어 주겠다"라고 말씀하시고, 새와 들짐승을 사람에게로 데리고 왔는데 사람을 돕는 조수가 되지 못했으므로 사람의 갈비뼈로 여자를 만드셨다는 말씀이 이어진다. 그리고 사람과 그 아내는 둘 다 알몸이면서도 부끄러워하지 않았다고 씌어 있다.

여호와 하나님이 창조하신 동물 중에서 뱀이 가장 교활하였다. 뱀이 여자에게 "하나님이 정말 너희에게 동산에 있는 모든 과일을 먹지 말라고 하셨느냐?" 하고 묻자 여자가 뱀에게 대답하였다. "우리가 동산의 과일을 먹을 수 있으나 동산 중앙에 있는 과일은 하나님이 '먹지도 말고 만지지도 말아라. 그렇지 않으면 너희가 죽게 될 것이다'라고 말씀하셨다." 그때 뱀이 여자에게 "너희는 절대로 죽지 않을 것이다. 하나님이 너희에게 그렇게 말씀하신 것은 너희가 그것을 먹으면 눈이 밝아져서 하나님과 같이 되어 선악을 분별하게 될 것을 하나님이 아셨기 때문이다" 하고 말하였다.

여자가 그 나무의 과일을 보니 먹음직스럽고 보기에 아름다우며 지혜롭게 할 만큼 탐스럽기도 하였다. 그래서 여자가 그 과일을 따서 먹고 자기 남편에게 주니 그도 그것을 먹었다. 그러자 갑자기 그들의 눈이 밝아져서 자기들이 벌거벗은 것을 알게 되었다. 그래서 그들은 무화과나무 잎을 엮어서 치마를 만들어 몸을 가렸다.

그 날 저녁, 날이 서늘할 때에 아담과 그의 아내는 여호와 하나님이 동산에서 거니시는 소리를 듣고 그분의 낯을 피하여 동산 나무 사이에 숨었다.

그때 여호와 하나님이 아담을 불러 물었다.

"아담아, 네가 어디 있느냐?"

"내가 동산에서 하나님이 거니시는 소리를 듣고, 벗었으므로 두려워 숨었습니다."

"네가 벗은 것을 누가 너에게 말해 주었느냐? 내가 먹지 말라고 한 과일을 네가 먹었구나!"

"하나님이 나와 함께 있게 하신 여자가 그 과일을 주어서 내가 먹었습니다."

그때 여호와 하나님이 여자에게 "네가 어째서 이렇게 하였느냐?" 하고 묻자 여자는 "뱀이 꾀어서 내가 먹었습니다" 하고 대답하였다.

그래서 여호와 하나님이 뱀에게 말씀하셨다. "네가 이런 짓을 하였으니 모든 가축과 들짐승보다 더욱 저주를 받아 지금부터 배로 기어다니고 죽을 때까지 흙을 먹을 것이다. 내가 너를 여자와 원수가 되게 하고 너의 후손도 여자의 후손과 원수가 되게 하겠다. 여자의 후손이 네 머리를 상하게 할 것이며 너는 그의 발꿈치를 상하게 할 것이다."

그리고 하나님이 여자에게 말씀하셨다. "내가 너에게 임신하는 고통을 크게 더할 것이니 네가 진통을 겪으며 자식을 낳을 것이요, 너는 남편을 사모하고 남편은 너를 다스릴 것이다."

그리고서 하나님은 아담에게 말씀하셨다. "네가 네 아내의 말을 듣고 내가 먹지 말라고 한 과일을 먹었으니 땅은 너 때문에 저주를 받고 너는 평생 동안 수고해야 땅의 생산물을 먹게 될 것이다. 땅은 너에게 가시와 엉겅퀴를 낼 것이며 너는 들의 채소를 먹어야 할 것이다. 너는 이마에 땀을 흘리며 고되게 일을 해서 먹고 살다가 마침내 흙으로 돌아갈 것이다. 이것은 네가 흙으로 만들어졌기 때문이다. 너는 흙이므로 흙으로 돌아갈 것이다."

아담은 자기 아내의 이름을 '이브'라고 지었는데 이것은 그녀가 온 인류의 어머니가 되었기 때문이다. 그리고 여호와 하나님은 아담과 그의 아내에게 가죽옷을 만들어 입히셨다.

여호와 하나님이 "이제 사람이 우리 중 하나같이 되어 선악을 알게 되었으니 그가 생명 나무의 과일을 따먹고 영원히 살게 해서는 안 된다" 하시고 그 사람을 에덴 동산에서 추방하여 그의 구성 원소인 땅을 경작하게 하셨다.

이와 같이 하나님은 그 사람을 쫓아 내시고 에덴 동산 동쪽에 그룹 천사들을 배치하여 사방 도는 화염검으로 생명 나무의 길을 지키게 하셨다.

인용이 다소 길어지기는 했으나, 창세기 2장의 일부와 3장 전부의 내용을 적어 보았다. 굳이 이토록 긴 성구를 인용한 까닭은 죄가 인간의 세계로 들어온 경위와, 그 결과 인간에게 고난이 들어온 사연이 여기에 명확하게 씌어져 있기 때문이다. 이 대목을 모르고는 인간의 죄에 관해서 말할 수 없다. 따라서 구원에 관해서도 깨달을 수 없다. 이 대목은 모든 사람이 특히 주의깊게 읽어야 할 중요한 부분이다.

얼마 전 우리 집의 가정집회에 오신 분에게서 이런 말씀을 들었다.

"금(禁)한다는 한자는 두 그루의 나무(木)를 가리킨다(示)라는 뜻이라고 합니다."

과연 그렇구나 하고 우리들은 고개를 끄덕였다. 금(禁)이라는 한자는 숲(林)을 가리킨다고 보는 것도 무방하겠지만, '두 그루의 나무(木)를 가리킨다'라고 보는 것은 흥미롭다. 창세기에는 앞에서 적은 것처럼, '동산 중앙에 생명의 나무와 선악을 알게 하는 나무를 자라게 했다'라고 분명히 씌어 있다.

하나님은 처음부터 두 나무의 열매를 금하신 것은 아니었다. 선악을 아는 나무의 열매만이 금지되었다. 그러나 이 선악을 아는 나무 열매를 따 먹은 아담과 이브는 '생명의 나무'에 이르는 길까지 단절되어 버렸다. '금(禁)'이라는 한자가 성립된 유래는 알 수 없지만, 이것은 매우 뜻깊고 재미있는 글이라고 생각된다.

그런데 이브가 이 금(禁)을 어긴 까닭은 무엇일까. 뱀에게 유혹을 당했기 때문이다. 이 뱀의 꼬임수는 아주 완벽하여 빈틈이 없다. 뱀은,

"동산에 있는 어떤 나무에서도 열매를 따 먹지 말라고 진정 하나님이 말씀하셨는가?"

라고 묻고 있다. 다음에,

"죽지는 않아요. 그걸 먹으면 그대들은 하나님처럼 선악을 아는 자가 될 뿐이에요."

라고 말하고 있다. 뱀은 한 마디도,

"먹어 보아라."

라고는 말하지 않았다. 이브는 나중에,

"뱀이 속였습니다."

라고 말하고 있지만 뱀은 결코,

"나는 먹으라는 말은 한 마디도 하지 않았습니다."

라고 하나님께 따질 수 있는 여지를 남기고 교묘하게 유혹하고 있다.

우리들 주위는 유혹으로 가득 차 있다. 유혹을 당하지 않는 인생은 없다. 나는 이 인간 타락의 이야기를 읽고 영 풀리지 않는 곳이 몇 군데 있었다. 첫째로 '왜 먹어서는 안 될 나무를 거기에 만드셨는가'라는 것이며, 또 하나는 '이 선악과의 열매는 도대체 누가 먹는가'라는 점이었다.

보기에는 먹음직한 열매가 달린 나무를 동산 한복판에 심어 놓고 이것만은 먹지 말라는 말씀은 너무 가혹하지 않을까. 더구나 그것을 먹으면 죽을지도 모르는 그런 위험한 나무를 무엇 때문에 거기에 심어 두었을까. 이러한 점이 나로서는 이해할 수가 없었다. 또한 하나님이 인간을 만드신 이상 백 퍼센트 하나님께 순종하는 마음을 갖도록 해 주셨더라면, 아담도 이브도 금단의 열매를 안 따먹지 않았을까 하는 누구나가 품을 수 있는 의문을 나도 가지고 있었다.

하지만 하나님은 자유 의지를 지닌 자로서의 인간을 만드셨다. 인간을 틀에 박힌 것처럼 아무런 자유도 없고 본능만으로 존재하는 자로 만드셨다면 분명히 문제는 없었을 것이다. 그러나 자유가 없는 편이 좋았을 것이라고 생각하는 사람은 하나도 없을 것이다. 그럼에도 불구하고 인간은 금단의 나무 열매가 없었더라면, 또는 왜 우리를 이 모양으로 만들었느냐는 둥 불평을 늘어놓기 일쑤다. 생각해 보면 우스꽝스런 이야기가 아닐 수 없다.

상점에서 물건을 슬쩍 훔친 어떤 여인이,

"어쩔 수 없잖아요. 먹고 싶은 것과 입고 싶은 것이 이렇게 수북히 쌓여 있으니 말예요."

라고 말했다는 이야기를 들었다. 정도의 차는 있으나 이같은 궤변을 늘어놓으려고 한다.

그런데 아담과 이브는 하나님처럼 지혜로워지고 싶다는 불손한 마음을 가지고 선악을 아는 나무 열매를 먹었다. 그 결과, 얼마나 지혜로워졌단 말인가. 아담과 이브는 자기들이 알몸임을 알고 무화과 나뭇잎을 엮어 허리를 감았다고 성경은 말한다. 별 것 아니다. 다만 당황하여 무화과 나뭇잎으로 치부를 가렸을 뿐이다.

처음에 깊은 뜻을 생각하지 않고 이 대목을 읽었을 때, 허둥지둥 무화과 나뭇잎을 허리에 두르는 두 사람의 모습을 상상하고, '그래, 무화과 나뭇잎을 엮어 맞춘 것이 바느질의 시초였군' 하는 정도의 생각밖에 들지 않았다. 하지만 자세히 읽어 보면, 알몸이 부끄러웠다고 씌어 있는데도 무화과 나뭇잎으로 가린 부분은 허리 언저리 뿐이다. 가슴도 배도 드러낸 그대로였다. 아무래도 이해가 가지 않는다. 알몸이 부끄러웠다면 가슴을 드러낸 것도, 배꼽을 내놓고 있는 것도 부끄러웠을 게 아닌가. 그것이 허리 언저리뿐이라고 함은 이상하다. 나의 남편은

"성과 관계가 있는 게 아닐까."

라고 말한다. 그러나 하나님처럼 현명해지고 싶어서 먹었는데 먹자마자 순간적으로 성(性)이 부끄러워졌다고 함은 아무래도 비약이 있다. 성경 해석의 권위자 구로사끼 고끼치(黑崎幸吉) 씨는 '그들의 자유 의사를 가지고 자기를 지배할 수 없음을 아는 최초의 부분은

그 성적인 부분'이라고 지적하고 있는데, 분명히 그들은 자신의 약점과 흉한 모습을 재빨리 깨달았던 것 같다. 하나님처럼 되기는커녕 창조주요 절대자이신 하나님과는 근본적으로 다른 자신마저 지배할 수 없는 자기의 초라한 모습을 명백히 깨닫게 되었던 것이다.

아담과 이브는 비참했다. 인간이 선악을 안다는 것은 고작 이러한 것이었다. 선악을 안다고 해서 바로 선을 행할 수는 없다. 악을 알아도 악을 버릴 수는 없다. 그 부끄러움이 단적으로 섹스에 있음을 깨닫고, 그들은 당황하여 무화과 나뭇잎으로 허리를 둘렀다. 하지만, 우리의 부끄러운 모습은 비록 옷을 겹겹이 껴입었다 하더라도 하나님 앞에서 숨길 수는 없는 것이다.

그들은 하나님이 거동하시는 소리를 듣고 동산의 나무 사이에 숨었다. 만일 선악을 알게 하는 나무 열매를 먹고 하나님처럼 되었다면 숨을 필요는 없었을 것이다.

"네가 어디 있느냐?"
하고 물었을 때 아담과 이브는,
"내가 벗었으므로 두려워서 숨었습니다."
라고 대답했다.

그들은 여기서 인류 최초의 거짓말을 했다. 그들이 알몸을 부끄럽게 여겼던 것은 사실이지만, 그들이 숨었던 첫째 이유는 금지된 열매를 먹었기 때문이다. 그러므로 사실은 이렇게 대답해야만 했다.

"엉뚱한 짓을 해버렸습니다. 우리는 저 금단의 나무 열매를 먹었기 때문에 숨어 있습니다. 우리는 하나님처럼 되고 싶다는 엉뚱한 생각으로 그것을 따먹어 버렸습니다. 제발 저희를 용서해 주십시오."

아담과 이브는 선악을 아는 자가 되었으니 마땅히 이렇게 사죄해야만 했다. 그러나 그들은 선악을 알았을 뿐이었다. 사죄해야 된다는 것을 알면서도 그 선을 행할 힘이 없었다. 더구나 아담은 하나님

2. 아담과 이브 — 27

께서 그 열매를 먹지 않았느냐고 다그치자, '나와 함께 있게 해 주신 저 여자가…' 먹게 했다고 대답하고 있다. 여기서 아담은 이중으로 책임을 전가하고 있다.

"(귀찮게) 나와 함께 있게 해주신 저 여자가 나무에서 따 주었기 때문에 (나는 어쩔 수 없이) 먹었습니다. (하나님께선 나를 나쁜 여자와 함께 있도록 해주셨어요.)"

다시 말하면 아담은 잘못을 이브의 탓으로 돌렸을 뿐만 아니라 하나님께도 책임이 있다는 투로 대답했다. 이 아담과 우리는 어쩌면 그렇게도 꼭 닮았을까.

'하나님이 어디 있단 말이냐.'
'이렇게 태어났으니 어쩔 수 없다.'
'나쁜 건 나뿐이 아니야.'

우리 마음 속에는 끊임없이 책임을 남의 탓으로 돌리든가, 하나님의 탓으로 돌리든가 하는 심정이 강하게 뿌리 박고 있다.

이브 역시 하나님께 꾸중을 듣고 뱀이 자기를 꾀였다고 그 책임을 뱀에게 돌렸다. 아담과 이브는 한 마디도,

"잘못했습니다. 용서해 주십시오."
라고 말하지 않았다.

만일 여기서 두 사람이 무릎을 꿇고 하나님 앞에서 사죄했더라면 어떻게 되었을까. 반드시 하나님은 용서해 주셨을 것이다. 회개하지 않는 자를 하나님은 용서하실 수 없다. 하나님은 거룩하시다. 거룩함과 죄와는 물과 기름처럼 서로 조화되지 않는다. 나는 아담과 이브가 사죄하지 않았다는 사실에 인간이 지은 죄의 뿌리가 얼마나 깊은가를 새삼 느낀다.

우리도 일상생활에서 사죄하는 일이 매우 드물다. 하나님께 대해서는 물론이고 사람에게도 사죄하는 경우가 극히 적다. 자신의 잘못을 깨닫지 못하는 바가 아니다. 깨달아도 사죄하지 않는다. 마땅히

자기가 사죄해야 한다는 것을 알고 있으면서도 사죄하지 않는다. 우리는 알고만 있어서는 소용이 없다. 대학을 몇 개 나왔다 하더라도, 학위를 몇 개 받았다 하더라도 해결할 수 없는 문제가 여기에 있음을 알아야 한다.

해마다 유행색이나 유행하는 형이 발표된다. 올해 유행될 색깔은 포도색이라든가 벽돌색이라든가 또는 스커트가 길어진다든가 짧아진다든가 하는 식으로 발표된다. 누가 무엇 때문에 이런 발표를 하는지 나로선 잘 알 수 없다. 어쩌면 복지 메이커가 작년 것은 낡았다는 이미지를 주어 장삿속으로 그렇게 하는 게 아닌가 생각된다.

일단 유행색이 발표되면 백화점이나 양장점의 진열장에는 유행하는 천이 나돈다. 또 결정된 형의 스커트나 블라우스가 나돈다. 그 사람의 얼굴이 희든 검든, 벽돌색이 유행하면 벽돌색을 입는다. 다리가 짧든 길든, 미니스커트가 유행하면 거의 대부분의 사람이 미니스커트를 입는다. 그것이 하나의 아름다움을 만들어 내는 것으로 착각하고 있다.

이같은 흐름 속에서 유행을 초월하여 살아 나가기란 무척 어려운 것 같다. '유행에 뒤떨어졌다'는 말을 듣기가 부끄럽다고 한다. 왜 그럴까? 이것은 다른 사람과 똑같이 되지 않으면 불안하다는 습성이 인간에게 있기 때문이 아닐까. 비단 유행만이 아니다. 이웃 집에서 컬러 텔레비전을 사들였다. 우리 집도 사야겠다. 건너편 집에서 차를 샀다. 우리 집도 차가 있어야 한다는 풍조가 번지고 있다.

다른 사람과 같이 되지 않으면 어쩐지 불안해 못 견디는 것은 사실상 아담과 이브에게 있었던 것이 아닐까. 이브는 하나님께서 금하셨던 나무 열매를 따먹었다. 그것은 하나님처럼 지혜로워지고 싶다는 교만과 하나님의 말씀에 따르지 않는 불순종과 '훔치는 행위', 이세 가지 죄를 동시에 범한 셈이 된다.

따먹고 나서 이브는 몹시 불안했을 것이다. 자기 혼자서 먹었다는 사실이 어쩐지 마음에 걸렸다. 그리하여 남편 아담에게도 '먹어 보라'고 권했다. 아담은 이브가 먹은 나무 열매를 아마 자신도 먹고 싶었던 것 같다. 그래서 아담도 먹었다. 공범자가 되었다. 그 시점에서 이브는 아마 마음이 푹 놓였을 것이다.

얼마 전 어느 중학교 학생 수십 명이 집단적으로 물건을 훔쳤다는 기사가 신문에 났다. 맨 처음 절도를 한 학생이 다른 한 친구 학생을 유혹하고 그 학생이 또 하나를 유혹하고, 이렇게 해서 금세 많은 공범자를 얻게 되었을 것이다. 좋든 나쁘든 남과 같은 상태가 되지 않으면 불안을 느끼는 마음의 약점은 두렵기만 하다. 이렇게 해서 죄는 이 세상에 뻗어나가게 되는 것 같다.

이브는 말하자면 도둑질의 조상이다. 따먹으면 안 된다고 금지되어 있던 나무 열매를 따먹었던 것이다. 금지되어 있는 이상 그것은 이브의 것이 아니다. 하나님의 것이다. 더구나 이브는 아담에게도 도둑질을 권했다.

몇 해 전 가을에 나는 야마가다(山形)에 강연을 하러 갔었다. 그때 덴또(天童)까지 차를 몰고 갔었는데 도중에 사과밭이 있었다. 주렁주렁 사과가 매달린 가지가 도로 위까지 뻗어 있었다.

"그것 참 먹음직스럽구나."

무심코 내가 감탄을 하자 운전기사는,

"한두 개 따 드릴까요?"

라고 말한다. 나는 당황해서 말했다.

"안 돼요. 남의 것이잖아요."

"뭘 그까짓 걸 가지고. 이 근방에서는 사과 한두 개쯤 따먹어도 괜찮아요. 집으로 가지고 갈 만큼 따는 건 나쁘지만, 그 자리에서 먹는 정도는 괜찮아요."

라고 말하면서 당장 차를 세우려고 한다. 사과 한두 개쯤이야 따먹어도 괜찮다는 생각은 아담과 이브 이래, 일관하여 인간의 핏속에

흐르고 있지 않을까. 나는 그렇게 흥미롭게 생각하는데, 어쨌든 아담과 이브는 도둑질의 조상인 셈이다.

사실 나는 이 창세기를 읽었을 때 '얼마나 귀중한 나무 열매였는지는 모르지만 고작 열매 한두 개쯤 몰래 따먹은 것이 뭐 그리 큰 잘못일까. 인간인 우리도 용서하겠는데 어찌하여 하나님은 용서해 주지 않고 낙원에서 쫓아 냈을까' 하고 의아하게 여긴 적이 있었다.

하지만, 아담과 이브는 배가 고파 못 견디어 금단의 열매를 따먹은 것은 아니다. 아주 먹음직스러웠다는 이유에서만도 아니다. '하나님처럼 되고 싶다'는 불손한 생각으로 따먹었던 것이다. 자신이 하나님처럼 된다는 것은 하나님을 그 자리에서 추방하고 싶다는 뜻이다. 하나님을 추방코자 한 죄 때문에 인간은 낙원에서 추방당했던 것이다. 하나님의 처사는 결코 가혹하지 않았다.

그러나 또 하나 내게는 의문이 있다. 아담과 이브가 하나님처럼 되고 싶어서 금단의 열매를 먹은 죄와 사죄하지 않았던 죄 중에 도대체 어느 쪽 죄가 더 무거울까 하는 것이다. 나는 아무래도 사죄하지 않았던 쪽이 죄가 더 무겁다고 생각되는데 과연 어떨지. 우리들의 일상생활을 생각해 보아도 그렇게 말할 수 있을 것 같다.

가령 열 두세 살 되는 어린이가 어머니에게서 돈 천 원을 훔쳤다고 하자. 훔쳐낼 때 그는 틀림없이 후들후들 떨렸을 것이다. 그는 어머니가 없을 때 살금살금 지갑 가까이로 접근한다. 그리고 사방을 둘러보고 재빨리 천 원을 훔쳐낸다. 지갑 위치가 훔치기 전과 같은지 어떤지를 확인한다. 훔친 뒤에 탄로날까 겁을 먹고 훔치지 않았으면 좋았을 걸 하고 후회하기도 한다. 지금이라도 늦지 않다. 살짝 되돌려 놓을까. 아냐, 천 원짜리가 몇 장인가 지갑 속에 있었다. 모처럼 훔친 것이니 되돌려 놓을 필요는 없다. 아냐, 발각되기 전에 되돌려 놓아야 한다는 등등 몹시 망설인다. 그러나 그것이 일단 어머니에게 들키기라도 하면 그의 마음은 굳어진다.

"어머나, 천 원이 비는구나. 너 모르니?"
"난 몰라요."
"정말?"
"정말이에요, 제가 알 리가 없잖아요."
그는 시치미를 떼고 만다.
"하지만 넌 전에도 엄마 지갑에서 돈을 꺼낸 적이 있잖니."
"그럼 좋아요. 제가 훔쳤다면 훔친 걸로 해 두세요."
끝내 시치미를 떼려고 하는 자식의 호주머니에서 어머니는 천 원짜리 지폐 한 장을 찾아낸다.
"어머, 이건 어찌된 거냐?"
꿀먹은 벙어리처럼 그는 말이 없다.
'쳇, 기어코 들키고 말았구나.'
"역시 너였구나."
"……'그래서 어쩌란 말이에요?'"
"왜 꺼냈지?"
"……'용돈이 모자라서 그랬지 뭘.'"
"부모의 돈이라도 훔친다는 건 나쁜 짓이야."
"……'남의 돈도 아닌데 어때.'"
"잘못했다고 빌어라."
"……'바보처럼 빌긴 왜 빌어'."
"왜 말이 없니. 고집쟁이구나. 빌지도 못하니?"
"……'귀찮게 잔소리만, 그까짓 천 원쯤 그냥 줘도 될텐데.'"

그는 마침내 뻔뻔스럽게 버티고 서서 사과하지 않는다. 범한 죄가 드러나기 전까지는 아직 그가 죄에 대해서 겁을 먹고 있었다. 그러나 일단 발각되면 태연스럽게 시치미를 뗀다. 바람난 남자의 심리도 이와 같다. 발각될 때까지는 겁을 내고 있지만, 일단 발각되면 배짱이 생긴다.

왜 사람은 죄를 짓고도 시치미를 떼고 뻔뻔스럽게 버티는 걸까? 왜 솔직하게 사과할 수 없을까? 자신의 죄는 사과하리만큼 나쁘지 않다고 생각하기 때문일 것이다. 사실 나 자신도 처음에는 내 죄를 진정으로 몰랐다. 이에 관한 사연은 「길은 여기에」에도, 「빛이 있는 곳에서」에도 썼지만 나는 스물 세 살 때 약혼한 남성이 있었다. 약혼한 지 얼마 안 되어 결핵을 앓는 바람에 3년 후에 그와 파혼하게 되었다.

그리고 그후 나에게는 마에가와 다다시(前川正)라는 남성이 나타나 서로 사랑하게 되었다. 수 년 후에 약혼자였던 남성이 매일 나를 문병하였다. 그는 결혼한 몸이었다. 나는 문병을 받아서는 안 될 입장이었다. 남편이 옛날의 약혼자를 매일 문병하고 있는 줄 알면 그의 아내는 얼마나 마음이 상할까. 하지만 나로서는 그다지 나쁜 일을 하고 있다고 여기지 않았다. 내 자신이 하고 있는 일을 별로 나쁘다고는 생각하지 않았던 것이다. 같은 일을 남이 하면 아주 나쁜 일이라고 규탄하면서도 자신이 하고 있는 일은 그다지 나쁘다고 생각하지 않는다. '죄를 죄로 느끼지 않는다'—이것이야말로 진짜 죄가 아닌가 하고 나는 생각했다. 이 무디어진 양심을 깨달았을 때 나는 세례를 받았다. 죄는 용서를 받는 것 외에 딴 도리가 없음을 알게 되었다.

우리들의 죄는 자신이 죄인이면서도 웬일인지 죄인으로 여기지 않는 데에 있는 것이 아닐까. 아담과 이브도 자신이 얼마나 불손한 죄를 범했는가를 알아차리지 못했음에 틀림없다. 그들은 하나님 앞에서 용서를 빌지 않았다. 아담은 '하나님과 이브가 나쁘다'라고 생각했고, 이브는 '뱀이 속였기 때문에 뱀이 나쁘다'고 생각하였다. 그러기에 사죄해야 할 사람은 자기가 아니었다.

설사 하나님의 자리에 앉으려고 했던 죄라 하더라도 이 두 사람이 진심으로 하나님 앞에 무릎을 끓고 엎드렸더라면 하나님은 반드시 용서해 주셨으리라고 나는 생각한다. 왜냐하면 그들은 아직 하나님과 대화할 수 있었기 때문이다. 하지만 그들은 고집을 부리고 사죄는 하지 않았다.

죄를 죄로 인정하지 않는다. 이것이야말로 진짜 용서받을 수 없는 죄가 아닐까. 이 창세기의 실락원 말씀을 읽고 나는 하나님 앞에 있는 뱀의 모습이 재미있다고 생각한다. 뱀은 '난 먹으라고는 말하지 않았습니다'라고 변명할 수가 있었음에도 불구하고 아무런 변명도 하지 않았다. 사죄도 하지 않았지만 남에게 죄를 전가하지도 않는다. 사탄(악마)의 화신인 뱀만은 죄가 얼마나 무서운 것인가를 알고 있었던 게 아닐까. 그 무서움을 충분히 알고 있었기에 사탄은 인간을 죄의 어둠 속으로 끌고 함께 들어가려고 했음이 분명하다.

여러분은 하나님이 한 분이신 것을 믿으니 잘하는 일입니다. 귀신들도 믿고 두려워서 떱니다.

라고 야고보서 2장 19절에서 말하고 있는데, 사탄이 가장 하나님을 두려워하며 또 하나님을 알고 있는 것이 아닐까. 다만 사탄은 하나님을 신앙의 대상이 아니라 적대의 대상으로 알고 있었던 것이리라. 진정으로 하나님이 거룩하신 분임을 알고 있는 사탄은 하나님 앞에 나와서 한 마디도 변명을 하지 못했다. 그런 점에서 인간쪽이 하나님이 거룩하신 분임을 모르고 있다고 나는 생각한다.

이렇듯 뱀은 마침내 가장 저주를 받는 자가 되었다. 앞에서 인용한 것처럼 하나님은 이브의 후손과 뱀의 후손과의 사이에 원한을 둔다고 성경은 말하고 있다. 그리고 이브의 후손이 언젠가는 뱀을 치는 날이 온다고 말씀하셨다.

그런데 이 이브의 후손은 그리스도를 의미한다고 들었다. 그렇다면 그리스도가 오실 첫 예언으로 보아도 좋다. 놀라운 구원의 약속이 여기에 이미 나타나 있다.

어쨌든 아담과 이브는 죄를 범하고 끝내 고집을 부리며 사죄하지 않은 채 낙원에서 쫓겨났다.

그리고서 하나님은 아담에게 말씀하셨다.

"네가 네 아내의 말을 듣고 내가 먹지 말라고 한 과일을 먹었으니 땅은 너 때문에 저주를 받고 너는 평생 동안 수고해야 땅의 생산물을 먹게 될 것이다. 땅은 너에게 가시와 엉겅퀴를 낼 것이며 너는 들의 채소를 먹어야 할 것이다. 너는 이마에 땀을 흘리며 고되게 일을 해서 먹고 살다가 마침내 흙으로 돌아갈 것이다. 이것은 네가 흙으로 만들어졌기 때문이다. 너는 흙이므로 흙으로 돌아갈 것이다."

(창세기 3 : 17~19)

인간은 고생을 초래하고 말았다. 그러나 낙원에서 추방할 때 하나님은 이 죄를 범한 두 사람에게 가죽옷을 입혀 주셨다. 구약의 하나님은 노여움의 하나님이라고 자주 들어 왔는데, 나는 과연 그럴까 하고 의심을 가져 본다. 미래의 구원의 희망을 마련하여 가죽옷을 입혀 고난에 대비케 해주신 하나님은 역시 애초부터 깊이 사랑하시는 분이라고 나는 생각한다.

확실히 이 세상에는 우리가 이해 못 할 고통이 있다. 생각해 보면 인간은 한 사람도 빠짐없이 멸망을 당하더라도 불평을 말할 수 없는 존재이다. 천벌은 당대에 받는다는 말이 있지만 하나님이 아담과 이브에게 준엄한 벌을 내리실 작정이었다면 두 사람을 당장 죽여 버렸을 것이다. 그렇다면 구약의 하나님은 노여움의 하나님이라고는 생각되지 않는다. 노여움의 하나님이라기보다 도리어 인내의 하나님이 아닌가 생각된다.

나는 요즘 젊은이를 보면 어쩐지 큰일났다 싶어진다. 앞으로 50년, 60년을 살아가려면 큰일이 아닌가 여겨지는 것이다. 날마다 죄를 범하기 쉬운 우리 인간이 진실하게 살아가는 일은 큰일이 아닐 수 없다. 게다가 갖가지 오해와 고통, 배신 등에 부닥치면서 살아가야 한다. 만일 죄를 범한 모습 그대로 죽지 않고 끝없이 살아가야만 한다면 어떻게 될까? 생각만 해도 정신이 아찔해진다.

하나님은 에덴 동산에 있는 생명 나무를 인간이 먹을 수 없도록 두루 도는 화염검과 그룹 천사들(초인간적인 힘의 상징)을 두고 지켰다고 씌어 있는데, 이것도 큰 사랑이다. 아담과 이브가 생명 나무의 열매를 먼저 먹은 후에 선악을 알게 하는 나무 열매를 먹었더라면 어떻게 되었을까? 죄가 없는 자는 한없이 살아도 좋지만, 죄가 있는 자는 한정된 수명 쪽이 감사하다고 말할 수 있다. 어떤 사람이든 천년 만년이나 살고 있으면 반드시 살인도 하게 될 것이고 갖가지 극악무도한 짓을 거듭할 것이 틀림없다.

하나님은 그리스도를 통해 영적으로 새로 사는 길을 마련해 주셨다. 그리스도를 통해 우리는 하나님의 사랑을 알고 하나님을 찬양할 수 있다.

한 가지 아직도 내게 풀리지 않는 의문이 있다. 그것은 앞에서도 말했듯이, '왜 하나님은 먹어서는 안 될 선악을 알게 하는 나무 열매를 심어 놓으셨을까?' 하는 점이다. 그리고 그것은 누가 먹을 것인가 하는 점이다.

이것은 정녕코 언젠가는 인간에게 먹일 작정이 아니었을까? 사람도 갓난 아기에게 쇠고기를 먹이거나 땅콩을 먹이거나 하지는 않는다. 먹이는 데도 시기가 있다. 선악을 알게 하는 나무도 하나님은 인간에게 먹일 시기를 예정하고 계셨을 것이다. 하나님의 말씀에 순종만 하면 하나님은 반드시 그 날을 지시해 주셨을 것이다.

어떤 목사님은 이렇게 설교했다.

"신자들은 목사라는 직업을 매우 쉽게 신앙생활을 할 수 있는 직업으로 알고 부럽게 생각할지 모른다. 그러나 신앙생활이란, 목사의 위치에 있더라도 그렇게 안이하게 할 수 있는 것이 아니다. 그것은 기독교 국가에서도 마찬가지다. 한 인간으로서 이 세상에 살고 있는 한 언제 어떠한 환경에 있더라도 신앙은 뒤흔들리게 마련이다."

나는 지당한 말이라고 생각했다. 크리스천으로 태어났다 하더라도 우리 개개인은 그렇게 쉽사리 신앙을 가질 수 없다. 아니, 목사의 가정이나 신앙이 독실한 가정에서 흔히 반역아가 태어나기도 한다.

창세기의 첫머리인 3장만 읽어 봐도 그것을 알 것 같기도 하다. 하나님과 더불어 낙원에 있던 아담과 이브마저 하나님의 말씀보다 뱀의 말을 따랐다. 자기들을 지으신 하나님을 빤히 보면서도 하나님을 똑똑히 응시할 수 없었고, 하나님을 믿을 수 없었던 것이다. 낙원에서조차 유혹이 있고 하나님을 믿을 수 없었으니 단순히 좋은 환경에 처해 있다고 해서 신앙이 자라지는 않는 것이다. 하나님이 자유 의지를 부여하신 데는 얼마나 깊은 뜻이 담겨 있는지 능히 헤아릴 수 없다.

그렇다면 어찌하여 하나님은 인간을 하나님께 반역하지 못하도록 만드시지 않았을까. 우리는 거듭 이렇게 생각한다. 그런데 도도로끼 유이지(轟勇一) 씨의 저서 「새로운 백 가지 질문」에는 다음과 같은 적절한 비유를 들고 있다.

어떤 유력자가 한 여성을 우격다짐으로 붙잡고 '너를 사랑하고 있다. 나와 함께 있어 주면 무엇이든 네가 좋은 대로 해주겠다. 그러나 내게서 떠나는 일만은 절대로 용서하지 않겠다'라고 말한다면 어떨까? 이것은 자기 힘만 믿고 제멋대로 자기의 사랑을 관철하려는 태도에 불과하다. 강제나 무리한 행동에는 사랑이 없다. 진정한 사랑은 상대방의 자유와 자발성을 존중하는 인격적인 교제에 있다고 그 저자는 쓰고 있다.

하나님의 사랑에 응답해야 할 책임이 얼마나 중대한가를 나는 새삼스럽게 느꼈다.

3. 가인과 아벨

　내가 여자중학교에 들어가서 처음으로 읽은 소설은 헤르만 헷세의 「데미안」이었다. 그 가운데 분명히 '가인의 표'라는 말이 나와 있었다. 그것이 무슨 뜻인지 열 세 살밖에 안 되는 나로서는 알 수가 없었다.
　그 무렵, 아리시마 다께오(有島武郎)의 소설에 「가인의 후예」라는 제목의 소설이 있음을 알고, 가인이란 어떤 사람일까 하고 흥미를 느껴 본 적이 있다. 그 가인이란 바로 아담과 이브의 장남이었다. 하지만 놀랍게도 그는 인류 최초의 살인범이었다. 더구나 단 하나밖에 없는 동생 아벨을 죽인 흉악범인 것이다.
　아담과 이브는 하나님께서 흙으로 만드셨다. 이 부부가 낙원에서 추방당한 후 낳은 첫아들이 가인이다. 가인이야말로 인간의 성(性) 행위를 통해 비로소 이 세상에 탄생하게 된 인류 최초의 인간이다. 이러한 인류 최초의 인간이 살인을 범했다는 사실에, 나는 무어라 표현할 수 없는 두려움과 죄가 얼마나 무서운 것인가를 느꼈다.
　그렇다면 왜 가인은 단 하나밖에 없는 동생을 죽였을까. 창세기 4장 4절 이하를 조금 읽어 보자.

　　　아벨은 자기 양의 첫 새끼를 잡아 그 중에서도 제일 살찌고 좋은 부분을 여호와께 드렸다. 여호와께서는 아벨의 예물을 기쁘게 받으셨으나 가인의 예물은 받지 않으셨다. 이 일로 가인이 화를 내며 얼굴을 찡그리자 여호와께서 가인에게 말씀하셨다.

"네가 어째서 화를 내느냐? 네가 무엇 때문에 얼굴을 찡그리느냐? 네가 옳은 일을 했다면 왜 내가 네 예물을 받지 않겠느냐? 그러나 네가 옳은 일을 하지 않으면 죄가 네 문 앞에 도사리고 앉을 것이다. 죄가 너를 다스리고 싶어하여도 너는 죄를 이겨야 한다."

하루는 가인이 자기 동생 아벨에게 들로 나가자고 하였다. 그런데 그들이 들에 있을 때에 가인이 동생 아벨을 쳐죽이고 말았다.

이것이 인류 최초의 살인 사건이다. 발단은 하나님에게 바친 제물에서 시작된다. 가인은 농사를 짓고 있었으므로 '땅의 산물을 가지고 와서 제물'로 삼았으며, 동생 아벨은 '첫 새끼로 기름진 것'을 바쳤다. 그런데 하나님은 아벨과 그 제물은 기뻐 받으셨으나 가인과 그 제물은 거들떠보지 않으셨다.

이 대목을 처음 읽었을 때 나는 하나님은 사랑의 하나님이신데 어째서 이렇게 가혹한 처사를 하셨을까 하고 몹시 이상하게 여겼다. 가인 역시 땀 흘려 가꾼 농산물을 바쳤던 것이다. 그런데도 아벨의 제물만을 기뻐 받으셨다. 분명히 불공평하지 않은가. 가인이 분낸 것도 당연하다고 동정했다.

불공평은 누구나 싫어한다. 사람은 누구나 공평하게 다루어지기를 바란다. 내가 국민학교 교사를 하고 있을 때의 이야기다. 어느 해 시골에서 아사히가와(旭川)의 학교로 옮겨 와서 고등부 1학년을 담임하기로 되었다. 그때 나는 학생들에게 말했다.

"뭐든지 좋으니 내게 요망사항이 있으면 말해 보세요."

그러자 학생들은,

"편애하지 않는 선생님이 되시길 바랍니다."

라고 거의 이구동성으로 대답했다. 불공평이란 서로의 마음을 상하게 하고 우울하게 한다는 사실을 학생들도 체험하고 있었던 것이다.

　하나님은 올바른 분이시다. 불공평한 일 따위는 하실 리가 없다. 그런데 어째서 아벨의 제물만을 받으셨을까. 신약 히브리서 11장을 후지오 에이지로(藤尾英二郞) 선생님에게서 배운 적이 있다. 선생님은 히브리서 11장에는 **믿음으로**란 말이 24회나 나온다고 말씀하셨다. 그 24회 가운데는, '**믿음으로 아벨은 가인보다 더 나은 제사를 하나님께 드렸습니다. 하나님께서는 아벨이 믿음으로 드린 제물을 기꺼이 받으시고 그를 의로운 사람으로 인정해 주셨습니다**'라고 적혀 있다.

　그래서 창세기 4장을 주의깊게 읽어 보니 아벨은, '**양의 첫 새끼를 잡아 그 중에서도 제일 살찌고 좋은 부분을 여호와께 드렸다**'라고 기록되어 있으나, '**가인은 자기 농산물을 여호와께 예물로 드렸고**'라고만 씌어 있었다. 즉 가인은 '첫 이삭'을 바친 것도 아니고 '윤나고 잘 영근'이라고 형용할 수 있는 제물을 바치지 않았던 것이다.

　아벨이 '첫 새끼'나 '제일 살찌고 좋은' 짐승을 바친 것은 분명히 **믿음으로** 한 일이라고 나는 깨달았다. 아벨은 깊은 감사와 진실한 참회의 마음을 가지고 믿음으로 하나님께 바칠 제물을 정성껏 선택하였다. 하지만 가인은, 별로 감사도 하지 않으며 죄의 용서를 구하는 마음도 없이, 그러니까 '믿음도 없이' 바쳤던 것이리라.

　　모든 일을 믿음으로 하지 않으면 죄가 된다.

　신약성경의 이 성구만큼 내게 엄숙하게 다가오는 말은 없다. '믿음으로 하지 않으면 죄이기' 때문에 가인의 제물은 받으시지 않았던 것이다. 결코 하나님은 불공평하지 않았다. 하나님은 우리들의 '겉'을 보지 않고 속 '믿음'을 보신다.

　가인의 제물이 받아들여지지 않았다는 사실은 현대의 우리들에게 예외가 아니다. 신사(神社)에 가서 시주 통에 십 원짜리 동전 한 닢을 달랑 넣고, '가내 안전, 사업 번창, 무병 장수'를 비는 일에 대하여 '십 원짜리로 지나친 욕심을 부리기도 한다'라고 만담 등에서 웃기는 소리로 쓰이고 있는데, 크리스천이 헌금하는 태도도 별로 뽐낼 만한 것이 못 된다. "한 달에 이만한 헌금은 해야지…"라는 식으로 장한 일이라도 하듯 말하거나, 혹은 듣거나 한 적은 없는가.

월급을 받으면 당장 그 중에서 십분의 일을 헌금 주머니에 넣고 나서 온 가족이 함께 하나님께 감사 기도를 드리고 찬송을 부른다는 어떤 신자의 이야기를 들은 적이 있다. 더구나 이 사람은 언제나 회사의 경리과에 부탁하여 헌금할 돈은 빳빳한 새 돈으로 받아 온다고 한다. 부끄러운 이야기지만 나는 집에서 월정헌금 봉투에 돈을 넣을 때 자신의 죄를 참회하거나 감사하는 기도를 올리거나 하는 일은 별로 없다.

모든 것은 주께로부터 나왔다.
우리는 다만 그 거룩하신 손으로부터 받아
거룩하신 손으로 되돌려 드릴 뿐이다.

라는 송영이 있는데, 그런 겸손한 마음으로 바친 일은 없다. 어쩌면 자신이 일하여 자신이 얻은 것으로 생각하고 있는지도 모른다. 나의 남편은 가끔,

"고맙구나, 아야꼬. 정말 고맙구나."

라고 말하거나, 이 송영을 읊거나 하므로,

"아, 정말 그렇군요."

하고 허둥지둥 맞장구를 치는 게 고작이며 교회의 예배 헌금 때에나 기도드릴 뿐이다.

나는 아벨이 기르고 있는 양 중에서 가장 살찐 것을 아무에게서도 강요당하지 않고 아낌없이 바쳤다는 것은 참으로 훌륭한 신앙 태도라고 생각한다. 살찐 것이란 최상의 것을 말한다. 더구나 깊은 참회와 감사한 마음으로 아벨은 바쳤다. 그러기에 하나님은 기꺼이 이를 받으셨다.

3. 가인과 아벨 — 41

그런데 형인 가인은 신앙이 돈독한 그의 동생 아벨을 미워했다. 이 모습 역시 우리 인간의 실상을 잘 나타내고 있는 것이 아닐까. 가인의 모습은 우리가 매일 생활하는 중에 항상 보는 바가 아닐까.

같은 직장에 동시에 두 사람이 취직했다고 하자. 둘 중에 한 사람은 누구보다도 일찍 출근하여 일을 열심히 하고, 선배에 대해서도 예의가 바르기 때문에 칭찬을 받는다면, 다른 한 사람은 어떻게 생각할까. '참으로 훌륭한 사람이다. 나도 본받아 배워야지' 하고 진심으로 칭찬하며 탄복할까. 그렇게 솔직하게 생각하는 사람은 아마 매우 적지 않을까. 대부분의 사람은 기분이 좋지 않아 차츰 그를 미워하지 않을까.

무엇이든 거기에 미덕이 있고
찬사를 보낼 만한 것이 있다면
그것들을 생각하십시오.

라는 성구가 빌립보서에 있다. 칭찬할 만한 가치가 있는 일을 솔직히 인정하는 일도 그렇게 쉽지 않다. 도리어 올바른 자, 뛰어난 자를 우리들 인간은 곧잘 미워한다. 인간은 자기와 같은 일을 하는 사람이 아니면 좋아하지 않는 경향이 있다.

가인은 '어디 두고 보자. 아벨 녀석' 하고 질투심에 불타서 미워하였다. 만일 가인이 하나님을 창조자로 받들며 절대자로 복종하고 있었더라면 하나님이 아벨을 축복하고 자기를 돌보아 주시지 않았을 때 겸허하게 반성하였을 것이다. 하지만, 그는 하나님의 의를 인정하지 않는 교만한 자였다. 그러기에 하나님의 충고도 받아들이지 않았다. 하나님은 이렇게 말씀하셨다.

그러나 네가 옳은 일을 하지 않으면 죄가 네 문 앞에 도사리고 앉을 것이다. 죄가 너를 다스리고 싶어하여도 너는 죄를 이겨야 한다.

회개하여 죄를 억누르지 않으면 죄는 죄를 부르게 마련이다. 그러나 가인은 죄를 억누르기는커녕 미워한 나머지 마침내 아벨을 들판으로 유인하여 죽이고 말았다.

하나님께로부터 축복받을 만한 신앙이 아벨에게 없었다면 그는 죽음을 당하지는 않았을 것이다. 아벨은 그 신앙 때문에 죽임을 당했다. 그러므로 아벨을 인류 최초의 순교자라고 부른다. 아벨 이래 현대에 이르기까지 신앙 때문에 죽임을 당한 순교자는 무수하다. 몇 해 전 저 위대한 마르틴 루터 킹 목사 역시 신앙 때문에 죽임을 당했다. 인류의 역사는 그 막이 열리자마자 하나님께 대한 불순종에서 오는 피비린내나는 살인이 연출되었다. 하지만 그 피는 또한 하나님에 대한 독실한 신앙을 나타내는 깨끗한 피이기도 했음을 나는 주목하고 싶다.

한편 살인자 가인은 어떻게 되었는가. 성경에는 이렇게 씌어져 있다.

> 여호와께서 가인에게 "네 동생 아벨이 어디 있느냐?"하고 물으시자 가인이 "나는 모릅니다. 내가 동생을 지키는 자입니까?" 하고 대답하였다.
>
> 그때 여호와께서 말씀하셨다. "네가 무엇을 하였느냐? 네 동생의 피가 땅에서 나에게 호소하고 있다. 땅이 입을 벌려 네 손에서 떨어지는 네 동생의 피를 받았으니 이제 너는 땅에서 저주를 받았다. 네가 밭을 갈아도 땅이 너를 위해 농산물을 내지 않을 것이며 너는 땅에서 집 없이 떠돌아다니는 방랑자가 될 것이다."

가인은 농사를 업으로 삼고 있었는데 이제는 땅을 갈아도 결실을 얻지 못하였다. 그는 자신의 업을 잃고 그 고장을 떠나 방랑자가 될 수밖에 없었다.

나는 깊은 한숨을 쉬지 않을 수 없다. 아담과 이브는 하나님이 금한 나무 열매를 먹고 낙원에서 추방되었다. 그리고 두 아들을 낳고 열심히 일했으나 동생은 형에게 맞아 죽고, 형은 떠돌이 신세가 된다. 아담과 이브는 비참하게도 두 자식을 일시에 잃어버린 것이다.

3. 가인과 아벨

부모는 낙원에서 쫓겨났고, 그 자식은 다시 부모가 사는 고장에서도 하나님께 쫓겨난다. 이 비극을 아담과 이브도 가인과 아벨에게 틀림없이 가르쳤을 것이다.

"우리가 낙원에 있을 때에는 하나님과 아침 저녁 얼굴을 마주 보고 마냥 즐겁기만 했단다."

"하나님과 함께 있었을 때에는 평안한 나날이었단다."

"하나님은 올바른 분이시다. 거룩하신 분이시다."

아담과 이브는 이마에 땀을 흘리면서 일하게 되자 비로소 낙원을 그리워하며 하나님 곁으로 돌아가고 싶은 마음에서 후회했을 것이다.

아벨은 부모 이야기를 듣고 부모 이상으로 부모의 죄를 한탄하며 하나님의 나라를 동경했던 것이 아닐까. 그러나 가인은 낙원에서 추방당한 부모를 원망하고 있었는지도 모른다.

어쨌든 나는 제4장에서 가인에 대한 하나님의 네 가지 질문을 매우 흥미깊게 생각하고 있다.

1. "네가 어째서 화를 내느냐?"
2. "네가 옳은 일을 했다면 왜 내가 네 예물을 받지 않겠느냐?"
3. "네 동생 아벨은 어디 있느냐?"
4. "네가 무엇을 하였느냐?"

여기서 나는 가인의 부모인 아담과 이브가 하나님에게서 받은 중대한 질문을 다시 생각해 본다. 그것은,

"네가 어디 있느냐?"

라는 질문이다. 영국의 시인 엘리어트는 다음과 같이 말하였다.

"동물은 매우 기분좋은 친구들이다. 그들은 어떠한 질문도 하지 않으며 어떠한 비평도 하지 않는다."

엘리어트는 과연 시인답게 인간의 내면을 날카롭게 꿰뚫어보고 있다. 인간이 얼마나 남에게 질문받기를 싫어하는지를 그는 통찰하

고 있었다. 우리 범인도 남에게 질문받기를 별로 좋아하지 않는다. 왜 질문을 싫어할까. 그것은 결국 질문을 받아도 대답할 수 없는 것을 그 마음 속에 너무나 많이 가지고 있기 때문이 아닐까.

"취미는 무엇인가?" "무슨 일을 하고 있는가?" "어린아이는 몇인가?" "어디서 살고 있는가?"

이 정도의 질문이라면 복잡한 사정이 없는 한 대답하기에 그다지 힘들지 않을 것이다.

"나이는 몇 살입니까?" "월급은 얼마나 받습니까?"

말투는 공손하지만 사람에 따라서는 이런 종류의 질문을 받으면 마음이 무거워진다. 거기서 더 파고들면 더욱 고통스러워진다. 하지만 우리가 다른 사람에게서 받는 질문은 그다지 중대한 일은 아니다. 가장 중대한 것은 하나님께로부터 받는 질문이며 그에 대답하는 일이다. 왜냐하면 하나님은 우리에게 주소나 취미나 자녀의 수 따위를 물으시지는 않는다. 하나님의 질문은 언제나 근본적인 것이다. 그것은 인간으로서 반드시 대답해야만 될 질문이기 때문이다.

아담과 이브에게 던진 물음은,

"네가 어디 있느냐?"

인데 이것은 영원히 하나님께서 모든 사람들에게 줄기차게 물으시는 말씀이라고 나는 교회에서 배웠다.

"네가 어디 있느냐?"라고 함은 "너는 어디에 서 있느냐?" "네 입장은 도대체 어디냐?" "무엇에 속해 있느냐?"라는 질문이라고 한다.

"저는 언제나 하나님 앞에 서 있습니다." "저는 구세주 그리스도에게 속해 있습니다."라고 언제, 어디에서나, 아무에게나 명확하게 대답할 수 있는 사람은 행복하다. 아담과 이브처럼 하나님을 피해서 숨어서는 안 된다.

그런데 가인은 하나님의 네 가지 질문 가운데 세 가지는 대답하지 못했다. "어째서 화를 내느냐?"도, "무엇 때문에 얼굴을 찡그리느냐?"
에도 대답하지 못했다. 하나님과 동생에게 노하여 살인을 범했기에
"네가 무엇을 하였느냐?" 라는 물음에도 대답할 수 없었다. 겨우,

"네 동생 아벨이 어디 있느냐?"

라는 세 번째 질문에만 대답하고 있다. 하지만 그것도 대답 같지 않
은 대답을 하는 데 불과했다.

"나는 모릅니다. 내가 동생을 지키는 자입니까?"

라고 대답하고 있다. 그러나 이것이야말로 그가 진정으로 대답해야
할 중요한 질문이었다.

"죄송합니다. 나는 그를 죽였습니다."

가인은 그렇게 대답하여 죄를 솔직하게 고백하고 용서를 구해야
만 했다. 그러나 그는 '모른다'고 거짓말을 하고 '내가 내 동생을 지
키는 자입니까' 하고 뻔뻔스런 대답을 하였다.

인간은 왜 하나님께 대답을 하지 못하는가. 그것은 대답할 수 없
는 생활을 하고 있기 때문이다. 책임을 지려고 하지 않는 인간은 늘
거짓말을 하고 책임을 져야 할 죄를 남에게 전가한다. 똑바로 하나
님의 얼굴을 보고 대답하지 못한다. 이것이야말로 '원죄'를 진 아담
과 이브, 가인의 모습이자 바로 우리들의 모습인지도 모른다.

폐결핵과 카리에스로 삿포로 의과대학에서 가료중인 나를 자주
문병해 주셨던 분 중에 니시무라 큐조(西村久藏)라고 하는 훌륭한
그리스도 신자가 있었다. 당시 이미 55세로서 200명 가까운 종업원
을 거느리고 빵공장과 과자점, 다방을 삿포로에서 경영하고 있었다.
이 분은 원래 교사를 지낸 적도 있어서 많은 사람들로부터 선생님
이라고 불리며 흠모를 받았다. 이 분주한 선생님이 내게 베풀어 주
신 육친 이상의 자상한 사랑을 나는 선생님의 사후 20년이 지난 오
늘에도 결코 잊지 못한다.

어느 날 니시무라 선생님은 이런 말씀을 하셨다.

"서로 알게 된 사람은 모두 나의 책임 범위이지요. 하나님께로부터 위탁받은 사람이니까요."

이 한 마디가 갓 믿기 시작한 나의 가슴에 얼마나 크게 울려 왔던가. 이 말씀은 선생님에게는 단순한 말만이 아니라 생활 속에 역력히 살아 있었다. 선생님은 그로부터 1년 후에 돌아가셨는데 장례식에 참석한 800명이 넘는 문상객들은 한 사람도 빠짐없이 엉엉 울었다고 한다. 교회당 안으로 들어가지 못한 사람들이 수백 명이나 바깥에 서 있었다고 하는데, 그 중에는 남의 눈을 피하듯이 하며 울고 있는 한 무리가 있었다고 한다. 그들은 얼핏 보아도 그늘진 곳에서 살고 있는 사람들이라는 것을 짐작할 수 있었다. 그 사람들을 보고 '아, 저 사람들도 선생님의 사랑을 받았던 분들이구나' 하고 누구나 가슴이 뜨거웠다고 한다.

선생님에게는 분명히 '서로 알게 된 사람들은 모두 나의 책임범위'였던 것이다.

"네 동생 아벨이 어디 있느냐?"
라고 하나님에게 질문을 받은 가인이,

"나는 모릅니다. 내가 동생을 지키는 자입니까?"
라는 이 대답을 읽고 있으면 나는 반사적으로 니시무라 선생님이 생각나서 견딜 수가 없다. 니시무라 선생님은 "내가 동생의 파수꾼인가요" 하는 식의 쌀쌀하고 무책임한 태도를 취할 수 있는 분은 결코 아니었다.

가인의 경우, 동생 아벨을 죽인 직후에 하나님은 물으셨다. 그 때문에 더욱 아벨과는 무관한 태도를 꾸몄는지도 모른다. 그것은 어쨌든 우리가 하나님께로부터, "네 동생 아벨이 어디 있느냐?"라고 질문을 받게 되었을 때 우리는 과연 어떻게 대답할까.

네 동생이란 말은 바꾸어 말하면 우리들의 가장 가까운 존재를 상징하고 있다고 말해도 좋다. 같은 부모의 자식으로서 함께 성장한 존재는 가장 가까운 존재이다. 그러한 가장 가까운 존재인 **형제자매**가 "어디에 있느냐"라고 물으셨을 때 우리는 진정으로 책임이 있는 대답을 하나님께 할 수 있을까.

"네 동생 아벨이 어디 있느냐?"

라는 질문을 먼저 하셨다.

"네가 어디 있느냐?"

라는 물음 다음에 마땅히 와야 할 질문이다. 그리고 그것은 "네 형제자매는 어디에 서 있느냐" "네 형제자매는 어떠한 모습으로 있느냐"라는 뜻이 담긴 질문이기도 하다.

나는 열 형제이다. 그 중에서 오빠와 남동생과 여동생 셋은 타계하고 없다. 나머지 일곱 형제는 제각기 다른 모습으로 살고 있다. 벌써 1년 반 이상이나 중풍으로 입원하고 있는 형제도 있고, 부부가 사이좋게 건강하게 교회생활을 하고 있는 형제도 있다. 어쨌든 일곱 형제가 모두 다르다. 만일 하나님께서 "네 형제들은 **어디에 있느냐**"라고 물으신다면 나는 뭐라 대답할 말이 없어 고개만 푹 숙이고 있을 것이다.

여기서 나는 "**네 이웃을 네 몸과 같이 사랑하라**"고 하신 그리스도의 말씀을 상기한다. 자기 이외는 우리의 이웃이다. 부모형제도, 같은 동네에 사는 사람들도, 직장의 동료들도 모두 우리의 이웃이다.

신약 누가복음에는 산 속에서 강도를 만나 중상을 입은 행인을 우연히 그 곳을 지나가던 이방인인 사마리아인이 불쌍히 여겨 그를 구하여 자기 나귀에 태워 마을 여관에 데리고 가서 정성껏 돌봐 주고, 여관 주인에게 그 환자의 간호를 부탁하면서 방삯과 약값을 모두 지불해 주었다는 이야기가 나온다. 잠시 스쳐 지나치는 외국인 역시 우리에게는 **이웃**임을 그리스도는 가르쳐 주셨다.

"너는 어디에 서 있느냐"라는 질문을 받고 그 서 있는 곳이 확립된 인간은 당연히 "너의 동생은 어디에 있느냐" "너의 이웃은 어디에 있느냐"하시는 하나님의 물음에 책임있는 대답을 해야 한다. 그러나 현실적으로 나는 나의 일곱 형제마저 "어디에 서서 어떻게 살고 있는지" 확실한 대답을 할 수 없다. 만일 "예, 저의 형제들은 모두 하나님 앞에 서 있습니다"라고 대답할 수 있다면 얼마나 좋을까. 하지만 그런 말을 아직도 못 하고 있다. 하물며 다른 사람에 대해서는 말할 것도 없다. 니시무라 선생님처럼 "서로 알게 된 사람은 모두 나의 책임이다"라고 하며, 사랑으로 대하고 그리스도를 전할 수 있다면 얼마나 좋을까 하고 생각하지만 나로서는 아득히 먼 이야기다.

나는 내 자신이 도저히 아벨 곁에 설 수 있는 자가 아니며 오히려 가인 곁에 서야 하는 인간임을 고백한다. 물론 현실적으로 남을 죽인 일은 없다.

언젠가 다른 책에서 썼지만, 어쩌면 나는 가해자 타입이거나 살해자 타입이 아닌가 여겨지기도 한다. 나의 감수성이 둔한 것은 나의 강한 어조에도 나타나 있다. 참으로 감수성이 예민한 인간은 나와 같이 강한 표현을 하지 않는다. 이렇듯 나의 강렬한 말투가 얼마나 많은 사람에게 상처를 주어 왔는지 모른다. 나는 본질적으로 아벨의 후예가 아니라 가인의 후예가 아닌가 여겨진다. 그래서 나는 가인의 그 후의 일에 각별한 관심을 갖게 되었다. "**너는 땅에서 집 없이 떠돌아다니는 방랑자가 될 것이다**"라고 하나님의 선고를 받은 살인자 가인에게 어떠한 생애가 전개되었는지 성서를 더듬어 보기로 하자. 창세기 4장 13절 이하에는 다음과 같이 기록되어 있다.

그러자 가인이 이렇게 말하였다. "내 벌이 너무 가혹하여 감당할 수 없습니다. 주께서 오늘 이 땅에서 나를 쫓아내시니 내가 다시는 주를 뵙지 못하고 떠돌아다니는 방랑자가 되어 나를 만나는 자에게 죽임을 당할 것입니다." 그러자 여호와께서는 "그렇지 않다. 누구든지 가인을 죽이는 자는 벌을 7배나 받을 것이다." 하시고 가인에게 표를 주어 아무도 그를 죽이지 못하게 하셨다. 그래서 가인은 여호와 앞에 떠나 에덴 동쪽의 놋 땅에서 살았다. 가인의 아내가 임신하여 에녹을 낳았다. 가인은 성을 건설하고 자기 아들의 이름을 따서 그 성을 에녹성이라고 불렀다.

구약성경을 읽기 시작했을 무렵 나는 이 대목도 이해하기 어려웠다. 도대체 왜 가인에게 특별한 표를 주시고(어떤 표인지 나는 모르겠으나 어쩐지 가인의 이마에는 석가의 이마에 있는 저 동그란 표가 찍히지 않았는가 하는 생각이 든다) 가인을 보호하셨던 것일까 생각했다. 게다가 아벨 같은 경건하고 착한 동생을 죽인 가인을 타인이 죽이면 7배나 되는 벌을 받으리라고 약속하신 것이 이상하게 여겨졌다. 아니, 이상스럽다기보다 화가 나는 듯한 느낌마저 들었다.

우리는 어릴 적부터 선인선과(善因善果), 악인악과(惡因惡果)의 옛날 이야기를 듣고 자라났다. 또 권선징악의 이야기를 듣고 자라났다. 「원숭이와 개의 싸움」에 등장하는 원숭이는 절구, 밤, 벌에게 벌을 받았고, 「까치까치산」에 등장하는 너구리는 큰 화상을 입고 진흙배를 타고 가라앉은 이야기들은 어린 우리들의 가슴을 시원하게 해 주었다. 하지만 가인의 이야기는 아무래도 양상이 다르다. 시원스럽지 않다. 어쩐지 하나님은 악인을 지나치게 편들고 있는 것 같다. 이렇게 악인을 후하게 봐주시면 결말이 날 것 같지 않기 때문에 화가 날 지경이었다.

하나님은 거룩하고 의로우시다. 그러므로 나는 하나님을 정의의 편을 드는 분으로만 단순하게 생각하고 있었다. 물론 나 자신을 정의 쪽에 두었을 때의 감각이다.

그런데 성경의 가르침에 의하면 의로우신 분은 하나님뿐이시다. 우리 인간은 하나님을 배반한 아담이나 이브의 시대부터 죄를 지어왔다. 나는 더구나 나 자신이 가해자 타입이며 가인의 계열에 속한 인간임을 알게 되면서부터 하나님께서 가인에게 특별한 표를 주신

의미를 깨닫게 되었다.

　현행의 구어체 성경과 20년 전의 문어체 성경에는 가인을 서술하고 있는 표현이 조금 다르다. 문어체 성경으로 읽으면 나는 문득 가슴이 뜨거워지기까지 한다.

**　　가인이 여호와께 고하되 내 죄벌이 너무 중하여 견딜 수 없나이다. 주께서 오늘 이 지면에서 나를 쫓아내시온즉 내가 주의 낯을 뵈옵지 못하리니 내가 땅에서 피하며 유리하는 자가 될찌라. 무릇 나를 만나는 자가 나를 죽이겠나이다.**

　여기의 어디에 동생을 살해한 뻔뻔스럽고 흉악함이 있을까 의심스러우리만치 흐느껴 우는 듯한 말투다. 유달리,

　　"내 죄벌이 너무 중하여 견딜 수 없나이다."

라는 말에서는 회개하여 맥이 빠져 있는 가인의 표정이나 목소리를 역력히 상상할 수 있으며,

　　"내가 주의 낯을 뵈옵지 못하리니."

에서는 말로 표현할 수 없이 허전한 가인의 한숨을 듣는 듯한 느낌마저 든다.

　어느덧 가인과 같은 죄인인 나 자신을 깨닫고 나서부터 내게는 가인의 이때의 심정을 절실히 동정할 수 있게 되었다. 참으로 우리 인간의 죄는 '너무 중하여 견딜 수 없을' 정도로 무겁다. 인간은 자신의 죄를 자기가 질 수 없기 때문에 이 죄를 대신 짊어지시고 십자가에 못박힌 그리스도를 통해 비로소 해방되는 것이다.

　가인이 자기 죄는 너무 무거워서 견딜 수 없다고 뉘우쳤을 때, 하나님께서는 특별한 표를 주어 타인에게 죽임을 당하지 않도록 지켜 주셨다. 이 표가 말하자면 십자가와 마찬가지의 은혜이다. 참으로 하나님은 사랑할 만한 가치도 없는 자를 사랑하시는 분이다. 가인이 전에는 하나님의 얼굴을 보고 싶다고 별로 생각하지도 않았으나 여기에서는 **"다시 뵈옵지 못하리니"**라고 외로워하고 있다. 여기서도 나

는 감동을 느낀다. 나는 요양 중에 죽음의 공포란 결국 하나님의 거룩하신 이름을 찬송할 수 없는 시기에 접어드는 공포가 아닐까 생각했다. 하나님과 얼굴을 맞대지 못하는 생활은 살아 있어도 거기에 아무런 기쁨이 없다.

가인은 이제야 뒤늦게 그것을 깨달았다. 이렇듯 가인은 표를 몸에 지니고 정처없는 나그네길을 떠난다. 얼마나 외로운 나그네길이었을까. 하나님께서는,

"너는 땅에서 집 없이 떠돌아다니는 방랑자가 될 것이다."

라고 하셨는데, 그는 그의 일생을 방랑자로 마쳤던 것은 아니었다. 그는 아내를 맞이하여 마을을 세웠다. 그가 회개하는 마음을 어여삐 여기신 하나님께서는 그가 방랑자로 일생을 마치는 것을 차마 보실 수 없었다.

방랑자란 유숙할 곳이 없다는 말이다. 주소가 일정치 않은 나그네이다. 우리 인간은 주소가 일정하고 집이 있어도 하나님을 모르고 있다면, 그것은 어쩌면 방랑자처럼 허무한 삶을 살고 있는 것이 아닐까. 돈을 좇고, 명예를 추구하려 하고, 지위를 다투거나 혹은 육욕에 빠져서, 그가 추구하는 바가 일정하지 않다는 것은 결국 방랑자가 아닐까. 나는 하나님을 믿기 전까지의 나의 모습을 다시 생각해 볼 때 특히 그런 느낌이 든다. 어떤 이성에게 마음이 끌렸는가 하면 얼마 후에는 마음이 식어 버리고, 다시 다른 이성에게 끌렸다가 또 식어 버리고, 이 인생에서 무엇이 나의 삶의 보람인지 또는 무엇을 추구하고 사는지를 모르는 나였다. 그것이 한없이 허무하고 지금 되돌아보아도 오싹오싹해지는 심경이다.

그런 의미에서 가인도 하나님 앞에 엎드리는 생활이 어떤 것인지 전혀 모르고 일생을 마쳤던 것이 아닐까. 한 번은 회개하여 특사의 표를 하나님께로부터 받고 나서도 그는 다시금 하나님을 잊어버린 생활로 되돌아갔던 것일까. 그러한 일이 나로서는 궁금하기 짝이 없

었다.

궁금할 뿐 아니라 다음 대목은 납득하기 어려운 부분이기도 하다.

가인의 아내가 임신하여 에녹을 낳았다. 가인은 성을 건설하고…
라는 부분이다. 하나님이 아담과 이브를 만드시고 그들은 아들 가인과 아벨을 낳았다. 그리고 아벨은 가인에게 죽임을 당했다고 하니 그 당시 인간은 아담과 이브와 가인 세 사람밖에 없었을 것이다. 그럼에도 불구하고 가인은 아내를 맞아 성까지 건설했다고 한다. '웬 사람이 그토록 많이 있었던가' 하는 의문이다. 그들은 도대체 어디에서 난 사람들일까. 낙원에서 살아 본 적이 없는 사람이 아닐까 하는 의문이 자꾸만 일어난다.

아담과 이브는 하나님과의 교제가 있었던 사람이고 교제가 없었던 사람들도 그 밖에 많았다는 말도 들었는데 나로서는 잘 모르겠다. 구약성경이나 신약성경에는 이처럼 모르는 점이 너무나 많다. 아무런 설명도 없기 때문에 여러 모로 억측해 보기도 하지만 그것은 어디까지나 억측에 불과하다. 흔히 말하지만 성경은 이른바 과학서적이 아니고 인간의 영혼에 관련된 책이다. 자신이 성경에서 무엇을 찾고 있는가를 잊어버리면 쓸모없는(반드시 쓸모없다고는 말할 수 없겠지만) 탐구를 위한 탐구로 끝나고 말 것이다.

어쨌든 아담과 이브는 아벨을 잃은 뒤에 셋을 낳았다. 이 셋이 에노스란 아들을 낳았을 무렵,

그때부터 사람들은 처음으로 여호와의 이름을 부르기 시작하였다.
라고 되어 있다. 이 성경의 한 구절도 내게는 매우 크고 귀중한 요절이다. 이 한 구절이 있기에 인간의 세계는 하나님께 대한 신앙을, 그리고 하나님과의 교제를 새로이 맺게 된 것을 보기 때문이다. 이 에노스 후에 창세기에는 저 유명한 노아의 대홍수가 오기까지의 9대 사이는 별로 이렇다 할 큰 사건도 에피소드도 없다. 그 8대의 사

람들이 누구를 낳고 몇 살에 죽었다는 기사가 있을 뿐이다. 다만 아담으로부터 7대째인 에녹(가인의 아들 에녹과는 딴 사람)만은 '죽었다'는 기록이 없다.

그가 하나님과 깊은 교제를 나누며 사는 중에 하나님이 그를 데려가시므로 그가 사라지고 말았다.

라는 기록밖에 없다.

'하나님과 깊은 교제를 나누며 사는 중에'라고 씌어 있는 것은 에녹뿐이다. 에녹의 생애는 불과 한 줄밖에 되지 않지만 이것은 위대한 생애라는 설교를 들은 적이 있다. 그는 그 신앙 때문에 죽지 않고 하나님께서 그를 데리고 올라갔다고 당시 사람들은 생각했음에 틀림없다.

우리가 죽을 때, 단 한 줄로 우리의 생애를 누군가가 기록한다면 과연 무엇이라고 기록해 줄까. '그는 당대에 재물을 쌓고 75세에 죽었다' '그는 누구누구와 결혼하여 아들 딸을 낳고 90세에 죽었다'라는 정도일까. 아니면 스탕달처럼 '살았다, 사랑했다, 죽었다'일까. '하나님을 믿고 사람을 사랑하다가 죽었다'라고 기록될 생애를 보내는 사람은 드물 것 같다.

에녹부터 4대째인 노아시대에 하나님은 **여호와께서 사람의 죄악이 땅에 가득한 것과 그 마음의 생각이 항상 악한 것을 보시고** 사람을 만든 것이 후회가 되어 탄식하시며 인류를 멸망시켜 버리기로 작정하셨던 것이다. 에녹의 신앙을 따르는 사람이라고는 노아 한 사람밖에 없는 인간의 세계였던 것이다.

4. 노아의 방주

　내가 국민학교 2학년인가 3학년 때 분명히 「유년클럽」이라는 잡지에 **노아의 방주**라는 이야기가 연재되었다. 나는 교과서 이외의 책을 사 볼 만한 처지가 되지 못했기 때문에 이웃 집 친구들에게서 여러 가지 책을 빌려 읽고 있었다. 월간지 따위는 매호마다 빌릴 수 없기 때문에 그 **노아의 방주**도 다 읽지는 못했다. 내가 빌려 본 그달 호의 **노아의 방주**에는 우연히 예쁜 갓난애가 작은 배에 타고 있는 그림이 곁들여 있었다.

　그래서 나는 이 갓난애가 타고 있는 작은 배를 노아의 방주라고 부르는구나 하고 생각했었다. 나는 구약성경을 읽을 때까지 참으로 20년 가까이나 그렇게만 생각하고 있었다. 방주라는 어감에서 귤상자나 사과상자 정도의 크기를 연상하고 있었음에 틀림없다. 그런데 나중에 알고 보니 그것은 모세가 갓난아기일 때 배에 태워 버려진 이야기의 그림이고, 노아의 방주와는 전혀 무관한 것이었다.

　노아의 방주란 길이 137미터, 너비 22.8미터, 높이 13.7미터나 되었다고 야마무로 군뻬이(山室軍平) 선생은 「민중의 성서」에 쓰고 있다. 세이깡(靑函) 연락선과 같은 큰 배였던 것 같다. 어쨌든 한번 들어박힌 선입관은 좀처럼 고쳐지지 않고 굳어 버리기가 쉽다.

　노아의 이야기를 창세기 6장 전체에 걸쳐 인용하면 좋겠으나 너무 길기 때문에 요점만 간추려 말해 보기로 한다.

하나님은 지상에서 번식한 인간들의 너무나 악한 모습에 정이 떨어져 인간을 만든 일도 새와 짐승을 만든 일도 후회하시고 이들을 전부 멸망시키려 하셨다. 그런데 노아라는 인물이 있었다. 이 사람은 의로운 사람이었으므로 하나님은 이 노아와 그 가족, 그리고 모든 생물의 한 쌍만은 멸망시키지 않기로 작정하셨다. 그래서 노아에게 명령하여 3층으로 된 커다란 방주를 만들게 하고, 가족과 생물을 모두 한 쌍씩 그 배에 넣게 하셨다.

노아는 오랜 시일에 걸쳐 명령받은 대로 큰 배를 만든 후 가족과 모든 종류의 동물을 한 쌍씩 배 안에 넣었다. 과연 하나님의 말씀대로 마침내 지상에는 큰 비가 내리기 시작하여 40주야에 걸쳐 계속 퍼부었다. 그리고 그 홍수는 150일간 넘쳐 흘렀다. 이렇게 하여 방주에 들어가 있던 노아의 여덟 가족과 동물 외에는 모두 지상에서 멸망당하고 말았다.

대충 이런 이야기다. 내가 이 이야기를 성경에서 처음 읽었을 때 나는 요양 중이었고 구도(求道) 중이었다. 나는 이것을 읽고 자기 가족만을 살아나게 했던 노아는 극도로 이기적인 인간이라고 생각했다. 동물을 한 쌍씩 넣을 만한 여유가 있었다면 필시 노아의 이웃에 사는 사람들도 모두 구해 줄 수 있지 않았을까. 나는 그렇게 생각했다. 모든 사람이 죽어가는 것을 그대로 내버려 둔 노아가 비록 착한 사람이라 하더라도 너무나 무정한 사람이라고 생각했다.

내가 아는 한 사람이 패전 후에 사할린으로부터 귀환하려고 서두르고 있었다. 근처에 배를 소유한 어부가 가족과 함께 홋카이도로 돌아간다고 말하기에 자기도 함께 돌아가게 해 달라고 부탁했으나 한 마디로 거절당하고 말았다. 그 어선에는 소유자인 그 어부의 가족과 가재도구가 가득 실려 있었다. 만일 다른 사람들을 태운다면 가재도구를 버리고 가야만 했다.

그 사람은 나중에 다른 배로 가까스로 돌아오기는 했으나 이 이야기를 하면서 세상에는 참 비정한 사람도 있더라고 눈물을 글썽거렸다. 노아의 이야기를 읽은 내가 반사적으로 그 이야기를 회상한 까닭은 노아가 이 냉혹하고 비정한 인간을 닮았다고 생각했기 때문이다. 지금 생각하면 웃음이 터져 나올 것 같은 이야기지만 나는 그 때 진정으로 그렇게 생각했다. 하지만 지금의 나는 노아에 관해 전혀 다른 생각을 갖고 있다. 성경에는 노아를 다음과 같이 기록하고 있다.

그 당시의 사람들 가운데 노아만은 의롭고 흠이 없는 사람이었으며 하나님의 뜻대로 사는 자였다. (창세기 6 : 9)

하나님은 죄악에 가득 찬 인간들의 세계를 보고 모든 사람들을 멸망시키려 하셨다. 하지만 노아와 그 가족만은 살리려고 하셨다. 그 까닭은 노아라는 사람이 상상도 할 수 없을 만큼 신앙이 독실한 사람이었기 때문이다. 만일 하나님이 현재의 세계를 탄식하시고 전 인류를 멸망시키려고 작정하셨다가 잠깐 멈추시고 저 사람 하나만은 멸할 수 없다고 생각하셨다면 도대체 누구를 지목하실까? 그 사람이야말로 바로 나 자신이라고 대답할 수 있는 사람이 과연 있을까. 백 보를 양보하여 온 세계에서 백 명, 천 명, 혹은 만 명이 있다고 생각하더라도 자기가 그 중의 한 사람으로 낄 수 있다고 장담할 수 있는 사람은 아주 적을 것이다. 이렇게 생각하면 노아란 사람은 상상할 수 없으리만큼 훌륭한 신앙자였음에 틀림없다.

노아 시대의 세계가 어떠했는지 나는 모른다. 하지만 하나님이 명령하신 높이 13.7미터, 길이 137미터, 너비 22.8미터라는 크기의 배는 일찍이 보지 못했으리라고 여겨진다. 우리가 만일 아직 듣도 보도 못한 큰 배를 만들라는 명령을 받았다면 과연 어떠한 대답을 하였을까.

"나는 도저히 그런 큰 배는 만들 수 없습니다."

"내게는 너무나 벅찹니다."
"배를 만드는 일은 내 전문이 아닙니다."
 겸손한 듯한 이런 말로 우리들은 그 책임을 회피하려고 하지 않았을까.
 더구나 그 배는 지금 당장 바다에 띄워 놓고 탈 것도 아니다. 아무리 비가 쏟아져도 절대로 홍수가 날 것 같지도 않은 산 위에서 만드는 것이다. 바닷가도 아닌 그런 산에서 일찍이 보지도 못한 큰 배를 만든다는 것은 아무리 생각해도 미친 짓이다. 그러나 하나님은,

너는 잣나무로 배를 만들어 그 안에 막이를 하고 안팎으로 역청을 발라라.

하고 명령하셨다. 그것은 막대한 비용이 든다. 소나무를 자르고 깎고 맞추고 하는 노아와 그 가족들의 노고는 대단했을 것이다. 「천지창조」라는 영화에서 당시의 사람들이 노아와 그 가족이 땀투성이가 되어 묵묵히 일하고 있는 모습을 비웃고 있는 장면이 있었다. 내가 만일 그때 살아 있었다면 나 역시 노아를 비웃었을 것이다. 하나님의 말씀을 따르는 모습은 어느 때는 지극히 이상하게 보이기도 하고 어리석게도 보이는 법이다.
 "곧 대홍수가 나서 인류는 멸망당할테니 이러이러한 큰 배를 만들라고 하나님이 명령하셨다."
 이렇게 말하며 가업을 제쳐두고 배 만들기에 몰두하는 노아의 모습은 옆에서 보기에 참으로 우스웠을 것이다. 뭇 사람들의 비웃음 속에서 아무도 믿지 않는 일을 자기만 믿는다는 것은 지극히 어려운 일이다. 지금 나는 노아를 비웃던 사람들처럼 크리스천을 몹시 비웃던 믿기 전의 나 자신의 모습을 회상해 본다. 나를 믿게 하려고 요양소로 문병차 찾아온 소꿉친구인 크리스천 마에가와 다다시를 조소했던 일을 나는 자서전 「길은 여기에」에 썼다.

'하나님', '기도', '죄악감'이라는 말, 그 밖에 '용서'라든가 '구원'이라는 말들이 그의 입에서 나올 때마다 나는 웃음이 터져 나왔다. '믿는다'는 말에는 가장 민감하게 반응했다. 크리스천은 위선자이며 고상한 척하는 것이 보기 싫다고 욕까지 했다.

왜 그랬을까. 그는 그리스도인 하나님을 믿고 있었고, 나는 믿지 않고 있었기 때문이다. 그는 노아처럼 당장 홍수가 나서 인류가 멸망한다고는 말하지 않았다. 하지만 하나님을 믿고 일요일에는 교회에 다닌다는 것조차 나는 우스웠고 반발심을 느꼈다. 그러던 내가 지금은 하나님을 믿게 되었다. 그리스도의 구원을 믿는 자가 되었다. 그러나 나는 도대체 과연 얼마나 믿고 있는 것일까. 노아처럼 진실로 하나님을 두려워하며 그 말씀을 전적으로 믿고 있는가.

나는 가끔 남편과 단 둘의 노후가 불안스러워서,

"여보, 저금을 해야 되지 않겠어요?"

라고 말한다. 해마다 3월에 세금을 낼 때면 어쩐지 걱정스럽다. 그러면 남편은,

"우선 하나님의 나라와 하나님의 의를 구하라고 하셨어. 그러면 필요한 것은 반드시 주신다고 성경에 씌어 있잖아!"

하고 말한다.

"그거야 그렇게 씌어 있기는 하지만…."

"씌어 있으면 그걸로 됐지 뭘."

'그렇지만… 어느 정도라도 저금을 해 두어야지.'

나는 역시 마음 속으로 투덜거린다. 남편은 어차피 통장을 들여다보거나 하지 않으므로 몰래 저축을 해두어야지 하고 생각한다. 하나님의 말씀을 고지식하게 그대로 믿는 신앙이 없다. 과장하기도 하고 할인하기도 하여 어떻게든 나의 형편에 좋을 대로 해석하려고 한다. 그런 불신을 늘 되풀이하고 있다. 노아처럼 오랜 세월 사람들의 조소를 받아 가면서 모든 것을 걸고 명령대로 배 만들기에 몰두하

는 신앙이 내게는 없다.

　노아의 시대에는 방주 만드는 일을 노아에게만 하나님이 명령하셨다. 하지만 신약의 시대인 지금은 어떤가. 하나님은 진정으로 모든 사람이 방주에 탈 것을 원하신다. 올바른 사람, 올바르지 못한 사람의 차별이 없다. 현대의 방주는 바로 그리스도이다. 사람은 분명히 그리스도의 공로로 구원을 받는다. 그 신앙을 갖고 있는 한 누구든지 하나님에게 받아들여진다. 하지만 아무리 하나님이 모든 사람에게는 구원의 손을 뻗치셔도, 혹은 영원한 생명을 주려고 약속하셔도 이를 믿지 않는 사람에게는 어리석은 소리에 불과하다. 나도 옛날 마에가와 다다시에게,
　"별로 구원을 받고 싶지 않아요."
　"어차피 나는 지옥에 갈거예요."
하고 철부지 같은 소리를 하곤 했었다.
　어쩌면 노아도 많은 사람에게 방주로 들어오라고 권했을 것이다. 그러나 당시의 사람들은 비웃기만 하고 노아의 이야기를 귀담아 듣지 않았을 것이다. 그렇다면 노아는 냉혹하거나 비정한 사람이 아니었다는 말이 된다. 아니, 노아는 아무리 권해도 듣지 않고 멸망해 가는 사람들을 보고 한탄하며 슬퍼했을지도 모른다. 신앙은 어느 시대에나 개개인의 자유의지로 이루어지는 것이기 때문에 강요할 수는 없다. 그것은 노아의 시대나 지금이나 마찬가지이다.
　당시의 사람들은 150일이나 계속되는 대홍수로 모조리 멸망당하고 말았다. 남은 것은 노아의 가족 8명과 종류대로 방주에 들어갔던 한 쌍씩의 생물뿐이었다. 홍수가 지나가고 땅이 마른 후 겨우 방주에서 나온 노아의 가족 8명의 눈에 비친 것은 이것저것 모두 밀려 내려가 버린 황량한 무인의 세계였다. 자기들 8명만 살아났음을 알게 된 노아의 심정은 과연 어떠했을까.

물론 하나님께 대한 감사는 컸다. 그들은 우선 제단을 만들어 번제를 하나님께 드렸다고 성경에는 씌어 있다. 새로운 생활은 하나님께 드리는 감사에 의해 그 첫발을 내디뎠다. 하나님은 이에 대해 아담과 이브에게도 말씀하셨던 저 유명한,

    너희는 많은 자녀를 낳고 번성하여 땅을 가득 채워라.

는 축복의 말씀을 다시 주시며,

    내가 두 번 다시 홍수로 모든 생물을 멸종시키지 않겠다.

고 맹세하신 후 구름에 걸린 무지개가 그 언약의 표시라고 말씀하셨다.

이렇듯 하나님에게 축복을 받을 만한 고결한 신앙을 가진 노아와 가족 8명만의 세계이다. 천국처럼 정결하며 평화스럽게 살았을 것이라고 누구나가 상상할 것은 당연하다. 8명이 살아 남게 된 까닭은 인류가 멸망한다는 하나님의 예고가 두려웠기에 합심하여 그렇게 큰 방주를 만들었기 때문이다. 살아 남은 8명은 마침내 하나님 앞에서 바르고 깨끗하고 평화롭게 살 수 있었다. 세상에는 여덟 사람밖에 남아 있지 않았다. 정답게 살 수밖에 없었을 것이라고 생각된다.

그러나 과연 어떻게 되었을까. 인간은 아무리 올바르다 해도 한계가 있다. 무한히 올바르게 될 수는 없다. 더군다나 사람들의 비웃음을 참고 견디며 큰 일을 이룩한 끝에 간신히 살아 남았던 것이다. 그러므로 그들의 마음은 큰 위험에 직면하고 있었던 것이 아닐까. 내 경우만 보더라도 별로 큰 일을 하고 있지는 않지만 매일 방 안에 갇혀서 소설을 쓰고 있다가, 완성된 순간에 푹 마음이 놓여서 어디론가 훌쩍 놀러 나가고 싶은 해방감에 사로잡힌다.

노아의 가족 8명이 아무리 위대해도 인정으로서는 다른 사람과 그렇게 다를 바 없을 것이다. 필연코 거기에는 마음의 이완이 전혀 없었다고는 말할 수 없지 않을까. 나는 그렇게 상상한다. 어쩌면 이 세상에 자기들만 살아 남게 된 데 대해 은근히 자만하고 싶어졌는

지도 모른다.
 '우리들을 비웃던 저 남자도 저 여자도 모두 멸망하지 않았는가. 역시 우리들은 저 멸망당한 인간들과는 근본적으로 다르다. 선택된 가족들이다.'
라는 교만한 생각이 은근히 고개를 쳐들지 않았다고 단언할 수 없다. 그것은 다음과 같은 사건이 노아의 일가에서 일어났음을 성경은 기록하고 있기 때문이다.
 홍수가 끝난 후에 노아는 농부가 되어 포도를 가꾸어 포도주를 만들었다. 그리고 그 포도주를 마시고 취하여 치부를 노출한 채 잠이 들었다. 그것을 본 노아의 아들 함은 밖에 있던 형제 셈과 야벳에게 알렸다. 셈과 야벳은 아버지의 추태를 보려고 하지 않고 옷을 들고 뒷걸음질쳐 들어가서 아버지의 하체를 덮었다. 술이 깨어 노아는 그 사실을 알고 셈과 야벳을 축복했으나,
 "가나안은 저주를 받아 자기 형제들에게 가장 천한 종이 되리라."
고 저주했다.
 이 사건은 우리에 대한 경고일 수 있다. 하나님께서 올바르다고 하여 축복했던 노아조차 술에 만취하여 알몸의 수치를 드러냈다. 우리네 가정에서 노아와 같은 추태를 부리는 주정꾼이 과연 있을까. 주벽 이야기나 음주 후의 실수는 흔히 있지만 자식 앞에서 나체를 드러냈다는 이야기는 별로 듣지 못했다. 음주를 모두 죄라거나 불신앙이라고는 말할 수 없지만, 적어도 신앙인은 이런 극도의 추태를 보여서는 안 된다. 이렇게 술주정을 부린 노아는 결코 홍수 전의 노아는 아니었다고 나는 생각한다.
 세계에서 단 한 가족만이 멸망에서 구출되었다고 하는 이 큰 은총을 입은 노아마저 이런 꼴이 된 것은 웬일일까. 역시 자기도 모르는 사이에 교만해졌기 때문이라고 나는 상상한다. 이렇게 볼 때 하나님의 은총으로 신자가 되었으면서도 자칫하면 교만하게 되어 하

나님으로부터 이탈하기 쉬운 우리 자신의 신앙생활을 반성해야 되지 않을까.

셈과 야벳은 아버지의 나체를 보지 않았다. 이것은 참 훌륭한 일이다. 아버지의 알몸을 본 함은 야비한 웃음을 띄우고,

'형제들아, 아버지가 홀랑 벗고 잠자고 있으니 빨리 와 봐요!'

라고 말했을 것이다. 홍수 전의 함이라면 다른 사람이 보지 못하도록 당장 옷으로 덮어 주려고 배려했을 것이다. 하지만 그는 그렇게 하지 않았다. 왜 그렇게 하지 않았을까. 그것은 홍수 이전의 노아가 아닌 아버지를 함이 존경할 수 없게 되었기 때문이 아닐까. 그리고 아버지를 존경할 수 없게 된 함 자신도 그 자세가 바뀌어 있었을 것이다.

술에서 깬 노아가 여기서 직접 함을 저주하지 않고 함의 아들 가나안을 저주한 까닭은 무엇일까. 이것은 함의 태도로 미루어 보아 그 아들 가나안이 할아버지를 존경하고 있지 않았기 때문일 것이다. 이렇듯 모처럼 구출된 노아의 가족은 불신과 저주가 엉켜 있었다. 그 자손인 인류가 다시 죄악의 세계로 되돌아간 것도 당연하다 하겠다. 신앙이란 어쩌면 이토록 엄격한 세계일까. 몇십 년 신앙을 지속했어도 하루 아침에 그 신앙을 잃고 마는 수가 있다.

먼저 된 자가 나중 되고 나중 된 자가 먼저 된다. 나는 노아의 이야기를 읽고 참으로 두려움을 느끼지 않을 수 없다. 우리들은 비틀거리면서도 어떻게 해서든 하나님의 은총으로 그리스도에게 꼭 붙어서 살아가고 싶다. 노아가 자신은 살아 남을 만한 가치가 있는 인간이라고 생각하지 않고 하나님의 은총에 의해 살아 남았다고 줄곧 생각하고 있었더라면 그 신앙은 더욱더 빛났을 것이다. 인간은 은총으로가 아니고는 존재할 수 없다. 노아의 방주는 노아의 공적이 아니라 하나님의 은총의 배였음을 확인해야 한다.

5. 바벨탑

몇 해 전 도꾜에서 열린 아시아 8개국의 기독교 문서 출판 관계자 모임에서 나는 강연을 했다.
"통역이 필요합니까?"
하고 묻기에 나는 대답했다.
"필요없습니다. 만일 여러분이 일본어를 알고 계신다면."
주최자는 웃으면서 통역을 붙여 주었다. 통역의 수고를 맡아 주신 분은 일본 기독교단 쓰루가와 학원(鶴川學院)의 다까미 도시히로(高見敏弘) 선생이었다. 선생님 덕분에 청중들은 나의 변변찮은 이야기에도 감동해 주셨으며, 그 뒤의 좌담회에서도 마음이 서로 맞닿는 깊은 대화를 나눌 수 있었다. 하지만 영어를 못 하는 나는 '아아, 나도 영어를 좀 잘 할 수 있었으면' 하고 그때 절실히 느꼈다.
그 후에도 하와이나 로스엔젤레스 둥에서 강연 초청이 더러 있었지만 사절하였다. 물론 몸이 허약한 탓도 있지만 어학실력이 약하다는 것이 외국행을 망설이게 하는 이유다. 그럴 때 나는 '왜 이 세계는 이렇게도 여러 가지 말이 있는 것일까' 하고 진지하게 생각해 보았다. 온 세계가 한 가지 말만 한다면 누구하고도 자유롭게 서로 대화할 수 있으니 얼마나 좋을까.
창세기 제11장 1절부터 9절에는 세계의 말이 왜 나누어지게 되었는가가 기록되어 있다. 짧기에 다 인용해 보겠다.

　　처음에 온 세상은 하나의 동일한 언어를 사용하였다. 그런데 사람들이 동쪽으로 이동하다가 바빌로니아에 있는 한 평야에 이르러 거기에 정착하게 되었다. 그들은 "자, 벽돌을 만들어 단단하게 굽자" 하고 서로 말하며 돌 대신 벽돌을 사용하고 역청 대신 진흙을 사용하였다. 그들은 또 "자, 성을 건축하고 하늘에 닿을 탑을 쌓아 우리 이름을 떨치고 우리가 사방 흩어지지 않도록 하자!" 하고 외쳤다.
　　그러나 여호와께서는 사람들이 쌓는 성과 탑을 보시려고 내려오셔서 이렇게 말씀하셨다. "저들은 한 민족이며 하나의 동일한 언어를 사용하고 있다. 그래서 저들이 이런 일을 시작하였으니 앞으로 마음만 먹으면 해내지 못할 일이 없을 것이다. 자, 우리가 가서 저들의 언어를 혼잡하게 하여 서로 알아듣지 못하게 하자." 여호와께서 그들을 온 세상에 흩어 버리시므로 그들은 성 쌓던 일을 중단하였다. 여호와께서 거기서 온 세상의 언어를 혼잡하게 하시고 그들을 사방으로 흩어 버리셨기 때문에 그 곳을 '바벨'이라고 부르게 되었다.

　이렇게 하여 세계의 말은 여러 갈래로 나뉘어졌다. 이러한 사건이 없었다면 세계는 지금도 모두 같은 말을 쓰고 있었을 것이다. 일본어도 프랑스어도 영어도 히브리어도 없었다. 따라서 외국어 과목은 세계 어느 학교에 가도 없다는 이야기가 된다. 단어 카드를 가지고 외우면서 공부할 필요도 없다. 진학도 아주 편했을 것이다.
　아니, 그런 일보다도 사람들은 서로가 더 잘 이해할 수 있고 각국 상호간의 우정도 더 두터워져서 국제문제도 현재와는 전혀 다른 것이 되지 않았을까? 나는 이런 생각을 하며 역시 세계는 하나의 언어를 사용해야 된다고 생각한다. 하지만, 세계가 하나의 언어를 잃게 된 것은 결국은 인간의 교만 때문이다.
　인용한 성경 가운데는 '자, 성을 건축하고 하늘에 닿을 탑을 쌓아 우리 이름을 떨치고 우리가 사방 흩어지지 않도록 하자!'라고 말한 당시 사람들의 소원이 기록되어 있다. 그 소원의 결과는 어떻게 되었는가? 성도 탑도 도중에 포기하고 말았으며 오명만을 남긴 채 중단되었다.

그들이 말하는 하늘이란 도대체 어디를 가리키는가? 산을 보고 있으면 산의 바로 위는 하늘로 보인다. 하지만 산에 올랐다고 해서 손이 하늘에 닿지는 않는다. 하늘은 한없이 높다. 하늘이란 인간의 손이 닿지 않는 높은 곳을 가리킨다. 즉 하나님의 영역을 가리키는 것이 아닐까. 이 바벨탑을 만들려고 했던 사람들은 하나님의 영역에 도전하려 했던 것이다. 인간이면서 인간의 세계를 넘어 하나님의 세계에 도달하려 했다. 자신을 하나님과 동등한 높이에 두려고 했던 것이다. 이것이야말로 인간이 늘 빠지기 쉬운 교만이요 이미 빠져 있는 교만이다.

아담과 이브가 낙원에서 쫓겨난 까닭은 무엇인가. 열매를 먹으면,
하나님과 같이 되어 선악을 분별하게 될 것을 하나님이 아셨기 때문이다.
라는 뱀의 유혹에 넘어갔기 때문이다. 바벨탑을 통해 또 다시 이런 과오를 범했던 것이다.

'하나님처럼 되고 싶다', '하나님과 같은 존재가 되고 싶다'는 교만을 하나님은 결코 그냥 두시지 않는다. 교만이 인간 최초의 죄인데도 사람들은 이미 그것을 잊고 있었다.

누구나 자기 자신을 반성해 볼 때 인간이란 얼마나 잊어버리기 쉽도록 되어 있는가를 알게 될 것이다. 나도 예외가 아니다. 어제 결심한 일을 오늘 벌써 까마득하게 잊어버리고, 오늘 혼이 나서 다시는 하지 않겠다고 맹세했던 일을 내일 다시 되풀이한다. '목젖만 넘어가면 뜨거움을 잊어버린다'는 속담은 참말이다.

그런데 성경에,
돌 대신 벽돌을 사용하고 역청 대신 진흙을 사용하였다.

라고 적혀 있는 것으로 보아, 이 시대는 인간의 지혜도 크게 발달되어 있었던 모양이다. 아무래도 인간이란 무엇인가 하나 발명할 때마다 어리석게 되어 가는 게 아닐까. 당장 '인간만큼 훌륭한 존재는 없다' '자기만큼 위대한 사람은 없다'라고 우쭐대고 싶어지는 것 같다.

당시 사람들도 일단 지혜가 발달한 단계에서, '하늘에 도달하는 탑을 세우자'고 하나님의 영역에 도전하여 인간의 위세를 과시하고 싶어하지 않았는가 나는 생각한다.

'이름을 내자'는 것은 하나님보다 자신들의 이름을 높이고 싶은 생각에 사로잡혀 있었기 때문이 아닐까? 나는 도꾜에 갈 때마다 36층이니 44층이니 하는 건물을 보면 바벨탑을 연상하게 되어 어쩐지 우습다는 생각이 든다. 도꾜에서조차 이런 생각이 드는데 하물며 뉴욕에서 마천루를 본다면 나는 과연 어떠한 생각을 하게 될까. 물론 이런 건물은 반드시 하나님의 영역에 도전해 볼 속셈은 아니었겠지만 인간이 하는 짓이란 어리석은 것뿐이다.

어제 신문에도 도꾜에서 진도 4의 지진이 있었다고 한다. 고층빌딩에 있던 사람들은 새파랗게 질려 젊은 경비원들 주위에 몰려 와서 '여보, 괜찮겠소?'라고 물었다고 씌어 있었다. 경비원은 얼핏 보기에 경관과 비슷한, 아니 경관보다 더 위엄있는 복장을 하고는 있다. 하지만 그들 역시 사복을 입으면 청바지를 입은 일개 청년에 불과하다. 그러한 경비원이 위 아래로 뒤흔들리는 지진이 더 이상 강해질지 무사히 멈추게 될지 알 리가 없다. 비록 경비원이기는 하나 몹시 소심한 사나이일지도 모른다. 자기들과 별로 다를 바 없는 경비원에게 '여보, 괜찮겠소' 하고 우르르 몰려드는 그 심리는 웃어 버릴 수만도 없는 인간의 모습을 적나라하게 비쳐 주고 있다.

여담이지만 지진이나 화재가 일어나면 도망칠 곳도 없는 몇십 층이나 되는 고층빌딩이란 정말 현명한 인간이라면 생각해 낼 수 없는 건축물이라고 나는 생각한다. 여담을 한 마디 더하면 이같은 현상은 비단 고층건물뿐만이 아니다. 도꾜나 오사까에 가 보면 대도시의 모습에서 역시 하나의 어리석음을 느낀다. 어떤 책에 쓴 적도 있지만, 인간은 왜 저렇게 무리하게 한 곳으로 모여들까. 그리고 태양의 빛을 받을 권리나 흙을 밟을 권리를 빼앗겨도 불평 한 마디 하지 않으며 땅 밑의 지하철, 땅 위의 고가도로를 달리며 돌아다닐까. 이것이 진정한 지혜자의 모습이라고는 도저히 생각되지 않는다. 만일 하나님께 여쭈어 보고 만든다면 하나님은 이토록 비참한 환경에서 인간이 살도록 하시지는 않을 것이다.

하나님이 인간에게 주시는 것은 맑은 공기와 깨끗한 물과 푸른 산야, 그리고 따뜻한 태양, 비, 바람, 눈, 넓은 창공이 아닌가? 인간이 무엇인가 하나 발명할 때마다 어리석어지는 것은 현대도 마찬가지이다.

"다소 고장이 있더라도 뜨라"고 말하여 떠올랐던 비행기가 추락하여 수많은 목숨을 잃게 하거나 자기들이 만든 무기로 미워하지도 않았고 전혀 알지도 못하는 먼 나라 사람들을 살상하기도 한다.

"다소 고장이 있더라도 뜨라"고 명령하거나, "쏴라!"하고 명령하는 자는 언제나 소수이며 그 명령에 따라야 하는 자는 언제나 다수이다. 슬프게도 "사람의 말보다 하나님의 말씀에 따르겠다"고 말할 수 있을 만큼의 겸손함과 강함이 일반 대중에게는 없다. 그뿐이랴,

"나는 무신론자다."

"신? 신이란 전 세기의 유물이다."

"인간이 달 세계에 가는 시대다. 인간이 신이 아니겠느냐?"

이런 말까지 거침없이 사람들의 입에서 나오고 아무런 반성도 없이 그것을 믿고 있다. 이래서야 '탑의 꼭대기를 하늘에 닿게 하려고' 했던 바벨 사람들과 조금도 다를 바 없지 않을까? 하지만 사람들은 알고 있을까? 달세계에 발을 디뎠던 한 우주인이 하나님의 사랑을

전하기 위해 우주인을 그만두고 전도자가 되었다는 사실을.
 이 바벨탑 이야기는 아주 짧지만 온갖 문제를 우리들에게 던져 주고 있다. 당시에는 말이 하나였다고 씌어 있지만, 이 탑과 성을 쌓기 시작할 때 이미 사람들 사이에는 분열이 있었던 것이 아닐까? 확실히 인간은 악을 행하는 데도 쉽사리 결속한다. 비근한 예를 들자면 남의 악담을 할 때가 그렇다. 사이가 나쁜 A와 B가 공통으로 싫어하는 C의 악담을 할 때에는 친구같이 되게 마련이다.
 이렇듯 사람은 악으로 하나가 되기도 하지만, 그렇다고 바벨탑을 세우는 어리석음을 지적한 자가 한둘쯤 없었을까? '그건 안 돼. 하나님께 대한 모독이다'라고 말하는 자가 전혀 없었단 말인가. 모두 다 탑을 세우는 일에 찬성했을까? 혹은 누군가가 말해도 이미 대중은 하늘에 닿는 탑을 세우는 계획에 들떠 있어서 그 반론에 귀를 기울일 여지가 없었던 것일까? 언어가 하나였다는 것은 도대체 어떠한 상태였을까? 언어 사상이란 말이 있듯이 언어가 곧 사상이 될 수도 있다.
 창세기 10장 20절과 31절에는 다음과 같은 말씀이 씌어 있다.
 종족과 언어와 지방과 나라별로 흩어져 살았다.
 바벨탑 이전에도 언어가 서로 달랐던 것 같다.
 문어역 성경에는 '그 언어'를 '방언'이라고 쓰고 있으므로 독일어와 일본어만큼의 차이는 아니고 오사까 지방과 도꾜 지방의 사투리 정도의 차이였는지 모른다.
 어쨌든 바벨탑을 세울 때는 언어가 동일했다. 이를 문자 그대로 받아들여도 괜찮겠지만 여기서 하나의 사상 통제의 냄새를 느끼는 것은 너무 파고드는 것일까? 바벨탑이 기록되기 조금 전(10:8~9)에는 인간 세계에 권력자가 등장한 사실이 기록되어 있다. 나는 아무래도 이 권력자의 등장에서 꼬리를 물고 바벨탑에 이르고 있는 듯한 느낌이 든다.

전시 중에 우리는 언어 사상의 통제를 받았다. 비근한 예로 레코드를 '음반', 퍼머넌트 웨이브를 '전발(電髮)'이라고 말해야 했다. 적성어인 영어를 사용해서는 안 된다는 것이다. 그때 교사였던 나는 재봉시간에 크로스 스티치라는 말을 썼다가 다른 교사로부터 "선생의 입장에서 적성어를 써서 안 좋군요"라는 지적을 받은 적이 있다. 그런데 이런 언어 사용상의 문제라면 그래도 괜찮다. 천황을 살아 있는 신이라 부르고, 여기에 반론을 내세우는 자가 혹시 있으면 그 사람은 당장 잡혀 가거나, 심지어 목숨까지 빼앗기기도 했다. 그래서 나는 국가가 사상을 통제하여 전쟁에 광분하는 모습과, 바벨탑을 세우는 모습에 공통점이 있음을 느낀다. 신이 아닌 인간을 신으로 모신다는 일은 그대로 바벨탑을 건설하는 동기와 맞먹는다.

다행히 패전으로 인하여 일본은 그 잘못을 고치게 되었지만 신이 아닌 자를 신으로 모시는 것보다 더 인간을 모욕하는 일은 없다. 전후 천황은 인간 선언을 하게 되어 처음으로 마음이 푹 놓이게 되었을 줄 안다. 인간은 인간으로서 살 권리가 있다. 인간 이하의 짐승 취급을 당하는 일이 고통인 것처럼 인간 이상으로 취급당하는 일도 큰 억압이다.

아담과 이브의 경우이든 바벨탑을 세우는 사람들이든 인간이 하나님을 대신하려고 할 때 그 시도는 반드시 중단되고 만다는 사실을 성경으로 가르치고 있다. 현대의 바벨탑은 무엇일까? 우리는 현명하고 주의깊게 이 세대의 현실을 응시해야 한다. 그와 동시에 자신의 가슴 속에 담겨 있는 '신은 없다' '신이 있을 수 있겠는가' 하는 따위 불손한 생각에도 예리한 눈을 돌려야만 한다.

이 바벨탑 이야기는 또한 아무리 이 세상이 하나의 언어로 뜻을 합친다 하더라도 결국 인간의 말이란 인간을 결부시키는 데에 그다지 큰 힘이 될 수 없음을 말해 주고 있지 않을까? 그것은 새삼스레 바벨탑에서 예를 찾을 필요조차 없을지 모른다. 우리가 이루고 있는

각 가정의 모습만 보더라도 알 수 있다. 열렬한 연애 끝에 결혼한 부부가 3개월 후에는 벌써 서로의 말이 통하지 않아 얼어붙은 차가운 모습이 되어 버리는 일은 오늘날 별로 드문 이야기가 아니다. 불과 며칠 전까지도 "엄마, 엄마"하며 따르던 아이가 중학교에 들어가서 어머니와는 대화가 멈추게 되었다는 이야기도 흔하며, 새삼스러운 일이 아니다. 며느리와 시어머니, 며느리와 시누이, 아버지와 아들, 어머니와 딸, 형과 아우, 이것 역시 반드시 마음이 통하는 상대라고 말할 수 없는 예가 많다.

불과 두 사람이나 네 사람의 가정생활이다. 외국인과 이루고 있는 가정이 아니다. 그런데도 말이 통하지 않는다. 이렇게 생각하노라면 사람의 마음과 마음을 연결하는 것이 과연 언어일까 하는 의문이 생긴다.

바벨탑이나 성을 만들기 시작한 사람들은 처음엔 서로 협력했다. 하지만 그러는 동안에 차츰 저 사람은 저 생각, 이 사람은 이 생각으로 제각기 자기 주장을 고집하여 양보하지 않는다. 이 사람들의 경우는 부당한 의사통일이 하나님의 은혜로 혼란해져서 저지되었으니 결과적으로는 다행한 일이었지만, 말을 알아들을 수 있어도 제멋대로 굴고 싸움을 하고 끝내는 전혀 의사가 통하지 않게 되어 뿔뿔이 타국으로 흩어져 갔다고도 생각할 수 있다.

벌써 10년 가까이 된 일이지만 미국에서 우리 교회로 1개월 동안 전도하러 온 목사가 있었다. 일본어는 전혀 못 한다. 이쪽의 대다수도 별로 영어가 능통하지 않다. 통역이 있기는 했으나 서로가 부자유스러운 일이었다. 하지만 돌아가실 때 송별회에서 일동이,

  우리 다시 만나 볼 동안
  하나님이 함께 계셔,
  훈계로써 인도하며
  도와 주시기를 바라네.

라는 찬송가를 불렀을 때 목사님은 눈물을 흘리고 계셨다. 그 큰 손으로 눈물을 닦는 목사님을 보면서 우리들도 울었다. 말은 통하지 않았지만 서로의 마음은 통했다. 목사님은 수 년 후 다시 부인을 동반하고 일본에 오셨다. 반가운 재회였다. 페라즈라는 분이었다. 이렇듯 우리들을 연결한 것은 무엇일까? 그것은 결코 단순한 언어가 아니었다. 그리스도 안의 사랑이었다. 사랑이 없는 곳에는 아무런 결합이 없다. 오직 불신과 반발이 있을 뿐이다.

우리는 하나님의 자리를 침범하려고 무엄하게 세우려던 탑과 성을 버리고 뿔뿔이 흩어져 간 바벨 사람들의 비참한 모습을 웃어 넘기지 못하는 자기 자신을 다시 한 번 조용히 반성해야 한다.

6. 롯과 그의 딸들

 내가 처음으로 세상에 펴낸 소설은 「빙점」이다. 하지만 요양 중이던 1960년 무렵, 두 개의 습작을 썼다. 굳이 어디에 발표하려고 썼던 것은 아니다. 쓰고 싶은 생각이 가슴에 넘쳤기 때문에 써 보았던 것이다.
 그 하나는 링꼬(林子)라는 여성의 이야기인데, 이것이 훗날 「길은 여기에」가 되었다. 다른 하나는 「롯과 그의 딸들」이라는 제목이었다. 롯이란 인물은 두 말할 것도 없이 구약성경 창세기에 나오는 사람으로서 이스라엘의 믿음의 조상인 아브라함의 조카이다. 요양 중, 나는 누구한테서 강요를 받은 것도 아니며 권유를 받은 것도 아니지만 롯을 소설로 써 보고 싶다고 절실히 생각하고 있었을 뿐이다. 아직 기프스 침대에 누워 있었을 무렵이므로 반듯이 누운 채 원고지 칸에 글자를 메꿔 나갔다. 아마 1백 장 가량의 중편이었으리라. 반듯이 누워서 글씨를 쓰는 작업은 결코 쉬운 일이 아니다. 또 1백 장의 소설을 쓴다는 것도 힘든 일이다. 그럼에도 불구하고 절대안정해야 할 나에게 1백 장의 소설을 쓰게 만든 것은 도대체 무엇이었을까?
 창세기 11장 끝부터 신앙의 아버지라고 불리는 아브라함이 등장하고, 이하 창세기 마지막의 50장까지는 아무런 해설이 필요하지 않

6. 롯과 그의 딸들

을 만큼 쉽고 게다가 극적인 이야기가 전개되고 있다. 나는 여기서 19장을 중심으로 소설적 상상을 곁들여 롯이라는 인물을 소개하고자 한다.

롯은 그 날 석양 무렵에 소돔의 성문에 앉아 있었다. 당시 마을의 성문에서는 상거래나 재판 등이 행해지고 있었다. 성문에 앉아 있을 수 있었던 롯은 소돔 마을의 유지 중의 한 사람이었던 셈이다. 하지만 롯은 이상하게도 불안했다. 그 날 석양은 짙은 황색으로 물들어 있었다.

'당장 이 마을에 이변이 일어나는 게 아닐까?'

롯의 형용할 수 없는 불안은 이 날이 처음은 아니다. 롯은 음탕한 소돔의 마을에서 하나님의 심판이 있으리라 예감하고 있었다. 그러한 롯의 생각을 조소하듯이 눈화장을 짙게 한 젊은 여인이 풍만한 육체를 뒤흔들며 지나가고 그 뒤에 서로 껴안듯이 어깨에 팔을 두른 사나이가 두 사람 지나갔다. 소돔 마을은 몇천 년이 지난 지금도 '소돔이즘'이란 말이 남아 있을 정도로 남색이 많은 음란한 마을이었다.

'아! 이런 마을에 오는 게 아니었다.'

롯은 괴로운 듯이 중얼거렸다. 롯은 문득 큰아버지인 아브라함을 상기했다. 아브라함은 하나님께 대한 신앙이 돈독한 사람이었다. 롯에게는 이렇다 할 신앙은 없었지만 이 아브라함을 경애하고 있었다. 하나님이 아브라함에게 "너는 너의 본토, 친척, 아비 집을 떠나 내가 네게 지시할 땅으로 가라"고 말씀하셨을 때 아브라함은 즉시 정든 땅을 등지고 아내와 고용인을 데리고 낯선 타국으로 떠났다. 그 때 롯은 아브라함을 따라 여태까지 함께 살아 왔던 나라를 떠났다. 그처럼 롯은 아브라함을 흠모하고 있었다.

아브라함의 아내 사라는 절세의 미인이었다. 아브라함은 이집트에 들어오자 아내를 누이동생이라고 속였다. 너무나 아름다운 사라를 정직하게 자신의 아내라고 말하면 애굽 남자들의 질투를 사게 되어 자칫하면 죽임을 당할지도 모른다고 생각했기 때문이다. 과연 이집트의 왕 바로는 사라에게 마음을 빼앗겼으며 아브라함으로부터 사라를 넘겨 받았다. 아브라함은 그 대신 많은 양, 소, 나귀, 낙타, 게다가 남녀 노예를 받았다. 이때만은 롯도 아브라함에게 환멸을 느꼈다.

'뭐야! 신앙이 돈독한 분이라고 존경하고 있었는데, 내 몸 아끼기 위해 아내를 왕에게 팔아먹는 사나이였던가.'

신앙이 돈독하다지만 인간이란 이토록 추하고 약한 존재인가 생각했다. 이때 롯은 비로소 백부의 아내인 사라에게 자기 마음이 끌려 있음을 알았다. 바로에게 팔려 가는 사라를 생각하며 한밤을 뜬 눈으로 지새웠기 때문이다. 사라가 그러나 한 걸음 바로의 왕궁에 발을 들여 놓은 순간 바로와 왕궁의 사람들은 모두 심한 복통과 고열에 시달리게 되었다.

"이 무슨 재앙인고!"

사람들은 생각했다. 모두가 고통으로 신음하는 중 단 한 사람 사라만은 아무 탈이 없었다. 바로 왕은 사라 앞에 무릎을 꿇고 외쳤다.

"그대는 대체 누구인가?"

"나는 아브라함의 아내 사라입니다."

"아브라함의 아내라구? 그대는 그의 누이가 아니란 말인가?"

바로는 겁이 나서 손가락 하나 대지 않고 즉시 아브라함 곁으로 사라를 돌려 보냈다. 많은 금전도 곁들여서.

'그때다. 내가 아브라함에게 정나미가 떨어져 버린 것은.'

롯은 차츰 노랗게 물드는 하늘을 쳐다보면서 생각했다.

애굽을 나와 가나안 땅으로 왔을 때 아브라함은 롯에게 말했다.

"어째서 요즘 나의 목자와 너의 목자들은 사이가 나쁜가? 의가 더 상하기 전에 헤어지는 편이 좋지 않을까?"

그 원인을 롯은 알고 있었다. 물론 고향을 떠날 때에 비하면 노예도 가축도 몇 배로 불었다. 롯도 아브라함 덕택으로 큰 부자가 되었다. 롯은 내심 아브라함을 비판하는 눈으로 보고 있었기 때문에 그 심정이 어느덧 롯의 노예나 아브라함의 노예에게 반영되고 있었던 것이다.

"아, 그렇다면 말씀대로 떠나겠습니다."

롯에게는 처자가 있었지만 사라를 볼 수 없게 된 것이 괴로웠다.

"롯아, 자, 하나님께로부터 받은 이 땅에서 네 마음에 드는 곳을 골라 네가 가져라."

아브라함이 말하자 롯은 그 땅을 바라보았다. 요단의 평지가 마치 여호와의 동산 같고 이집트의 옥토같이 윤택한 땅임을 알았다.

'오늘부터 나는 사라를 볼 수 없게 되는구나. 에라! 그 화풀이로 저 바라보이는 모든 요단의 평지를 가지자!'

어쩌면 아브라함은 틀림없이 화를 낼지도 모른다. 그렇게 생각했으나 롯은,

"백부님, 저에게 저 요단의 평지를 몽땅 주세요. 부탁입니다." 라고 뻔뻔스럽게 말했다. 아무리 온화한 아브라함이라도 화를 내리라는 짐작과는 달리 그는 미소를 지으면서 롯의 손을 잡고,

"행복하게 살아라. 어려운 일이 닥치면 곧 알려다오. 언제나 너를 위해 기도할 테니."

라고 말하며 보내 주었다. 롯은 그 아브라함의 모습에 일찍이 보지 못했던 경외를 느꼈다. 롯은 깊이 감동하여 자기 자신을 부끄럽게 여겼다.

만일 내가 아브라함의 입장이라면 이처럼 관대한 이별은 할 수 없을 것이라고 나는 생각한다. 자신은 백부이자 일족의 권력자이다.

더구나 롯에게는 이미 많은 가축과 노예, 그 밖의 모든 것을 나누어 주었다. 사양할 필요는 없다. 내가 아브라함이라면 좋은 땅은 모조리 자신이 갖고 나쁜 땅을 롯에게 주었을 것이다. 설사 백 평의 땅을 나누어 갖는다 하더라도 햇볕이 잘 드는 쪽을 우선 자기 것으로 차지할 것이다.

입으로는 좋은 땅을 고르라고 말하지만 속으로는 설마 좋은 땅을 독차지하지는 않을 것으로 생각할 것이다. 막상 좋은 땅을 롯이 택하면,

"너는 심보가 나쁜 녀석이구나. 지금까지 입은 은혜를 다 잊었느냐. 그런 근성으로 어디 잘 되나 보자."

라고 욕이라도 하고 헤어지지 않았을까.

하지만 아브라함은 평화스럽게 헤어졌다. 그것은 아마 자기의 분신인 아내 사라를 애굽왕 바로에게 팔았던 타락한 자신의 신앙에 대한 엄격한 자책감에게 우러난 심정일 것이다. 아내를 팔려고 했음에도 불구하고 하나님께서는 바로의 일당들을 괴질에 걸리게 하고 아내에게는 손가락 하나 대지 못하게 했을 뿐 아니라 많은 가축까지도 주셨다. 송구스러워 몸둘 바를 모르는 아브라함은 그 후 모든 것을 하나님께 맡기고 살려고 굳게 다짐했을 것이다.

한편 아브라함과 작별하여 좋은 땅에 살게 된 롯을 기다리고 있는 것은 퇴폐한 소돔성이며 전쟁이었다. 주위의 왕들이 소돔과 고모라의 재산, 식량, 여자, 노예들을 모조리 빼앗아 간 일이 생겼다.

'그때는 정말 혼이 났었다.'

지금 소돔의 성문에 앉아 롯은 지난 일들을 회상하고 있었다. 그 롯을 살려 내고 재산과 여자와 노예를 적의 손에서 빼앗아 돌려 준 사람이 바로 아브라함이었다.

'어디에서 저런 용기와 힘을 얻었을까?'

구조를 받으면서도 롯은 의아하게 여겼다. 이집트 왕을 두려워하

여 자기 아내를 누이동생이라고 속였던 비겁한 아브라함, 그리고 또 자기에게 요단의 평지를 모조리 골라 가지도록 하고 한 마디 불평도 하지 않았던 유순한 아브라함, 그러한 아브라함에게서는 씩씩한 용기를 롯은 도저히 찾아볼 수가 없었다. 그러나 아브라함은 하나님이 항상 자기와 함께 계심을 믿고 나갔던 것이다.

'어쩌면 저렇게 노랗고 불길한 하늘일까?'

무척 긴 석양이다. 게다가 하늘의 황색은 더욱더 짙어가기만 한다. 롯은 몹시 불안했지만 웬일인지 거리를 지나가는 사람들은 아무도 그 불길한 하늘을 알아채지 못하고 있다. 모든 사람의 얼굴이 다 황색 노을에 물들어 있으면서도 누구 하나 하늘 색을 깨닫지 못한다.

'불길한 징조다. 나만 알고 있는지도 모른다.'

롯은 약간 득의만만하게 사람들을 둘러보았다. 롯은 아브라함을 본받아 요즘에는 꽤 신앙생활에 정진하고 있다. 그러나 롯의 신앙은 하나님께 전적으로 의지하기보다 품행방정하게 살아가겠다는 윤리적인 삶의 방식에 기울고 있었다.

'나만큼 올바르게 살고 있는 사람도 흔치 않을 걸?'

지금도 롯은 뽐내며 성문 앞을 지나가는 사람들을 바라보고 있었다. 그러자 그때 두 젊은이가 소돔 마을로 들어왔다. 롯은 깜짝 놀랐다. 이 두 젊은이의 얼굴만은 황색 노을에 물들어 있지 않았기 때문이다. 그뿐 아니라 두 사람이 가까이 왔을 때 형언할 수 없는 향기가 풍겨 왔다.

'이건 보통 사람이 아니다.'

롯은 성문에서 일어나 땅에 엎드려 두 사람을 맞이했다.

"어서 종의 집으로 들어오셔서 발을 씻고 주무십시오."

두 젊은이는 미소지었다. 그 미소가 롯에게는 빛이 감도는 것처럼 보였다.

"고맙기는 하지만 우리는 이 마을 광장에서 잘 테니 염려하지 마시오."

한 사람이 말했다. 맑은 여울물소리를 듣는 것처럼 낭랑한 음성이다. 롯은 물끄러미 두 사람을 보았다. 두 사람의 얼굴은 이 세상에 이렇게도 빛나는 얼굴이 있을까 싶으리만치 고상한 느낌이었다.

"광장에서 주무시겠다구요? 당치도 않은 말씀을. 당신들은 이 곳이 어떠한 마을인지 모르고 계시는군요. 좋지 않은 말이니 하지 않겠습니다. 자, 어서 저희 집으로 드시지요."

롯은 간청하여 두 사람을 집으로 안내했다. 롯에게는 각각 약혼자가 있는 아리따운 두 딸이 있었다. 언니는 요염한 타입이고 동생은 청순한 타입이었다.

롯 가족이 채 잠도 들지 않았을 때 별안간 집 주위가 떠들썩해졌다. 이 대목을 성경에 있는 대로 옮겨 보자.

그들이 잠자리에 들기 전에 소돔 사람들이 어른 아이 할 것 없이 사방에서 마구 몰려와 그 집을 둘러싸고 롯을 부르며 "오늘 저녁 네 집에 온 사람들이 어디 있느냐? 그들을 끌어내라. 우리가 강간하겠다" 하고 외쳤다.

깨끗하고 잘 생긴 젊은이가 롯의 집에 유숙했다는 소문이 삽시간에 온 마을에 떠돌았음은 말할 것도 없다. 어쩌면 롯은 그 젊은이들에게 딸을 맡길지도 모른다고 예측했던 사람도 있을지 모른다. 어쨌든 남색의 마을이다. 소돔 사람들은 욕정에 불타서 롯의 집을 덮쳤다. 롯은 당황하여 집 밖으로 뛰쳐나가 등 뒤로 문을 닫고 말했다.

"손님에게 그런 무례한 짓을 하면 안 돼요. 그런 생각을 억누를 수 없다면 어쩔 수 없으니 내 두 딸을 내놓겠소. 두 딸은 숫처녀요. 마음대로 하시오. 그러나 내 집 손님에게는 손가락 하나 대서는 안 돼요!"

"뭐라구? 너는 다른 나라에서 떠돌다가 소돔으로 들어온 주제에 언제나 잘난 체하고 우리들을 꾸짖고 있다. 알았다, 이렇게 된 바에야 행인은 그냥 두고 우선 너부터 혼 좀 내줘야겠다."

그들은 격분하여 롯에게 덤비려고 했다. 그 순간 문이 확 열리며 롯은 두 젊은이에 의해 집 안으로 끌려 들어가고 말았다. 사람들은 문이 열리는 순간 강렬한 빛을 받고 눈이 부셨다. 아무리 문을 찾아도 문이 보이지 않았다. 이윽고 그들은 지치고 욕정도 시들해져 떠나고 말았다.

그때 두 나그네가 말했다.

"듣기보다 더한 음탕한 마을이군요, 이 소돔은. 무엇을 숨기겠소. 사실 우리들은 이 소돔 마을을 멸망시키기 위해 파견된 하나님의 사자요. 당신네 가족과 딸의 약혼자를 우리들이 살려 주겠소. 사실은 하나님께서 당신네들도 멸망시킬 작정이었소."

"예? 저도 말입니까?"

롯의 얼굴에서 핏기가 싹 가셨다.

"그렇소. 그러나 하나님은 당신이 아브라함의 조카이기 때문에 재고하셨어요. 아브라함이 당신네 일가를 위해 열심히 하나님께 기도 드리며 구원을 바랐기 때문이오. 더구나 당신은 지금 그들 앞에 버티고 서서 우리들을 지켜 주셨소. 그 사실도 하나님의 마음에 드신 거요. 자, 서둘러 딸의 약혼자에게 알려 주시오. 이 마을은 내일이면 반드시 멸망할 것이오."

롯은 크게 놀라 딸의 약혼자 집으로 달려갔다. 그는 우선 큰 딸의 약혼자 집으로 가서,

"큰일났다, 큰일났어. 내일 이 마을은 멸망해 버린다. 자, 어서 서둘러 내일 아침 일찍 이 마을에서 도망치자. 우리들과 함께 도망가자."

"뭐라구요? 이 소돔이 내일 망한다구요? 장인 영감, 잠꼬대 같은 소리를 하시는군요. 이렇게 활기찬 소돔이 멸망한단 말입니까? 농

담 좀 그만 하세요."

"아냐, 내일이면 반드시 망한단다. 농담이 아니다."

"예 예, 알았습니다. 그러나 소돔이 망한다면 저도 함께 망하겠어요. 아침 일찍 도망치다니, 저 같은 늦잠꾸러기는 죽기보다 더 고통스러워요."

"무슨 소리를 하는 거냐. 지금 우리 집에는 두 사람의 천사가 와서…."

"천사?"

조소에 찬 웃음을 터뜨리며,

"(점점 노인장이 이상해지는구나) 아, 빨리 돌아가서 쉬세요. 저도 도망가기로 하겠습니다."

라고 적당히 말하고 쫓아 보냈다. 작은 딸의 약혼자 역시 마찬가지였다. 이것은 노아의 방주를 비웃던 사람들과 흡사하다. 우리 자신의 모습도 마찬가지이다.

"구해 주시지 않아도 괜찮습니다. 저는 제 길을 갈 테니까요."

이전에는 나도 비웃곤 했다. 인간의 마음 속에는 '진실한 것'과 '성스러운 것'을 비웃고 싶어하는 사탄이 숨어 있다.

이튿날 아침 날이 밝자마자 천사들이 말했다.

"자, 서둘러서 이 마을을 떠납시다."

하지만 두 딸들은 망설였다. 약혼자들을 두고 이 마을을 떠나기가 차마 견딜 수 없었던 것이다. 롯의 아내는 지닐 수 있을 만큼의 패물을 몸에 감았다. 그러나 많은 짐을 두 손에 들 수는 없었다. 두 천사가 롯과 그 아내, 그리고 두 딸의 손을 붙잡고 마을에서 끌어냈기 때문이다. 악에서 빠져 나오기 위해서는 빈 손으로 하나님의 손에 매달려야만 하는 것이다.

마을 밖으로 나왔을 때 천사는 말했다.

"자, 이제부터는 자기 스스로 생명을 구하시오. 뒤를 돌아보아서는 안 되오. 빨리 이 낮은 곳에서 도망쳐 산으로 가야 하오."
 롯은 황망히 천사를 쳐다보았다. 구름 한 점 없는 창공이 천사와 롯 일행의 머리 위에 펼쳐져 있었다.
 '산까지 도망치라구요?'
 롯은 가야 할 산을 바라보았다. 웬걸, 너무나 멀다. 간밤의 소동으로 잠도 제대로 자지 못했다. 앞으로 저 산까지 도망쳐 갈 체력이 있을 것 같지 않다. 롯은 자기 몸에 지금 큰 은혜가 임하고 있다는 사실을 잊고 있었다. 자기와 한 마을에 살던 소돔 사람들이 모두 멸망당하고 있다. 그 중에서 자기 가족만이 멸망에서 빠져 나왔다는 그 은총의 절대성을 잊고 있었다.
 지금, 롯에게는 가야 할 산이 너무나 멀다는 따위 불평을 늘어놓을 때가 아니었다. 멀건 가깝건, 감사하며 힘껏 명령대로 그 곳에 가야만 했다. 롯은 자기 생각만 하고 있었다.
 "하나님의 사자들이여, 저 산까지 가기는 너무 힘겹습니다. 바로 저기 보이는 저 마을을 보셔요. 저 마을이라면 도망치기에 알맞은 거리가 아닙니까? 게다가 저렇게 작은 마을이 아닙니까? 저 마을 사람들의 죄는 소돔과 고모라처럼 큰 마을 사람들과는 다를 것입니다. 저렇게 작은 마을은 멸하지 않아도 되지 않겠습니까? 제발 저 마을에 머물게 해 주세요. 나는 더이상 달아날 기력이 없습니다."
 롯의 이러한 일방적인 간청은 어쩌면 그렇게도 우리들의 나날의 생활 상태와 비슷할까? 죽음에서 살아났다는 감격과 감사하는 마음이 롯에게는 전혀 없지 않았는가 싶다. 이것이 바로 우리의 모습이다. 천사들은 그러나 이 일방적인 롯의 소원조차 받아들여,
 "네 소원을 받아들이고 네가 말하는 그 마을은 멸하지 않겠다."
 그러니 속히 도망치라고 하기에 롯은 소알 마을로 달렸다. 롯의 아내는 다시 한 번 소돔 마을 쪽을 보고 싶었다. 소돔 마을에는 그녀가 두고 온 가재 도구와 옷가지들이 그대로 남아 있다. 아깝다는

생각도 들었다. 둔한 진동이 발에 전달된다.
 '단 한 번이다. 단 한 번쯤 뒤를 돌아본들 어떠랴.'
 롯의 아내는 그렇게 생각했다. 결코 뒤돌아보지 말라고 말했던 천사의 말을 잊은 것은 아니다. 그러나 인간은 아무리 중대한 충고라도 좀처럼 액면 그대로 받아들이려고 하지 않는다. 에누리하거나 과장하거나 하게 마련이다.
 '그렇게 말하지만…' '단 한 번만…' '꼭 한 번만…' '조금만…'
 우리는 언제나 그렇다. 성경에 있는 하나님의 말씀을 정면으로 진지하게 받아들이지 않고 가볍게 다룬다. 즉 진심으로 순종하지 않는다. 어떻게 해서라도 자신에 대하여, 자신의 욕망에 대하여 따르고 싶어한다. 롯의 아내도 소돔의 거리, 추악함으로 가득 찬 거리, 자신의 재산이 있는 거리를 보고 싶은 생각이 강했다. 그래서 뒤돌아보았을 때 갑자기 그녀는 소금 기둥으로 변하고 말았다. 인생에는 이같이 단 한 번 명령을 어긴 것이 전혀 다른 세계로 몰락하는 원인이 되는 수가 있다.
 내가 아는 어떤 사람은 단 한 번만 남편 이외의 남성과 자고 싶다고 말하고 있었다. 그것은 농담처럼 여겨졌다. 하지만 그녀는 그 단 한 번을 마침내 체험해 버렸다. 그 후의 그녀의 생활은 언덕에서 굴러 떨어지듯 전락했다. 지금 그녀에게는 남편도 자식도 없다. 메마르고 쓸쓸한 생활을 하고 있다. 그녀는 그 전과는 전혀 딴 여자가 되고 말았다. 죄는 한 번, 두 번이라는 횟수의 문제가 아니다. 수가 적으면 좋다는 이야기가 아니다. 죄는 우리가 하나님께 대하는 자세의 문제이다. 삶의 자세라고 말해도 좋다.
 롯과 그의 가족은 무사히 소알 마을에 도착했다. 그때 굉장한 땅울림과 굉음이 있은 후 소돔과 고모라는 유황과 불로 순식간에 멸망했다. 이 마을은 지금 사해(死海)의 바닷에 잠겨 있다고 한다. 보기에 좋다고 생각하여 일찍이 롯이 골라 잡은 평지는 이렇게 해서 멸망하고 말았다. 인간의 눈은 어쩌면 그다지도 참된 선을 볼 줄 모르는 불확실한 것일까? 이 날 아브라함은 저 멀리 평지에서 연기가 옹기점 연기처럼 치솟아 오르는 것을 보았다.

어찌하여 롯은 구원받았는가? 성경에는,

아브라함을 생각하셔서 롯이 그 재앙을 안전하게 피할 수 있도록 하셨다.

라고 기록되어 있다. 결코 롯이 의로워서가 아니요, 그 신앙이 돈독했기 때문도 아니다. 아브라함의 신앙과 기도가 하나님께 상달되었기 때문이다.

신앙이 돈독한 사람의 기도 덕택에 구원을 받는다는 것을 나는 언제나 몸에 배도록 느끼고 있다. 우리를 위해 기도해 주시는 많은 분들의 기도에 의해 내가 지탱되고 있다고 실감하기 때문이다. 유달리 남편 미우라를 생각할 때 나는 언제나 내가 롯이라고 생각해 본다. 이 아브라함과 롯의 관계는 훗날 신약 시대에는 그리스도와 우리와의 관계로 크게 비약한 것이 아닌가 하고 나는 생각한다. 틀린 생각이 아닐 것이다.

아무래도 글귀가 매끄럽지 않다. 이야기조로 써 나가려고 했는데 자꾸만 현실이 끼어든다. 어차피 홈이 많은 나인 이상 글에서도 이 정도의 홈은 용서해 주시기 바란다.

내가 롯의 이야기를 소설로 쓴 것은 정작 이 일 후에 된 것 때문이다. 롯은 일단 소알 마을로 피신했다. 그러나 결국은 두 딸을 데리고 산 속으로 들어간다. 여기서 나는 롯의 불신앙을 여실히 본다. 천사가 "산으로 피신하라"고 명령했는데도 불구하고 마을로 피신했다. 천사는 "그 마을은 멸하지 않으시리라"는 약속을 주었는데도 불구하고 롯은 그 마을을 나와 산으로 들어갔다. 어쩌면 롯은 이렇게도 불순종하고 불신앙했는가? 그는 왜 마을에 정착하지 않았는가? 롯의 교만이 재난을 자초한 것은 아니었을까?

아브라함의 신앙 때문에 롯의 가족은 구원받았다. 하지만 롯은 결코 그렇게 생각하지 않았다. 자신이 소돔 마을에서 가장 올바른 인간아기 때문에 구원받았다고 생각하고 있었다. 작은 소알 마을로 와서 롯은 그렇게 큰소리쳤다. 그것이 우선 소알 마을 사람들의 반감을 샀다.

"뭐야, 자기만 잘난 체하고."
"저 놈은 딴 사람들을 버리고 혼자 도망쳐 온 매정한 녀석이다."
소알 사람들은 그렇게 숙덕거렸다. 그러나 롯은,
"이 마을도 원래는 멸망당할 뻔했다. 내가 천사에게 부탁했기 때문에 무사했던 거야."
하고 우쭐댔다. 그러한 롯을 사람들은 차츰 따돌렸다. 롯도 마을의 은인이라고 볼 수 있는 자기를 업신여기는 소알 사람들이 탐탁지 않았다. 롯은 마을 사람들이 싫어졌다. 이런 인간들과 함께 살다간 언젠가는 또 다시 소돔처럼 멸망당하고 말겠다. 롯은 소외되고 있는 나날이 견딜 수 없었고, 또 다시 있을지도 모르는 마을의 멸망에 두려움을 느꼈다.

롯은 이따금 땅에 귀를 대고 저 소돔이 멸망하던 날과 비슷한 땅울림을 들었다.

"땅이 울린다."
롯은 마을 사람들에게 말했다. 모두들 비웃었다. 땅울림은 실은 롯의 귀울림이었다. 그러나 롯은 어느덧 이 마을이 멸망할 것으로 믿게 되었다.

"그 마을을 멸하지는 않겠다."
분명히 그렇게 약속했던 천사의 말을 롯은 이미 믿지 않고 있었다. 어느 날 아침 일어나자마자 두 딸을 흔들어 깨운 후,

"이 마을도 멸망한다."
고 외쳤다. 두 딸은 당황하여 뛰쳐 일어났다. 이미 소돔의 멸망을

경험한 그녀들은 아버지의 말을 믿었다. 딸들에게도 이 마을은 살기 좋은 마을은 아니었다. 따돌림을 당하고 있었기 때문이다.

산 속으로 피신하여 롯은 안심했다. "그 마을은 멸하지 않겠다"고 말했던 천사의 말을 롯은 깨끗이 잊었다. 산 속에서의 세 사람의 생활은 별로 평화스럽지 않았다. 롯은 아침 저녁 신에게 빌고 사냥하러 다녔다. 하지만 어쩐지 마음이 불안했다. 왜 그런지 허전하다. 사냥에서 잡은 짐승을 신에게 바칠 장소가 있었으면 좋겠다. 드디어 그는 큰 바위 앞에 제물을 바쳤다. 그러다가 바위가 그의 예배 대상이 되었다. 세 사람의 우상 숭배 생활이 시작되었다.

그러던 중 두 딸은 아주 신앙을 잃고 말았다. 그녀들은 나무 열매나 과일로 술을 만들어 롯에게 마시도록 드렸다. 롯과 딸들은 마침내 근친상간의 수치스런 관계 속에 빠져 들어갔다. 그래서 큰 딸이 낳은 아들은 모압 족의 조상이 되고 작은 딸이 낳은 아들은 암몬 족의 조상이 되었다. 롯이 만일 천사의 말을 믿고 겸손히 마을에서 살면서 더욱더 하나님을 섬겼더라면 아브라함의 신앙에 가까워질 수 있었을 것이다. 롯이 소돔의 멸망에서 구원된 것이 그가 회개할 수 있는 절호의 기회였다.

하지만 그는 모처럼의 은혜와 구원의 기회를 파멸로 바꾸어 버렸다. 이것은 또한 우리들의 문제이기도 하다. 우리들은 매일 여러 사람들과의 만남, 또는 사건, 생활을 통해 하나님의 큰 은총과 경고를 받고 있다. 그럼에도 불구하고 우리들은 나날을 허무하게 보내거나 혹은 이일 저일 고민하다가 회개할 기회와 하나님 앞에 엎드릴 기회를 헛되이 잃고 있는 것이 아닐까.

어쨌든 인간은 하나님을 떠나고 사람들을 떠나서 자기 혼자만 성스럽고 즐겁게 살 수 있도록 만들어져 있지 않다. 흔히 말하듯이 인간이란 사람(人)의 사이(間)라고 쓴다. 우리들은 롯처럼 자기만의 안전을 추구하여 혼자만 산에 들어가 있지는 않은가? 마을에 살면서 남을 거부하고 사랑을 잃어버린다면 그것 역시 롯의 생활과 조금도 다를 바 없다.

　여담이지만 나는 아브라함같이 독실한 신앙의 사람도 그 조카 롯을 끝내 하나님께 인도하지 못했다는 사실에 다소나마 위로를 받는다. 나도 명색이 크리스천으로서 부모 형제의 신앙에 무관심한 것은 아니다. 내 형제, 그리고 형제처럼 함께 자란 사람은 모두 12명, 그 중에서 3명이 세상을 떠나고 세례를 받은 사람이 7명, 믿지 않는 사람이 2명, 세례는 받았지만 떨어져 나간 사람이 2명이나 있어서 나는 고민하고 있다.

　하지만 롯의 경우를 생각하면 아브라함의 신앙과 인격으로도 어쩔 수 없었던 것이다. 하물며 나 같은 사람이 안타까워 허둥지둥 안달한들 어찌할 도리가 없다고 여겨진다. 생각해 보면 처음부터 나를 아브라함의 위치에 올려놓고 우쭐대로 있으니 얼마나 건방진 태도인가. 한편 남편만큼의 신앙을 갖게 되기를 목표로 삼고 있는 롯과 같은 나에게는 이 이야기가 엄격한 훈계가 되기도 한다. 어차피 신앙은 개인의 것이다. 남의 기도나 남의 신앙만 의지하여 게으른 나날을 보내고 있다가는 너도 결국 롯과 같은 신세가 되고 만다는 무서운 경고로 받아들인다.

7. 아브라함의 신앙

　이야기는 창세기 22장으로 옮겨 간다. 우리가 결혼하여 맨 처음 벽에 걸어 놓은 가훈은 〈여호와 이레〉라는 성구인데, 이는 '여호와의 산에서 준비되리라'는 뜻이다. 이것은 그 후 13년, 얼마 전 색이 바래서 바꾸어 걸 때까지 쭉 걸어 놓고 있었다.
　언젠가 이번 달은 가계부가 적자라고 생각했던 순간,
　"뭐 그래, 여호와의 산에 준비되어 있는데."
라고 남편이 말한다. 풀기 어려운 사건이 일어나기라도 하면,
　"괜찮다구, 여호와의 산에서 준비될 테니까."
이렇게 나온다. 〈여호와 이레〉는 우리 부부의 좌우명이기도 하다. 이 성구는 창세기 22장 14절에 나오는 유명한 말씀이다.
　아브라함이 백 살, 아내인 사라가 아흔 살일 때 외아들 이삭이 태어났다. 이 사실을 하나님께로부터 예고받았을 때 아브라함은, '백 살이나 된 사람이 어찌 아이를 낳을 수 있을까? 사라는 또한 아흔 살이나 되는데 어찌 생산할 수가 있으랴' 하고 엉겁결에 웃었다. 당사자인 아브라함조차 하나님의 말씀을 믿지 못했다. 하물며 우리들은 '정말 아흔 살에 낳았을까? 옛날엔 한 해에 두 살씩 나이를 먹었던가?'라고 말하며, 그러니까 사라는 45세였는지도 모른다고 우리네 상식의 선에서 판단하려 든다.

아무튼 사라는 아흔 살에 자식을 낳았다. 장본인들이 믿지 못할 일이 일어났던 것이다. 이 아들이 바로 이삭이다. 이삭이란 '웃음'이란 뜻이라고 한다. 일본식으로 말하면 쇼이찌(笑一)라든가 쇼따로(笑太郎)라든가 하는 이름일 것이다. 여자라면 쇼꼬(笑子)라고 지었을지도 모른다. 나이 백 살이 되어 겨우 외아들을 낳은 아브라함의 기쁨과 감사의 마음이 이 이름에 역력히 나타나 있지 않은가? 이 외아들이 소년이 되었을 무렵 아브라함은 하나님의 음성을 들었다.

너는 사랑하는 네 외아들 이삭을 데리고 모리아 땅으로 가 내가 지시하는 산에서 그를 나에게 제물로 바쳐라.

번제란, 나날의 헌신의 표시로서 양이나 소 따위를 통구이로 드리는 의식이다. 그런데 뜻밖에도 하나님은 이삭을 통구이로 바치라고 명령하셨던 것이다. 아브라함은 어떻게 했는가? 성경에는,

아브라함은 다음 날 아침 일찍 일어나 나귀에 안장을 지우고 제물을 태울 나무를 준비하여 두 종과 자기 아들 이삭을 데리고 하나님이 지시하신 곳을 향해 떠났다.

고 기록되어 있다.

하나님 말씀에 놀라 당황했다거나 아내인 사라에게 알렸다거나 하는 말은 적혀 있지 않다. 우리라면 하나님의 지시는 너무 가혹하니 도저히 따를 수 없다. 그런 하나님이라면 믿지 않겠다고 말하지 않았을까? 어쨌든 이렇게 가혹한 일은 할 수 없다고 생각하는 게 우리들의 솔직한 심정일 것이다. 지난 해 나의 남편의 위가 나빠져서 그를 따라 병원에 갔었다. 위 언저리에 큼직한 혹이 생겼기 때문에 의사는 나에게 살며시,

"이건 위험할지 모르겠군요."

라고 말했다. 위암 같다는 것이다. 나는 문자 그대로 눈앞이 캄캄해졌다. 이처럼 냉혹하고 가혹한 일에 부딪칠 때가 인생에는 종종 있다. 웃으며 집을 나갔던 아이가 몇 분 후에는 차에 치어 즉사했다거

나, 목욕을 하고 있던 중에 가스 중독으로 부모가 죽었다거나, 뇌일혈로 여행 중에 급사했다거나 하는 가슴 아픈 이야기는 그렇게 드물지 않다. 이럴 때의 육친이나 반려자의 탄식과 슬픔은 차마 볼 수 없다. 그리고 이런 경우 사람들은 '하나님은 왜 이다지도 냉혹한 일을 하실까?' 하면서 당사자를 동정하게 마련이다.

아브라함의 경우는 갑자기 빼앗아 간 것이 아니고 자신의 손으로 외아들을 불태워 죽여야만 하는 것이다. 이 세상에 이다지도 비정한 요구가 또 있을까? 더구나 이삭이 큰 죄를 범한 것도 아니고 아브라함이 신앙에 어긋나는 행동을 한 것도 아니다. 그러나 아브라함은 완전히 순종하여 묵묵히 하나님의 말씀에 따를 뿐이었다. 이것을 맹종이라고 말해도 좋을 것이다. 그러나 아브라함은 믿고 있었다. 하나님이 하시는 일은 올바르다고 끝까지 믿고 있었다.

'이다지도 가혹한!' '이런 불합리한!'이라고 그는 생각하지 않았다. 이런 말은 사람이 자기 몸을 아낄 때 하는 말이다. 하나님이 하시는 일에는 절대로 과실이 없다. 하나님은 절대로 올바르다고 하는, 이 절대적 신뢰가 바로 '신앙'이다. '인간의 주장이 옳다, 인간쪽이 합리적이다'라는 말은 하나님을 부정하고 불신하는 것이 된다. 우리 인생에게는 아무래도 하나님이 하시는 일을 모르는 때가 있다. 그러나 모르더라도 그것은 하나님의 영원한 계획 중에서는 옳은 일이라는 것만은 믿어야 할 것이다.

아브라함은 사흘째 되던 날 가까스로 하나님이 지시하신 산에 이르렀다. 왜 하나님은 이렇게도 먼 산을 택하셨을까? 당장 그 자리에서 번제를 드리라고는 말씀하시지 않고 사흘이나 걷지 않으면 안 될 만큼 먼 산에서 드리라고 말씀하셨을까? 그것은 결코 사랑하는 자식과 충분히 석별의 정을 나누라고 그러신 것은 아니라고 본다. 사흘이면 꽤 먼 길이다. '작심 삼일'이란 말이 있다. 자진해서 시작한 일도 삼 일이 지나면 그 마음이 슬그머니 바뀌고 싫증이 나거나 의욕이 없어지기 쉽다.

　하물며 하나님의 명령에 따라 자기 자식을 통구이로 바치겠다는 결심은 사흘째가 되면 맥없이 무너질 법도 하다. 애초부터 기꺼이 따를 수 없는 명령이다. 하나님께 절대 순종하는 신앙이 설사 있다 하더라도 사흘이 지나는 사이 어느 정도 흔들릴 것이다. 하지만 그 사흘 동안 하나님께 대한 아브라함의 신앙심은 요지 부동이었다.

　드디어 때가 왔다. 아브라함이 그 외아들 이삭을 하나님 앞에 불태워서 바칠 때가 온 것이다. 그 장면이 성경엔 다음과 같이 기록되어 있다.

《창세기 22장 6절 이하》

　　그리고서 아브라함은 이삭에게 제물을 태울 나무를 가지고 가게 하고 자기는 불과 칼을 들고 갔는데 도중에 이삭이 자기 아버지를 불렀다.

　　"아버지!"

　　"왜 그러느냐?"

　　"불과 나무는 여기 있는데 제물로 바칠 어린 양은 어디 있습니까?"

　　"얘야, 제물로 바칠 어린 양은 하나님이 직접 준비하실 것이다."

　　그들이 계속 걸어서 하나님이 지시하신 곳에 이르렀을 때 아브라함은 그곳에 단을 쌓고 나무를 벌려 놓은 다음 자기 아들 이삭을 묶어 단의 나무 위에 올려 놓았다. 그리고 그가 손을 내밀어 칼을 잡고 자기 아들을 치려고 하는 순간 여호와의 천사가 하늘에서 '아브라함아, 아브라함아" 하고 불렀다. 아브라함이 "내가 여기 있습니다" 하고 대답하자 천사는 "그 아이에게 손을 대지 말아라. 그에게 아무 해도 입히지 말아라. 네가 하나밖에 없는 네 외아들까지 아끼지 않았으니 네가 하나님을 두려워하는 줄을 내가 이제야 알았다" 하고 말하였다.

　　아브라함이 주위를 살펴보니 뒤에 수양 한 마리가 있는데 뿔이 수풀에 걸려 있었다. 그래서 아브라함은 그 수양을 가져다가 아들 대신 제물로 바쳤다.

아브라함이 그 곳 이름을 '여호와이레'라고 불렀으므로 오늘날까지도 사람들이 '여호와의 산에서 준비될 것이다'라는 말을 하고 있다.

신앙의 사람 아브라함의 일생에서 이때만큼 괴로운 시련의 때는 없었을 것이다. 제 자식을 제 손으로 불태우라고 하는, 이보다 더 가혹한 명령과 요구가 세상에 또 있을까. '네가 죽어라'는 말씀을 듣는 것보다 더 괴롭다. 그 명령에 그는 순종했다.

신앙이란 요컨대 하나님을 믿고 하나님께 순종하는 일이라고 나는 생각한다. 복종하기 위해서는 '사심'을 버려야만 한다. 예수 그리스도가 기도하셨듯이,

제 뜻대로 마시고 아버지의 뜻대로 하십시오.

이 말씀이야말로 하나님께 대한 완전한 신뢰이고 복종이라고 나는 생각한다. 아브라함은 외아들 이삭을 번제로 바치라는 명령에 따라 이제 막 아들의 가슴을 칼로 찌르려는 그 순간 '**그 아이에게 손을 대지 말아라**'라는 여호와의 사자의 음성이 들렸다. 그리고 거기서 한 마리의 수양을 발견하게 된다. 이 수양이야말로 신약에서의 예수 그리스도이시다. 하나님은 언제나 우리들의 나날의 죄를 보상하기 위해 예수 그리스도를 준비하고 계신다. 하나님은 아브라함에게 외아들을 요구하셨다. 하지만, 그 하나님 자신은 외아들 예수를 전 인류에게 주셨다.

하나님이 세상을 무척 사랑하셔서 하나밖에 없는 외아들마저 보내 주셨다.

고 성경에 쓰인 그대로다.

며칠 전 두세 명의 친구와 이야기를 나누었다.

"자기 아들이 목사가 되는 걸 바라는가?"

하는 화제였다. 한 사람은 머리를 크게 가로저었다.

"목사가 되다니 그런 소리는 그만두세요."

말도 되지 않는다는 표정으로,
"목사가 되었다간 먹고 살 수가 없잖아요!"
다른 어머니도 맞장구를 치면서,
"가능하면 의사가 되어 주었으면 좋겠어. 신앙을 가진 의사로 말이야."

내게는 아이가 없다. 만일 있다면 나 역시 내 자식을 목사로 하나님께 바치려고 생각하지 않을지도 모른다. 신앙은 가지도록 원하고 싶다. 그러나 '목사는 어쩐지…' 하고 망설이기가 일쑤이다. 실제로 어떤 목사님이 말씀하였다.

"나는 크리스천 가정에서 자랐습니다. 양친은 신앙생활에 열심이었지만 내가 목사가 되겠다고 말을 꺼냈을 때 맹렬히 반대한 사람이 저의 양친입니다. 아버지는 야단을 치고 어머니는 울고불고 야단났었죠."

양친의 축복을 받으면서 목사가 된 분도 있겠지만 반대를 당하면서 목사가 된 분도 있을 것이다. 자식을 바친다는 일뿐만이 아니다. 우리들은 하나님께 시간을 바치거나 돈을 바치거나 하는 일에도 왠지 망설이고만 있는 게 아닐까? 이마바리(今治, 일본 시꼬꾸에 있는 지방도시)의 에노모도(榎本) 목사는 설교 가운데서 다음과 같이 말하였다.

"어떤 교회에서 설교를 했다. 헌금 때가 되어 모두들 찬송가를 불렀다. '주께 드리네, 주께 드리네, 사랑하는 구주 앞에 모두 드리네'라는 가사이다. 이 찬송을 부르면서 헌금하는데 단상에서 보고 있노라면 작은 돈을 찾고 있는지 큰 돈을 찾고 있는지 모두들 꾸물거리면서 시간을 보냈다. 찬송은 기도이다. '모두 드리네'라는 기도를 드리면서…"

목사님의 이 같은 설교가 귀에 따갑지 않은 사람은 적을 것이다. 우리들은 하나님의 말씀을 에누리해서 듣거나 또는 덧붙여서 듣거나 하고 참되게 하나님께 복종하는 생활은 좀처럼 하지 못한다.

나는 어제 부엌에서 당근을 썰면서 생각했다.

'당근은 어디를 썰어도 당근이구나.'

하지만 자신의 생활은 과연 어디를 잘라도 크리스천일까? 내 생활의 어느 단면에서도 하나님을 찬송하고 하나님께 복종하고 있을까? 가끔 쇠고기 통조림 속에 말고기가 들어 있다거나 성게젓인 줄 알고 먹었더니 그것은 색깔을 내기만 한 가짜였다고 해서 화제가 된다. 그러나 나 자신도 내 생활을 들여다보면 '이래도 크리스천일까?' 하고 생각할 때가 자주 있다. 이래서야 가짜 상품과 별로 다를 바 없다.

'이래도 크리스천일까?' 하고 자신을 평가하는 것은 하나님께 복종하고 있지 않는 자신을 보기 때문이다. 하나님 말씀에 순종하는 일을 아브라함처럼 진실하게 하고 있을까?

'그리스도는 우리 모두의 단순한 위안을 위해 십자가에 매달린 것은 아니다'라고 어떤 목사님이 말씀하셨는데, 우리들은 성경을 '하나님의 말씀을 일시적인 위안을 위해 읽고 있는 것이 아닐까' 하고 반성하게 된다. 이를테면,

너희가 판단을 받지 않으려거든 남을 판단하지 말아라.

라는 성구 한 마디조차 우리들은 복종하는 정신을 가지고 진지하게 읽지 않고 있는 것이 아닐까? 아브라함이 이삭을 바치려고 결심한 마음으로 우리들은 자신의 '에고이즘'을 왜 버리려고 하지 않는가?

우리 부부는 **'여호와의 산에서 준비될 것이다'**를 좌우명으로 삼아 지난 십여 년을 함께 살아왔으나, 그것은 결코 하나님께 대한 절대적인 신뢰에서 나온 것이 아님을 새삼스럽게 반성하고 있다. 우리가 진지하게 하나님께 순종하려고 할 때에만, '여호와의 산에 준비된 그리스도'가 확실한 실재로서 우리에게 다가오시는 것이 아닐까?

8. 요셉의 이야기

나는 자주 꿈을 꾼다. 자주 꾼다고 말하기보다는 꿈을 꾸지 않는 날은 하룻밤도 없다. 새벽녘 꿈은 진짜 꿈이라든가, 뱀꿈은 재수가 좋다든가, 돼지꿈을 꾸고 나면 돈이 생긴다든가, 이가 빠지는 꿈은 가족 가운데 불행이 닥친다거나 하는 등등, 나는 그런 해몽 이야기를 들으면서 자랐다. 하지만 해몽이라는 것은 그렇게 잘 맞지 않는다. 그런데 창세기 37장에는 해몽의 명인 요셉이란 사람이 등장한다. 나는 가끔, '아! 이 꿈의 뜻은 무엇일까?' 요셉에게 물어 보고 싶은 생각이 들 때가 있다. 요셉은 아브라함의 아들인 이삭의 손자이다. 즉 아브라함의 증손이다. 이 이삭과 야곱의 결혼, 그리고 그들의 신앙에는 재미있는 이야기가 많이 있는데 그것은 구약성경에서 읽기 바란다. 아무런 해설도 필요 없을 만큼 기복이 풍부한 이야기가 기록되어 있다.

요셉은 야곱의 막내 아들이었다. 야곱은 요셉을 편애했다. 다른 열 명의 형들은 질투하여 요셉을 미워했다. 이 형들은 요셉과는 배 다른 형제였다. 미움에서는 결코 좋은 결과가 나오지 않는다. 그들은 요셉을 죽일 의논을 했다. 그러나 큰 형 르우벤만은 불쌍히 여기는 마음이 있어 동생을 죽이는 일만은 하지 말고 광야의 구덩이 속에 던져 넣을 것을 제안했다. 르우벤은 나중에 몰래 요셉을 구덩이

8. 요셉의 이야기 — 95

에서 구출할 생각이었던 것이다.

 요셉을 구덩이 속에 던지고 그들은 빵을 먹기 시작했다. 미운 사람을 구덩이 속에 넣고 나서 먹는 빵은 맛이 훨씬 더 좋았을지도 모른다. 인간이란 그렇게도 매정하다. 그 중에 르우벤은 끼어 있지 않았다. 그들이 빵을 다 먹기 전에 대상이 낙타를 타고 들이닥쳤다. 그들은 문득 욕심이 생겼다. 이 미운 동생을 구덩이 속에 넣어 두고 굶겨 죽여 보았자 한 푼의 이득도 없다. 차라리 팔아 버리는 편이 득이라고 생각했다. 이렇게 하여 요셉은 은 20개에 팔리고 말았다. 요셉이 열 일곱 살이었을 때였다.

 나중에 르우벤이 요셉을 몰래 구출하려고 왔다. 그런데 구덩이 속은 텅 비어 있었다. 르우벤은 슬퍼하며 형제들을 원망했다. 그들은 산양을 죽여 그 피를 요셉의 옷에 발라 요셉이 죽었다고 르우벤과 아버지 야곱에게 말했다. 요셉을 편애하고 있던 야곱의 탄식은 차마 볼 수 없었으며 그대로 죽어 버릴 것만 같이 슬퍼하였다. 요셉은 애굽으로 끌려가 이집트 왕 바로의 신하 시위대장 보디발에게 다시 팔려갔다. 즉 노예가 된 것이다. 그런데 요셉은 이 사건으로 신분이 크게 바뀌었다. 그는 왜 자기가 형들에게 미움을 사게 되었는지를 애굽으로 끌려가는 도중에 곰곰히 생각했을 것이다. 생각하고 있는 중에 요셉은 자신의 교만을 깨달았으리라고 나는 상상한다.

 성경에는 요셉이 형들의 나쁜 소문을 아버지에게 고자질해 바쳤다고 기록되어 있다. '고자질'을 당하고 기뻐하는 사람은 아무도 없다. 또 '고자질'하는 인간에게는 '착한 아이가 되고 싶다'는 생각이 강하다. '고자질'은 '험담'이기도 하다. 내가 국민학교 교사 때, 곧잘 반 친구들의 '고자질'을 해 오는 어린이가 있었다. 고자질을 한 뒤에 그 어린이는 아주 밝은 얼굴을 하고 있었다. 급우가 야단맞을 것을 예상하고 있었을 것이다.

 요셉도 어쩌면 아버지에게 형들을 '고자질'하여 형들을 제쳐 놓고 더욱더 아버지의 사랑을 독차지하려는 얄팍한 속셈이 있었을지 모른다. 또 '고자질' 외에 요셉은 자기가 꾼 꿈을 자랑스럽게 형들에게 말했다.

"우리가 밭에서 곡식단을 묶고 있을 때 내 다발이 벌떡 일어서자 형들의 다발이 주위로 몰려와서 내 다발에 절을 하더군요."

형들은,

"뭐라구! 장차 네게 우리들이 절을 하게 된다는 말이냐? 건방지게시리! 네가 왕이라도 될 것 같으냐?"

하고 요셉을 미워했다. 그래도 또 요셉은 꿈 이야기를 했다. 이번에는 아버지와 형들에게 말했다.

"이런 꿈을 꾸었어요. 해와 달과 열 한 개의 별이 모두 나에게 절을 하더군요."

이를 들은 아버지 야곱은 꾸짖으면서 말했다.

"그건 도대체 무엇을 뜻하느냐? 별은 형들, 해와 달은 아버지와 어머니를 뜻하는 게 아니냐? 그렇다면 부모 형제가 모두들 네게 절하는 날이 온다는 말이냐?"

형들이 노발대발한 것은 물론이다. 아버지는 이 꿈 이야기를 마음에 새겼다. 이런 꿈을 요셉이 설사 꾸었다 하더라도 입 밖에 내는 게 아니었다. 17세인 젊은이인지라 분별력이 없었는지도 모른다. 어쨌든 요셉은 마음 속에 교만해져서 형들을 깔보고 있었음에 틀림없다. 그리고 그 태도에도 눈에 거슬리는 점이 있었을 것이다. 성경에는 형들이 그를 미워하여,

그에게 말도 잘 하지 않았다.

고 씌어 있다. 요셉이 만일 사랑스럽고 겸손한 동생 노릇을 했다면 설사 아버지에게서 편애를 받는다 하더라도 이렇게까지 미움을 사지는 않았을 것이다. 멀리 이집트로 팔려 가서 노예의 몸이 되고 나서 비로소 요셉은 하나님을 믿게 되었다. 하나님은 겸손해진 요셉을

사랑하시고 그가 하는 일은 모두 축복해 주셨다.
 요셉의 주인 보디발은 이러한 요셉을 눈여겨 보았다.
'어딘지 모르게 다르다!'
 그는 그렇게 느꼈다. 이 '어딘지 모르게 다르다!'라고 다른 사람들로부터 인정받는 신자가 되기란 여간 어려운 일이 아니다. 우리 신자들은 모든 사람에게 '어딘지 모르게 다르다!'라고 인정받는 사람이 되어야 한다. 저 사람이 하는 일은 보통 사람과는 다르다. 저 사람의 근무 태도는 어딘지 모르게 다르다. 저 사람 얼굴은 어딘가 다르다. 그러한 신자가 나도 되고 싶다.
 그러나 나는 이 점에 있어서 전혀 자신이 없다. 원고의 마감 날을 지키지 않는 경우가 있다. 약속을 깜빡 잊어버리는 경우도 있다. 나도 모르는 사이에 찍힌 스냅 사진을 보노라면 굉장히 심보 사나운 얼굴을 하고 있거나 아니면 잔뜩 화가 난 표정을 짓고 있거나 하여 실망하고 만다. 내가 '아무 데도 다를 바 없는 신자'라면 다행이겠는데 '너무나도 변변치 못한 신자가 아닐까' 생각되어 하나님께 송구스럽기 짝이 없다.
 그런데 이 요셉은 주인 보디발에게 매우 신용을 얻고 그 집의 관리인이란 지위에 올랐다. 재산을 관리하는 책임까지 위임받았다. 집도 농토도 송두리째 요셉에게 맡기고 주인은 안심하고 있었다. 요셉은 그 기대에 어긋나지 않는 착실한 관리인이었다. 하지만 여기서 난처한 일이 생겼다. 그 사연인즉, 요셉은 용모가 단정한 미남이었다. 미남인 데다 매우 유능한 일꾼이었다. 더군다나 젊다. 17세에 팔려 왔으니 10년 동안 그 집에서 일했다 하더라도 27세의 한창 나이다.
 이 젊고 미남이며 성실한 요셉을 부정하게 짝사랑한 여인이 다름 아닌 보디발의 아내였다. 그녀도 아마 예쁜 여자였을 것이다. 자기 아름다움에 자신이 있기에 연하인 요셉을 유혹하지 않았을까. '나와 동침하자'고 꼬였다고 성경에는 기록되어 있다. 마치 남성의 말처럼 메마르고 즉흥적인 언사이다. 이 언사를 읽어 보면 그녀가 비록 아름답다 해도 향기가 없고 신선미가 없는 조화와 같은 여자로밖에 생각되지 않는다.

 세상의 뭇 남성은 유부녀에게서 유혹을 받았을 때 어떻게 할까? '차려 놓은 밥상도 못 먹는 바보 같은 사나이'라는 따위 옛날부터 남성에게 유리한 속담이 있다. 이런 일이 바보라고는 나로선 생각되지 않지만, 아무래도 대단한 수치라고 여기는 남성들이 적지 않은 것 같다. 요셉은 그러나 수치라고는 생각하지 않았다. 그러기에 아주 또렷이 대답하고 있다.

 "부인, 주인 어른은 이 집의 재산을 모두 나에게 일임하셨습니다. 주인 어른을 제외하고는 이 집에서 나는 최고의 지위에 있습니다. 그러므로 주인 어른께선 부인 이외는 무엇이든 내게 금하지 않고 계십니다. 부인, 당신은 주인 어른의 부인입니다. 어찌 내가 당신과 동침하여 하나님 앞에 큰 죄를 범할 수 있겠습니까? 그런 일은 말씀드릴 필요가 없지 않겠습니까?"

 이만큼 명백히 거절할 수 있는 남성은 적으리라고 생각한다. 비록 거절한다 하더라도 '나도 그다지 싫지는 않습니다만' 하는 투로 상대방의 비위를 맞추려는 발언을 하고 싶은 것이 남성들 중에는 많다. 어쨌든 요셉처럼 명백히 거절할 수 있다면 대부분의 여성은 물러설 수밖에 없을 것이다. 하지만 이 보디발의 아내는 무척 뻔뻔스런 여성이었다. 성경에는,

  날마다 요셉에게 치근거렸지만…

이라고 씌어 있다. 요셉은 결코 받아들이지 않는다. 그리고 그는 되도록 그녀와 단 둘이 있기를 피했다. 하지만 여자 쪽은 요셉과 단 둘이 있는 기회를 노리고 있다. 요셉은 임무가 있다. 임무상 어쩔 수 없이 집 안으로 들어가야만 할 때도 있다. 그 날도 집안으로 들

어가서 일을 하려고 하는데 집 안에는 아무도 없었다. 그녀만이 있었다. 그녀는 오늘이야말로 절호의 기회라고 생각했는지 요셉 곁으로 바싹 다가와서 요셉의 옷을 잡아당겼다.

"나와 동침해요."

여인은 요염한 눈매로 요셉을 유혹하였다.

인기척이 없는 집 안에서 주인의 아내에게 옷자락을 꽉 붙잡힌 요셉의 심정은 과연 어떠했을까? 이 날까지 날이면 날마다 보디발의 아내에게 유혹을 받고 있었지만 그때마다 딱 잘라 거절해 왔다. 요셉의 의지가 굳다는 것을 여인도 잘 알고 있을 것이다. 그럼에도 불구하고 넉살좋게 다시금 요셉을 유혹하려고 옷자락을 붙잡고 놓지 않는다.

요셉은 여인의 집념에 소름이 끼쳐 밖으로 도망쳤던 게 아닐까? 도망가는 일 이외에 그녀의 유혹을 뿌리칠 방법이 없다. 여인은 그처럼 폭력적인 태도로 나왔음이 분명하다. 그 증거로 도망치는 요셉의 옷자락을 그녀는 꽉 움켜쥐고 있었다. 그녀는 즉시 하인들을 불러 모았다.

"저 사나이는 나를 희롱하려고 하는 괘씸한 놈이다. 나를 겁탈하려 하기에 내가 큰 소리를 지르자, 이대로 옷을 벗어둔 채 도망가고 말았다."

이렇듯 그녀는 확고부동한 증거물을 내세워 남편에게도 호소했다. 남편은 노발대발하여 요셉을 붙잡아 감옥에 처넣어 버렸다. 주인이 요셉의 변명을 들었는지 어땠는지는 모르겠다. 아마도 한 마디 변명도 듣지 않고 옥에 가두어 버렸을 것이다. 주인으로서는 아내 이외의 모든 것을 맡길 정도로 요셉을 완전히 신용하고 있었던 것이다. 그 요셉의 옷을 손에 든 아내가 입술을 부르르 떨면서 호소하는 것을 듣고 분노가 하늘을 찔렀을 것이다. 여태껏 믿었던 인간에게 배신당하는 것처럼 고통스러운 일은 없다. 처음부터 신용하지도 않았던 사람의 배신은 그다지 괘씸하지 않다.
 나는 이 대목을 읽으면 보디발이라는 인간에게서 우리가 빠지기 쉬운 약점을 보는 듯한 느낌이 든다. 그는 이국 땅에서 팔려 온 노예인 요셉을 관리인으로 앉힐 정도로 공평한 사나이였다. 당시의 사람들이 모두 그와 같이 능력 있는 노예를 다루었는지 어떤지는 모르겠다. 그러나 어쨌든 노예에게 그의 전재산을 관리하도록 맡겼다는 사실은 큰 신용을 받았다는 증거다. 우리들은 과연 자신의 땅도 집도 가재도 몽땅 남에게 맡길 수 있을까? 보디발의 요셉에 대한 신뢰는, 말하자면 집이나 토지의 권리증도, 예금통장이나 인감도장까지도 맡기는 신용이다. 그러한 신뢰도 아내의 말과 요셉이 벗어남긴 의복으로 단번에 사라지고 말았다. 인간의 신뢰라는 것은 인감도장을 맡길 만큼 커도 이렇게 허무한 것이다.
 우리들이 남에게 오해를 받는 입장에 놓일 때, '아냐, 저 사람은 그런 일을 할 사람이 아니지' 하고 사람들은 여간해서 말하지 않는다. '설마!' 하고 일단은 생각하지만 확고한 증거가 있으면 그 증거 쪽을 신용하게 마련이다. 사람 마음이란 믿기 어려운 것이다. 요셉을 감옥에 가두어 버린 보디발은 아내의 말만 듣고 앞뒤를 가리지 않고 요셉을 처형했다고밖에 나로서는 생각되지 않는다.
 그것이 보디발의 한계였고 우리들의 한계이기도 하기 때문에 쓸쓸해진다.
 한편 감옥에 들어간 요셉의 심정은 어떠했을까? 당시의 감옥은 고관의 집 안에 있었던 듯 보디발의 집에도 감옥이 있었다. 보디발은 이집트의 왕 바로의 신하이자 시위대장이었기에 그 감옥은 왕의 죄수를 가두는 곳이었다. 어쩌면 재판도 하지 않았을 것이다. 죄를 범한 자와 함께 마음에 들지 않는 신하들도 가두었을 것이다. 만일 내가 요셉이었다면 입이 닳도록 보디발의 아내를 매도했을 것이다. '그녀야말로 나를 유혹하려고 했다'고 큰 소리로 떠벌렸을지도 모른다.

　이 여인의 행동은 어쩌면 계획적이었다고 생각될 만큼 악랄하다. 요셉에게 아무리 사랑을 호소해도 거절당한 화풀이로 그녀는 요셉을 감옥에 처넣기 위해 요셉의 옷을 붙잡고 늘어졌는지도 모른다. 이거야말로 정직한 사람이 억울한 꼴을 당하는 전형적인 사건이 아닐까? '의로운 자에게는 고통이 많다'고 성경에도 기록되어 있듯이, 요셉이 그녀의 소원대로 그녀와 동침했더라면 감옥에 들어가지 않았을 것이다. 요셉은 감옥 안에서 자신의 정직함을 후회했을까?

　성경에는,

요셉이 감옥에 갇혔으나 여호와께서 요셉과 함께 하시고 그를 축복하셔서 간수장의 사랑을 받게 하셨다. 그래서 간수장은 감옥의 죄수들을 다 요셉에게 맡기고…

라고 기록되어 있다. 그는 옥중에서도 모든 일을 맡게 되었다. 만일 요셉이 '나는 억울한 죄로 옥에 갇히게 되었다. 저 보디발 놈! 제 여편네야말로 옥에 처넣어야 할 게 아니야' 하고 욕설을 퍼붓고 있었다면 과연 그가 간수의 신임을 얻을 수 있었을까?

　요셉은 형들의 미움을 사서 머나먼 이국땅으로 팔렸다. 그 외로움 속에서도 자포자기하지 않고 그는 묵묵히 일하며 보디발에게 사랑과 신뢰를 받아 관리인이 되었다. 그에게는 보디발이야말로 이국땅에서 가장 신뢰할 수 있는 사람이었다. 자기를 인정하고 사랑하며 소중하게 여겨 주는 보디발만큼 그의 위안이 되는 사람은 없었다. 그런데 하필이면 그 보디발의 신뢰도 사랑도 단번에 잃어버렸을 뿐만 아니라 감옥에 갇힐 정도로 미움을 사게 되었다.

　이렇게도 억울한 일이 이 세상에 또 있을까? 더구나 요셉 자신은 무엇 하나 보디발을 배신할 만한 죄를 범하지 않았다. 그러나 이같은 깊은 고독 속에 있으면서도 요셉의 마음은 하나님을 향해 맑고 밝았던 것이 아닐까? 그는 하나님 앞에서 보디발의 아내의 일로 결코 죄를 범하지 않았다. 그는 자신의 결백을 알아 주시는 하나님이 계시다는 것만으로 만족하고 있었다. 그는 결코 '정직한 자가 억울한 꼴을 당한다'고는 생각하지 않았다.

하나님을 믿는 사람은 근시안적으로 사물을 보지 않는다. '아, 바보 같은 짓을 했다, 손해를 보았다'면서 아우성치지 않는다. 왜냐하면 올바른 일을 했다는 그 이상의 보상은 없으며 하나님께서는 '모든 일이 합력하여 유익하게 된다'는 사실을 알고 있기 때문이다. 하나님을 믿는 자는 성급하게 결론을 내리지 않는다. 우리들이 일의 결과라고 생각하는 것이 사실은 일의 시작일 때도 있기 때문이다.

억울한 누명을 쓰고 투옥되어도 요셉은 절망하지 않았다. '아 이젠 끝장이다'라고 자포자기하지 않았다. 하나님을 믿는 자에겐 절망이 없다. 죽음마저도 절망이 아니다. 죽음에 직면해도 하나님 나라를 바라보며 죽는다.

여담이지만 얼마 전 우리 교회의 가와따니(川谷) 목사님이 '일을 포기하는 사람은 책임자가 될 자격이 없다'는 말을 하셨다. 나는 과연 그렇다고 느꼈다. 맡은 일을 포기한다면 확실히 책임자로서 실격이다. 일이 어렵게 되면 금방 포기하거나 '저 사람은 안 되겠다' '이 사람은 안 되겠다' '나는 안 되겠다' 하고 내던져 버리는 것도 책임 있는 사람의 할 짓이 아니다. 포기한다는 것은 결국 절망하는 것과 같다.

나는 가와따니 목사님의 그 말씀을 들었을 때 '아! 나는 책임자가 될 수 없구나' 하고 느꼈다. 책임자란 아무리 괴로워도, 아무리 싫은 사람이라도 받아들일 수 있어야 한다.

그러나 생각해 보면 책임자란 반드시 단체의 우두머리이거나 어떤 모임의 우두머리이거나 하는 사람을 가리키지는 않는다. 가정의 주부는 주부로서의 책임이 있고 어머니로서의 책임이 있다. 집안일이 재미없다고 해서 가정일을 등한히 하거나 아이를 키우기가 귀찮다고 아이를 버리거나 하는 것은 책임을 포기하는 행위이다.

우리는 사람으로서의 책임을 지고 있는데 그 책임을 포기한다면 살아 나갈 수 없다. '나는 어떻게 되어도 상관없다', '나는 죽어 없어져도 괜찮다'는 등의 자신을 포기하는 절망적인 말은 고난과 싸우기를 기피한 무책임한 사람이나 하는 소리다.

이야기가 빗나갔지만 요셉은 감옥에서도 이전과 조금도 다름 없는 삶을 살았다. 감옥에서나 포로수용소에서 인간답게 살아간다는 것은 어려운 일이다. 요셉은 전에 가정 관리인의 지위에 있었을 때처럼 성실하고 부지런히, 그리고 남을 진정으로 사랑하며 살았다. 그랬기에 그는 옥중에서도 전옥이 모든 사무를 요셉에게 맡겼다.

요셉이야말로 진정한 신앙인이라 말해도 좋을 것이다. 그는 노예의 신분으로 이집트까지 왔는데도 모든 일을 맡게 되었으니 옥중에서도 전옥처럼 자유로웠다.

신약성경에,

진리가 너희를 자유케 하리라.

고 기록되어 있다. 진리, 곧 하나님의 아들 그리스도는 우리를 자유롭게 한다는 성구는 진리 중의 진리이다. 그것은, 우리가 인간으로서 마땅히 해야 할 일을 자유롭게 할 수 있는 힘이 부여되었다는 말씀이다. 미운 사람이라도 미워하지 않는 자유, 어떠한 사람이라도 받아들이는 자유, 옳은 일을 하는 자유, 유혹을 물리치는 자유, 그러한 자유를 하나님은 우리에게 부여하셨다. 즉 죄로부터의 자유를 부여하셨다. 요셉의 생활방식은 그 말씀을 상징하고 있다. 노예이거나 죄수이거나 간에 사람은 하나님과 함께 있는 한, 이토록 자유롭다는 것을 입증하고 있다고 생각된다.

어쨌든 인간은 절망적인 상태에 빠졌을 때 그의 인간성을 알게 되는 것이 아닐까? 성경에는,

간수장은 감옥의 죄수들을 다 요셉에게 맡기고 감옥 안의 제반 업무를

그가 처리하게 하였으며

라고 씌어 있다. 더구나

요셉이 책임 맡은 일에 대해서는 전혀 간섭하지 않았다.

라고 했으니 요셉은 전옥에게 상의하지 않고도 모든 일을 마음대로 처리해도 좋았다. 이 감옥의 죄수들은 왕명을 거역한 죄수들이다. 즉 왕에게 범죄한 사람들이다. 아마 대부분은 정치범들이었을 것이다.

이 중에 왕의 술상을 맡은 관원장과 떡을 굽는 관원장이 들어왔다. 두 사람은 왕을 독살하려 했다는 혐의로 투옥된 듯하다. 여기서 두 사람은 하룻밤에 뜻있는 꿈을 꾸었다. 꿈이 사나우면 마음에 걸리게 마련이다. 우울한 두 사람을 보고 요셉은,

"도대체 왜 그러십니까?"

하고 친절하게 말을 걸었다. 두 사람은 요셉에게 자신들의 꿈 이야기를 했다. 어떤 꿈을 어떻게 풀어 주었는지를 자세히 쓰면 재미있겠지만 지면 관계로 생략한다. 창세기 40장을 보아 주시기 바란다. 떡을 굽는 관원장은 요셉이 풀이한 대로 사흘째에 처형되었고, 술상을 맡은 관원장도 역시 요셉이 풀이한 대로 사흘째에 의혹이 풀려서 복직되었다. 그 관원장에게 요셉은 부탁하기를,

"당신이 여기서 나가 본 직업으로 되돌아가서 행복하게 되면 나를 잊지 말고 제발 바로에게 아뢰어 내가 감옥에서 나갈 수 있도록 해 주세요. 나는 옥에 갇힐 일을 행하지 않았습니다."

하고 말했다.

"그러구 말구요. 당신처럼 훌륭한 사람은 옥에 갇혀 있어서는 안 됩니다. 내가 꼭 바로에게 말하여 당신이 옥에서 풀려 나도록 해 드리겠습니다."

어쩌면 관원장은 이렇게 약속했는지도 모른다. 그런데 웬걸, 이 관원장은 옥에서 풀려 나가자마자 요셉을 까마득하게 잊어버린 채

그대로 2년이 지났다. '괘씸한 녀석'이다.

'남의 아픔은 3년을 참는다'는 말이 있다. 자신도 투옥된 체험이 있기에 한 시라도 빨리 그 곳에서 나오길 원했을 텐데 요셉의 간절한 부탁을 잊어버렸다. 더구나 요셉이 불안한 꿈을 풀어 주었고 그것이 실현되었는데도 말이다.

이것은 아무래도 남의 일만은 아니다. 우리 역시 은혜를 잘 잊어버린다. 괴로울 때에 도와 주신 분, 외롭게 병상에 누워 있을 때 위안해 주신 분을 말끔히 잊어버린다. 한 인간이 지금 여기에 살아 있음은 지금까지 수많은 사람들의 은혜를 입은 증거인데 그 많은 사람들의 은혜를 말끔히 잊고 우리가 잘났다는 듯이 큰 소리를 치며 살고 있는 것이 아닐까?

2년 동안 갇혀 있던 요셉은 어떻게 살고 있었을까? 그는 여전히 오직 하나님만을 신뢰하면서 살고 있었다.

너희는 보잘것없는 사람을 의지하지 말아라. 숨결에 불과한 인간이 무슨 가치가 있느냐? (사 2 : 22)

라고 구약성경에는 기록되어 있다. 그는 관원장에게 부탁했던 일을 하나님 앞에서 부끄럽게 여겼을 것이다. 신앙자는 하나님만 의지해야 한다. 사람을 믿을 수 없기에 우리들은 하나님을 믿고 산다. 그럼에도 불구하고 자칫하면 하나님보다 사람을 의지하여 기대했다가 배신당했다거나 의지할 수 없다거나 하고 야속해하는 수가 얼마나 많은가? 매우 경계해야 할 일이다.

관원장이 잊고 있던 2년 동안 요셉은 더욱더 하나님을 신뢰해야 함을 터득했을 것이다. 이 2년 동안은 요셉을 성장시키는 데에 아주 소중한 기간이었다. 2년 후에 바로왕은 이상한 꿈을 꾸었다. 잘 생기고 살찐 암소 일곱 마리를 흉악하고 파리한 황소 일곱 마리가 먹어버린 꿈이라든가, 쇠약한 일곱 이삭이 무성하고 충실한 일곱 이삭을 몽땅 삼켜 버린 꿈을 하룻밤 동안에 꾸었던 것이다. 왕의 마음은 뒤숭숭했다. 도대체 이것은 무슨 징조일까 하고 이집트의 마술사와 해몽가를 불러들였으나 아무도 해명하지 못했다. 왕은 초조해졌다. 그때 관원장은 마침내 요셉의 생각이 떠올랐다. 그리하여 바로에게 요셉이 자기와 요리장의 꿈을 정확하게 해몽했던 일을 아뢰었다. 바로는 당장 요셉을 옥에서 불러내어, '너는 꿈을 잘 푼다는데 정말 그러냐'고 물었을 때 요셉은 대답했다.

"아뇨, 제가 아닙니다. 하나님이 당신에게 평안한 답을 주실 것입니다."

어쩌면 이다지도 겸허하고 아름다운 대답일까? 그는 하나님께 영광을 돌렸던 것이다. 그리고 일곱 해의 풍년 후에 일곱 해의 기근이 온다는 꿈이라는 것을 공손하게 설명해 드렸다. 바로는,

"하나님의 영을 모신 사람을 우리가 다른 데서 구할 수 있겠는가?"
하고 요셉을 칭찬하며,

"부디 우리 나라를 다스려 주시오. 그대를 이집트 전국의 총리로 임명하겠소."
하고 왕의 반지를 요셉의 손가락에 끼웠다. 이 반지에는 왕의 인감 도장이 박혀 있었다. 바로는,

"나는 단지 그대보다 왕의 지위만 높을 뿐이오"라고 말할 만큼 요셉에게 큰 권력을 맡겼다.

요셉은 일약 이집트 전국의 국무총리가 된 것이다.

모든 일은 합력하여 유익하게 된다.
고 성경에 기록되어 있다. 억울한 죄로 투옥되었던 일도, 관원장이 2년 동안 잊고 있었던 일도 마침내 요셉과 이집트 나라에 좋은 결과를 가져왔던 것이다. 옥중에서 요셉은 '사람'이 보이고 '세상'이 보이는 능력을 얻었다. 불과 30세 나이에 일국의 재상이 된 요셉이지만 30세로는 여겨지지 않는 훌륭한 정치를 했다. 그가 해몽했던 대로 일곱 해의 풍년 후에 일곱 해의 기근이 덮쳤다. 그 기근은 이웃

나라 일대에도 미쳤다. 그의 형제들이 사는 가나안도 기근으로 고생하여 그를 팔았던 형제들이 곡식을 사기 위해 이집트로 왔다. 이집트에는 기근을 대비하여 대량의 양곡이 7년 전부터 확보되어 있었기 때문이다.

여기서 형제들과 요셉이 다시 만나게 된다. 형제들은 설마 이집트의 재상이 자기들이 전에 팔아 버린 그 요셉이라는 사실을 알 턱이 없다. 지난 날 소년시절 요셉이 꿈을 꾸었던 것처럼 그들은 땅에 엎드려 요셉에게 큰 절을 했다. 창세기 42장 이하 47장까지의 재회하는 모습은 너무도 감동적인 장면이어서 단숨에 읽게 된다. 그리고 요셉의 관용과 육친애에 눈시울이 뜨거워지는 것은 비단 나 혼자만은 아닐 것이다. 이것은 꼭 각자 자신의 눈으로 읽어 주기를 바라는 마음에서 할애하기로 했다. 요셉만큼 아름다운 이야기는 성경 가운데서도 드물 것이다.

그러나 이 요셉마저도 젊었을 때는 형제들이 팔아 넘겼을 만큼 미움을 받고 있었다는 사실은 우리 보통 사람들에게는 의미가 깊다고 생각된다. 하나님은 그러한 요셉을 이다지도 훌륭한 인간으로 새롭게 만들어 주셨다.

9. 율법과 십계명

　여기까지 읽은 독자들 중에 구약성경에는 '이야깃거리'만 기록되어 있구나 하고 생각하기 쉽다. 그래서 나는 구약성경 전체에 관해 한 마디해 두고자 한다.
　성경은 구약성경과 신약성경으로 크게 나누어진다. 구약성경 39권, 신약성경 27권 합계 66권이다. 3×9=27 구구셈으로 기억하면 외우기 쉽다. 구약성경 39권은 구세주 그리스도가 이 세상에 오실 것을 예언하고 또한 대망하고 있는 기록이며, 신약성경 27권은 오신 예수 그리스도에 관해 기록된 책이다. 또 구약성경은 하나님의 옛 계약의 책이며, 신약성경은 새로운 계약의 책이라 일컬어지고 있다.
　구약성경은,
　　역사 〈창세기부터 에스더서까지 17권〉,
　　시 〈욥기에서 아가서까지 5권〉,
　　예언 〈이사야서에서 말라기까지 17권〉
의 세 부분으로 나뉘어 있다고 하며, 또한 역사, 율법, 시편, 예언으로 나누어진다고도 말하고 있다. 그러므로 구약성경은 창세기처럼 기복이 심한 이야깃거리만 있는 것이 아니라 시와 율법과 예언서도 있다.

　'십계'라는 영화가 처음 아사히가와에서 상영된 것은 지금으로부터 20년쯤 전이었다. 나의 오랫동안의 요양생활이 끝나는 무렵이어서 외출도 겨우 할 수 있게 되어 있었다. 당시 의사였던 친구가 "'십계'를 꼭 보고 오세요. 표는 내가 사 드릴 테니까" 하면서 권해 주었다. 요양자인 나의 주머니 사정을 생각해 주신 것이다. 어쨌든 영화 '십계'는 누구에게나 돈을 주면서라도 꼭 보여 주고 싶을 정도의 영화였다.

이것은 성경의 출애굽기를 영화화한 것이다.

앞에서 말한 요셉은 이집트의 왕 바로의 신임을 받아 매우 훌륭한 정치를 했으나 얼마 후에 요셉도 그 동시대의 사람들도 모두 죽었다. 아무리 훌륭한 인간도 결국은 죽는다. 요셉의 사후, 요셉의 동족 이스라엘 민족의 자손이 이집트에서 번성하였다. 이집트는 위협을 느꼈다. 그것은 무리가 아니었다. 만일 일본에 있는 외국인이 일본인보다 더 늘어난다면 우리 역시 위협을 느낄 것이다.

이집트에는 요셉의 이름을 모르는 새 왕이 나왔다. 아무리 요셉이 좋은 정치를 했어도 시대가 지나면 잊혀지게 마련이다. 그 왕은 늘어나는 이스라엘 민족을 억압했다. 하나님은 이 고통에서 이스라엘 민족을 구출하려고 모세에게 그 책임을 맡기셨다. 하나님께로부터 힘을 얻은 모세는 동포를 거느리고 이집트를 탈출한다. 그 수가 놀랍게도 2백만 명을 넘는 대이동이었다. 한 가족이 타국으로 옮기는 것만 해도 큰 일이다. 그런데 2백만을 훨씬 넘는 민족이 대거 이집트를 탈출하는 것이다. 소설가도 도저히 묘사해 낼 수 없는 장대한 드라마가 아니겠는가? 이 대목의 이야기는 참으로 극적이며 흥미진진하고 너무나 유명하기 때문에 건너뛰기로 한다. 그러나 재미있는 이 내용을 단지 극적인 것으로만 받아들여도 좋을지 어떨지는 주의할 필요가 있다. 우리는 조용히 성경을 펴놓고 민족 이동의 배후에 하나님의 위대한 힘이 있음을 깊이 깨달아야 할 것이다.

영도자 모세는 이 여행 도중에 시내산이라고 하는 산에서 하나님의 말씀을 받게 되었다. 영화에서 이 장면을 보았는데 붉은 화염이 돌에다 문자를 새겨 나간다. 나는 그걸 보면서 나 자신의 가슴에 하나님의 말씀이 이처럼 새겨져 있을까? 내 가슴 속에 새겨진 말은 대체 무엇일까 하고 생각해 보기도 했다.

그런데 성경에는 '십계'를 어떻게 기록하고 있는가? 그다지 길지 않으므로 아래에 적어 본다. 출애굽기 20장 1절부터 17절까지. 알기 쉽도록 번호를 매기지만 성경에는 이 번호가 없다.

나는 종살이하던 너희를 이집트에서 인도해 낸 너희 하나님 여호와이다.

1. 너희는 나 외에 다른 신을 섬기지 말아라.

2. 너희는 하늘이나 땅이나 땅 아래 물 속에 있는 어떤 것의 모양을 본떠서 우상을 만들지 말며 그것에 절하거나 그것을 섬기지 말아라. 나 여호와 너희 하나님은 질투하는 하나님이다. 그래서 내가 나를 미워하는 자를 벌하고 그의 죄에 대하여 그 자손 삼사 대까지 저주를 내리겠다. 그러나 나를 사랑하고 내 계명을 지키는 자에게는 그 자손 수천 대까지 사랑을 베풀 것이다.

3. 너희는 너희 하나님 나 여호와의 이름을 함부로 사용하지 말아라. 나 여호와는 내 이름을 함부로 사용하는 자를 그냥 두지 않을 것이다.

4. 너희는 안식일을 기억하여 그 날을 거룩하게 지켜라. 6일 동안은 열심히 일하고 7일째 되는 날은 너희 하나님 여호와의 안식일이므로 그 날에는 아무 일도 하지 말아라. 너희나 너희 자녀들이나 너희 종이나 너희 가축이나 너희 가운데 사는 외국인도 일을 해서는 안 된다. 나 여호와는 6일 동안 하늘과 땅과 바다와 그 가운데 있는 모든 것을 만들고 7일째 되는 날에는 쉬었다. 그러므로 내가 안식일을 축복하고 그 날을 거룩하게 하였다.

5. 너희 부모를 공경하라. 그러면 너희 하나님 나 여호와가 너희에게 줄 땅에서 너희가 오래오래 살 것이다.

6. 살인하지 말아라.

7. 간음하지 말아라.

8. 도둑질하지 말아라.

9. 너희 이웃에 대하여 거짓 증언하지 말아라.

10. 너희 이웃집을 탐내지 말아라. 너희 이웃의 아내나 종이나 소나 나귀나 너희 이웃이 소유한 그 어떤 것도 탐을 내서는 안 된다.

이상이 열 가지 계명, 즉 십계명이다.

내가 처음 이 대목을 통독했을 때 네 번째까지 읽고 왠지 웃어버렸다. 일본에도 축제일이 있지만, '아무 일도 해서는 안 된다'라는 조항은 없다. 더구나 가축까지 쉬게 하라는 것이다. 성경은 가축에게 휴일을 주는 일까지 규정하고 있다. 어쨌든 성경을 흥미와 반감이 반반씩 섞인 상태에서 읽고 있을 무렵이었으니 나는 그냥 웃어버리고 말았다.

아마 '어쩌면 이렇게도 친절하실까?' 하는 생각으로 웃었던 것 같다.

그리고 또 다섯 번째의

너희 부모를 공경하라. (당시의 성경은 문어체였다)

를 읽고 나는 적지 않게 위화감을 느꼈다. 십계는 말하자면 이스라엘 법률의 대본, 즉 헌법이라고도 말할 수 있다. 아무리 도덕률을 담았다고는 해도 효도를 법으로 강요하지는 못한다. 나는 그러한 저항을 느끼면서 읽었던 것이다.

그러나 지금은 이 '십계'에 감탄하고 있다. 아니, 감탄이란 말로는 불충분하다. 무엇인가 우리 인간과 하나님과의 차이점을 확실하게 알게 되는 것 같아서 엄숙한 느낌마저 든다. 시험삼아 일본의 헌법을, 적어도 첫장의 서론부터 10조까지를 이 십계와 비교하면서 읽어보시라. 반드시 나의 이 '엄숙한 느낌'을 이해하게 될 줄 믿는다. '십계'의 표현은 비록 소박하지만 그것은 참으로 실재자이고 주권자이신 하나님의 계율이다. 그 무게와 힘을 나는 느끼지 않을 수 없다. 이하 번호를 따라 느낀 점을 말해 보고자 한다.

우선 첫머리의 말씀은 '**나는 너희 하나님 여호와이다**'라는 선언이다. 참으로 엄숙한 선언이다. 인간과 인간의 관계에서마저 '두 사람은 오늘부터 부부가 되었다'고 선언하는 결혼식은 엄숙한 것이다. 하나님의 선언이 바탕이 되어 십계가 정해지고 이스라엘의 율법이 정해진 것이다.

이 십계 중에서 전반의 4까지는 하나님께 대한 인간 본연의 자세가 명시되어 있다.

1은 하나님 이외의 아무것도 신으로 삼아서는 안 된다고 말하고 있다. 참으로 명쾌하여 하등의 설명이 불필요하지만, 한없는 무게가 있는 말씀이다. 우리들은 정말 '하나님 이외의 것을 신으로 섬기고' 있지 않을까? 하나님보다 더 소중히 여기고 있는 것은 없을까? '사업'이, '직장'이, '돈'이, '명예'가, '남편'이, '아내'가, '자식'이, 그리고 무엇보다도 '자기'가 하나님보다 소중하지 않을까? 자칫 우리들은 '하나님의 뜻'보다도 '자신의 생각'이 옳다고 여기고, '하나님의 눈'보다는 '세상의 눈'을 더 두려워하지 않는가? 이렇게 생각할 때 제1의 계명에서도 이미 머리가 숙여질 수밖에 없는 우리들임을 인정하게 된다.

제2는 너를 위하여 새긴 우상을 만들지 말고 절하지 말며 섬기지 말라고 했다. 새긴 상이란, 즉 우상이다. 우상 숭배를 경계한 말씀이다. 우상의 별명은 '목각 인형'이다. 인간이 손으로 새긴 인형을 숭배하게 된 것은 언제부터였을까? 야마무로 군뻬이(山室軍平) 선생의 「민중의 성서」에 다음과 같은 아브라함의 두 가지 에피소드가 기록되어 있다.

아브라함의 아버지는 우상을 만들어 팔고 있었다. 청년 아브라함은 이를 불쾌하게 여기고 있었다. 아버지가 출타 중 손님이 우상을 사러 왔다. 아브라함이 말했다.
"손님의 연세는 몇이십니까?"
손님은 60이라고 대답했다. 그러자 아브라함은,
"60세나 되신 분이 6시간도 안 걸려서 인간이 새긴 목각 인형을 숭배하십니까? 그리고 그것에서 축복을 받을 수 있다고 생각하십니까?"
라고 물었다. 손님은 어이가 없어서 그대로 돌아갔다고 한다.
또 어느 날 아버지가 외출했다가 집으로 돌아왔다. 몇 개의 목각 인형이 망가지고 쓰러져 있었다.
"도대체 어떻게 된 일이냐?"
"사실은 제물로 바친 음식을 이 신들이 서로 뺏으려고 싸우다가 보시는 바와 같이 난장판이 되고 말았습니다."
"어리석은 소리 하지 말아라. 생명이 없는 우상이 싸울 턱이 있느냐?"
"그렇다면 생명이 없는 우상에게 생명이 있는 인간이 머리를 숙여 절하게 해도 됩니까?"
이렇게 아브라함은 아버지를 충고했다고 한다.
구약성경의 이사야서에도,

> 우상을 만드는 자들은 다 어리석고… 신으로 섬기겠다고 우상을 만들어 봐도 아무 소용이 없다.
> …그는 그 나무의 일부를 땔감으로 사용하여 불을 피워 자기 몸을 따뜻하게 하거나 떡을 구워 먹기도 하고 그 나머지 나무로 우상을 만들어 그 앞에 절하고 경배하며…
> "당신은 내 신입니다. 나를 구하소서" 하고 빌기까지 한다.

인용하자면 끝이 없다. 우리가 평소에 손모아 비는 대상은 무엇일까? 우리는 정말 알고 있을까? 우리는 인간이 나무나 철로 만든 것을 예배하는 어리석음을 되풀이하고 있지 않을까? 그같은 아무런 힘도 없는 것을 예배해 보았자 인간이 구제될 턱이 없다. 가령 여기에 인간과 인형이 서 있다고 할 때, 인형에게만 인사를 하고 인간은 무시했다면 어떻게 되겠는가? 진실한 신이 계시는데도 우상을 숭배하는 어리석음이야말로 하나님에 대한 불손한 태도가 아닐 수 없다.

다음으로 제3의 **너희는 너희 하나님 나 여호와의 이름을 함부로 사용하지 말아라**를 생각해 보자. 나는 왜 하나님의 이름을 부르면 나쁜지 처음에는 몰랐다. 하나님을 부르면 부를수록 신앙적일 것이라고까지 생각하고 있었다. 그런데 성경에는,

　　나 여호와는 내 이름을 함부로 사용하는 자를 그냥 두지 않을 것이다
라고 기록되어 있다.

내가 아는 사람이 회사의 상사 가정을 처음으로 방문했다. 그런데 상사의 부인은 뜻밖에도 국민학교 시절의 소꿉친구였다. 그는 반갑고도 놀라운 나머지,

　　"야! ○○양 아닌가?"
라고 말했다. 그러나 상사는 노골적으로 불쾌한 표정을 짓고,

　　"여보게, ○○양이라니. 그게 무슨 말버릇인가?"
하고 화를 냈다고 한다. 나는 이 이야기를 친구에게서 들었을 때, **여호와의 이름을 함부로 사용하지 말아라**라는 성구를 연상했다. 하나님을 대하는 자세, 하나님을 대하는 태도, 그 근본 자세가 문제다. 경솔하고 버릇없이 여호와를 불러서는 안 된다. 우리가 드리는 기도는 어떤가? 습관적으로 하고 있거나 남에게 과시하기 위해 하고 있지나 않은가? 나의 뜨뜻미지근한 신앙의 자세를 생각할 때 나는 이 제3의 계명이 두려워진다. 하나님께 대해 나는 더욱더 겸허하고 진지한 자세를 가져야만 하리라고 생각한다.

제4의 계명 **너희는 안식일을 기억하여 그 날을 거룩하게 지켜라.**

어려서부터 나는 일요일은 학교가 쉬는 날임을 알고 있었다. 하지만 왜 휴일인지 몰랐다. 일요일을 휴일로 정한 것은 언제부터일까? 어쨌든 내가 국민학교에 들어갔던 45년 전에 이미 일요일은 휴일이었다.

일요일에는 왜 쉬는가? 성경에는 6일 동안에 천지를 창조하신 하나님이 7일째에 쉬셨다고 기록되어 있다. 그리고 하나님은 이 날을 축복하여 거룩한 안식일로 삼았다고 씌어 있다. 그런데 원래 안식일은 토요일이었다. 그러다 어느덧 일요일이 성일로 바뀌어 쉬게 되었다. 예수가 부활하셨던 날이 일요일이므로 이 날을 기념하기 위해서라고 한다. 어쨌든 안식일은 단순히 직장이나 영업을 쉬고 놀기 위해 있는 것이 아니다. 하루를 몸도, 마음도 조용히 하나님께 바치기 위해 있는 것이다. 아무 일도 하지 말라는 것은 하나님 이외의 속된 일에 마음을 분산시켜서는 안 되기 때문이다.

이스라엘 민족은 이 안식일을 엄수했다. 안식일에는 부부가 동침하는 것도, 불을 때는 일도, 식사 준비까지도 허락되지 않는다. 또 안식일에는 1킬로미터 이내밖에 외출을 못 하게 되어 있다. 어느 해엔가 이스라엘은 안식일에 시리아의 공격을 받았다. 이스라엘인은 과연 어떻게 했을까? 그들은 하나님의 거룩한 안식일을 지키는 편이 싸우는 일보다 더 중요했다. 그들은 싸우지 않고 태연하게 죽어갔다. 즉 십계의 제4조를 사수한 셈이다. 그런데 이 안식일에 관해서는 오랜 세월이 흐르는 동안에 그에 따르는 규칙이 늘어나서 점점 복잡하게 되어 형식적으로 흘렀다. 그리스도는 그러한 잘못을 철저하게 바로잡아 율법의 근본 정신을 명시하였다.

이상 십계의 제4 까지는 하나님에 대한 인간의 기본 자세가 명시되어 있다. 우선 하나님 앞에서 진실할 것, 그것이 율법의 근본이다. 하나님 앞에서 진실하지 못한 자가 사람과 사람과의 약속이나 규칙, 계율을 지킬 수가 있겠는가? 우리가 하나님을 믿고 올바르게 살려고 하는 사람이라면 중요한 약속도 안심하고 할 수 있을 것이다. 그러나 평소의 생활이 나태하고 거짓말하는 사람과는 처음부터 아무 약속도 하지 않을 것이다. '이것은 이렇게 하기로 하자'고 결정하였더라도 지켜 줄 가망이 없기 때문이다.

하나님을 거룩하게 여기고 하나님을 두려워하고 하나님 앞에서 진실할 때 비로소 **'부모를 공경하라'**, **'살인하지 말아라'**, **'간음하지 말아라'** 등등의 계명도 지킬 수 있는 것이 아닐까? 모세는 이 십계를 바탕으로 하여 많은 율법을 규정했다. 어쨌든 맨 처음에 하나님께 대한 기본 자세가 제시된 것은 훌륭한 일이었다. 그러므로 이 '십계'는 영원히 빛날 것이다.

그러면 십계의 제 5 조로 넘어가자.

너희 부모를 공경하라. 그러면 너희 하나님 나 여호와가 너희에게 준 땅에서 너희가 오래오래 살 것이다.

이 곳을 한 번만이 아니라 두 번, 세 번, 거듭해서 읽어 보기 바란다. 그러면 반드시 갖가지 의문이 일어나거나 새로운 발견을 하게 될 것이다. 제 1 에서 제 4 까지는 하나님과 인간과의 관계를 밝혔고 하나님에 대한 인간의 자세를 규정하고 있다. 그러한 하나님과 인간의 관계에 이어서 첫째로 우리들은 자신의 아버지와 어머니를 공경하도록 요청받고 있다. 이 제 5 조는 6번째나 10번째로 내려도 좋을 것을 아무렇게나 5번째에 끼운 것이 아니다. 이것은 꼭 5번째에 넣어져야 하기 때문에 5번째에 넣은 것이다.

인간과 인간의 관계에서 부모와 자식의 관계만큼 신기하고 밀접한 관계는 없다. 아무리 부모가 싫거나 경멸해도 자신이 인간으로 태어난 것은 우선 부모가 있었기 때문이다. 이 나라는 인간은 나의 부모 이외의 어느 누구에게서도 태어날 수 없는 존재이다.

우리들은 한 남성과 한 여성이 결혼하여 거기에서 아이가 태어난다는 사실을 의외로 그다지 신기하게 생각하고 있지 않는 것 같다.

분명히 한 쌍의 남녀에게서 아기가 태어난다는 것은 극히 자연스럽고 흔히 볼 수 있는 일이기는 하다. 그 태어난 인간이 바로 자기 자신이라고 하는 사실은 결코 흔한 일은 아니다. 만일 부모가 그 날 밤에 화합하지 않고 그 전날 밤에 정을 통했더라면 이러한 나 자신은 태어나지 않았을지도 모른다. 혹은 그 이튿날이었더라도 현재의 나 자신은 이 세상에 태어나지 못했을지도 모른다.

3억 6천만에서 6억이나 되는 정자 가운데 하나가 난자와 결합하여 새로운 생명이 싹튼다고 한다. 어쩌면 이토록 신비스러운가? 만일 이 몇 억이나 되는 정자 가운데서 다른 정자와 결합했더라면 지금 존재하는 이러한 나 자신은 없었을 것이다. 다시 이전 문제로 돌아가서 만일 내 아버지가 다른 여성과 결혼했다거나 내 어머니가 다른 남성과 결혼했다면 이러한 나 자신은 존재하지 않을 것이다. 한 남성과 한 여성의 만남 그 자체도 단순한 우연이라고 단언하기에는 너무나 깊은 관련이 있다고 말하지 않을 수 없다.

이상은 이러한 나 자신이 이 세상에 태어나게 된 '기적'이라고 말할 수 있는 확률(이 확률을 정확하게 계산한다면 아마도 몇 조에 하나라고 말할 수 있을 것이다)을 극히 작은 예를 들어 생각해 보았는데, 우리들은 더욱더욱 자기 자신이라는 존재를 겸허하게 생각해 볼 필요가 있지 않을까?

고교나 대학의 진학률이 10배니 20배니 하고 애태우지만, 이 세상에서 태어나는 수의 몇조 배라는 율에 비교하면 문제가 되지 않는다. 이렇게 생각해 보면 '부탁하지도 않았는데 나를 낳아 주었다'느니 하는 따위의 경박한 말은 도저히 나올 수 없을 것이다. 다른 누구도 아닌 이러한 '나 자신'이 태어난다는 것은 아무리 '부탁을 받더라도' 해낼 수 없는 사실인 것이다. 하나님의 허락 없이 내가 이 세상에 태어난다는 것은 어림도 없는 노릇이다.

더구나 우리들은 아주 당연하다는 듯이 부모에게 반항하거나 혹은 부모를 멸시하며 자라났다.

너희 부모를 공경하라.

라는 제 5 조에 반발심을 갖는 사람들도 아마 있을 것이다. "공경하라고 하지만 우리 아버지 같은 돌대가리를 어찌 공경할 수 있단 말이에요." "우리 어머니처럼 어리석은 사람이 또 어디 있겠어요. 존경 따윈 할 수 없다구요"라고 말할지 모른다. 확실히 세상에는 자식을 버리는 부모가 있는가 하면 욕심꾸러기 부모, 난폭한 부모, 무정한 부모, 교만한 부모, 색욕에 빠져 있는 부모들이 적지 않다.

우리 집에도 부모를 존경할 수 없다고 하여 집을 뛰쳐나온 처녀가 몇 있었다. 그 가운데는 첩을 둔 아버지를 경멸하여 가출해 온 아가씨도 있었다. 부모라 해도 천차만별로서 아무도 존경할 수 없는 그런 부모를 가진 사람들도 있을 것이다. 그럼에도 불구하고 여기서 엄격하게,

너희 부모를 공경하라.

고 성경은 명령하고 있다.

신앙이란 무엇보다도 하나님께 대한 복종이라고 나는 생각한다. 전능하시고 또한 사랑이신 하나님을 온전히 믿고 있다면 어떠한 말씀에도 순종할 수 있다고 하는 소박한 생각을 나는 갖고 있다. 물론 신앙이 얕아 부끄러운 일상 생활이기는 하지만 적어도, "이런 부모를 어떻게 존경할 수 있겠습니까?" 하고 부모를 비웃는 일이 있어서는 안 되겠다고 나는 생각한다. 어쨌든 여기서는 다만, **부모를 공경하라**는 말씀뿐이고 '그러나 나쁜 부모는 이에 해당되지 않는다'는 단서는 없다. 그것은 마치 신약성경 에베소서 5 장에,

아내들은 주님께 순종하듯 남편에게 순종하십시오.

라고 하신 말씀과 같다. 여기에도 '좋은 남편에게는 주께 복종하듯 하라'라고는 씌어 있지 않다. 좋든 나쁘든, 일을 열심히 하든 게으름뱅이든, 진실하지 못하든 바람둥이든 '주께 복종하듯 자기 남편에게

복종하라'는 것이다.

　나는 최근 이 말씀에서 깊은 하나님의 마음을 깨달았다. 그것은,
　　너희 부모를 공경하라.
　　주님께 순종하듯 남편에게 순종하십시오.
라고 명령하신 하나님의 말씀을 진심으로 두려워하고 복종하기만 하면 뒷일은 하나님이 책임져 주시고 좋은 결말을 주신다는 것이다. 하나님은 무책임하게 명령만 내리시지는 않는다. 하나님은 반드시 부모와의 관계, 남편과의 관계를 놀라울 정도로 회복시켜 주신다.

　앞에서도 말했듯이 첩을 둔 아버지를 가진 처녀가 가출하여 우리 집에서 며칠을 묵었다. 우리 부부는 그 처녀와 이야기를 나누고 어쨌든 집으로 돌아가서 아버님에게 사과하고 앞으로는 아버님을 존경하라고 성경 말씀을 인용하여 타일렀다. 아버지를 존경하지 못하고 사랑할 수 없어서 가출해 온 철부지인 그녀에게 그것은 매우 따르기 어려운 요구였을 것이다. 하지만 그녀는 그렇게 하겠다고 약속하고 돌아갔다. 며칠이 지난 후 편지가 왔다.

　　　'내가 잘못했다. 앞으로는 정말 좋은 아버지가 되겠으니 그렇게 믿어다오. 아빠는 달라질 거야'라고 말씀하셨어요. 선생님, 기뻐해 주세요. 아버지 입에서 달라지겠다는 말씀이 나오다니 꿈만 같아요.

　다시 그녀는 오랜만에 교회를 나갔다는 사실을 보고하고,

　　　…그랬더니 모든 일이 싹 달라지더군요. 지금까지 마음 속으로는 하나님을 믿을 수 없다는 심정을 가지고 신자들과 접해 왔던 탓일까요? 한 번도 가슴을 터놓고 이야기한 적이 없는 사람들이 그 날은 아주 상냥하게 말을 걸어 왔어요. 이상하더군

요. 내 마음이 변하면 상대방도 역시 변하는 모양이에요. 그것이 실감으로 깨달아졌습니다. 앞으로는 변화되도록 열심히 노력하겠어요.

이상 원문 그대로 소개했다. 자기가 겸손하게 아버지를 대했을 때 아버지는 변했다. 이것은 하나님 말씀에 순종한 결과이다. 이것을 단순한 우연이라고 말할 수 있을까?

나는 수필집「사랑하며 믿으며」에서 다음과 같이 썼다. 강연을 마친 뒤 원만한 부부가 되는 비결을 묻는 질문이 있었는데 나는 그 대답에 궁하여 어떤 목사님의 말씀을 인용했다. 그것은,

"성경에는 남편에게 복종하기를 주께 하듯이 하라. 만일 남편이 도둑이어서 여기를 망보고 있으라고 말하면 잠자코 망을 보고 있어라. 그렇지 않고 현명한 듯이 도둑질은 나쁜 짓이니 그만두라고 한다면 그것은 주께 복종하듯이 복종하지 않는 셈이 된다. 너무 심한 말 같지만, 이렇게 마음먹은 아내들은 모두 부부관계가 좋아졌다."

는 말이다. 그런데 얼마 후 다음과 같은 편지를 받았다.

저는 결혼한 지 20년이 지난 주부입니다. 남편과는 이대로 헤어질 수밖에 없을 정도로 서로의 마음이 차가워져 있었습니다. 선생님의 말씀을 듣고 저는 느끼는 바가 있었습니다. 비록 남편이 도둑이더라도 망을 보라고 말하면 그대로 하라는 말씀대로 실천했습니다. 그랬더니 남편은 차츰 이전의 남편으로 되돌아오게 되어 우리들은 위험한 고비를 넘길 수 있게 되었습니다.

지금도 나는 이 편지를 받았을 때의 놀라움을 잊을 수 없다. 어쨌든 우리들은 자신의 건방진 변명이나 빈약한 경험을 가지고 하나님의 말씀을 거역해서는 안 된다. '**부모를 공경하라**'고 하면 공경하면

되는 것이다. 존경하려고 마음 먹으면 절대 존경할 수 없는 사람은 하나도 없다. 어딘가 한 군데는 존경할 수 있는 점이 있다. 그런데 우리 인간은 마음이 매우 옹졸하고 교만해서, 훌륭한 사람이라도 훌륭한 그대로 받아들이기를 싫어한다.

'계집 종에게는 영웅이 없다'는 속담이 있다. 여기서 말하는 계집 종이란 남을 섬기는 여인인데, 어떠한 영웅을 섬기든 그 여인은 그 결점만을 보기 때문에 존경하는 마음을 가질 수 없다는, 여성이 흔히 빠지기 쉬운 모습을 이 속담은 지적하고 있다. 단순히 여성만 그런 것은 아니다. 자식들 역시 자기 부모를 공정하게 보는 눈을 잃고 있는 수가 많다.

'**네 부모를 공경하라**'가 하나님과 인간과의 관계 바로 다음에 나와 있는 것도 의미 심장하다. 자기 부모를 받아들이지 못하는 인간이 남을 올바르게 받아들일 리가 없다. 이렇게 말하면, 아니 부모는 안 되겠지만 친구라면 될 수 있다고 사람에 따라서는 말할지도 모른다. 그러나 그것은 친구는 부모만큼 신변 가까이에 있지 않기 때문이며, 만일 늘 곁에 있으면 과연 어떻게 될 것인가? 그것은 알 수 없다.

그러므로 부모와의 관계를 바르게 가짐은 다른 사람과의 인간관계를 바르게 갖는 바탕이 되는 것이 아닐까? 부모와의 관계가 바르게 되었을 때, 앞에서 말한 가출한 처녀가 쓴 것처럼 다른 사람과의 관계도 정상적으로 될 것이다. 나는 이렇게 해석하며 이 곳을 읽었다.

어쨌든 하나님이 '하라'고 명령하신 것은 무조건 겸허하게 복종해 보자. 복종은 온전한 신뢰에서 나오는 것임을 다시 한 번 확인하자. 주 예수께서 겟세마네 동산에서 '**나의 원대로 마옵시고 아버지의 원대로 하옵소서**'라고 기도하신 모범을 우리도 따르고 싶다.

다음에 제 6 조 **'살인하지 말라'**를 살펴보자. 여기에도 단서는 없다.

어떤 사람이라도 죽여서는 안 된다. 우리들은 이런 말을 하지 않아도 잘 알고 있다. 사람을 죽이는 수가 어디 있느냐고 생각할지도 모른다. 그러나 우리는 과연 어느 때에도 어떠한 사람도 죽인 일이 없는가? 우리 주위에는 사람을 죽인 사람들이 많이 있다. 그것은 전쟁에 참가했던 사람들이다. 만일 내가 남자라면 나도 역시 총을 들고 얼굴도 모르는 적국의 사람을 죽였을 것이다.

"전쟁! 그것은 다르지. 그건 자신의 의지가 아니라 나라의 명령이니 어쩔 수 없다."
라고 사람들은 말할지도 모른다. 그리고 또 전쟁이 일어나면, '그건 달라. 어쩔 수 없는 일이지' 하고 전장에 끌려가서 사람을 죽이지 않는가? 여성들도 역시 남편을, 그리고 자기 자식을 '어쩔 수 없이' 싸움터로 내보내지 않는가?

그러나 참으로 '그것은 다르고 어쩔 수 없는' 노릇일까? 하나님은 결코 전쟁에서는 죽여도 좋다는 말씀하시지는 않았다. 오직 '살인하지 말라'는 단 한 마디뿐이다.

제 2 차대전 때 퀘이커 교도는 어떠한 고문을 당하더라도 총을 잡지 않았다. 또 내게 세례를 베풀어 주신 오노무라(小野村) 목사님도 비전론을 주장하다가 투옥되었다.

사람에게 따르기보다는 하나님께 따라야 한다.
라는 말씀에 순종한 사람이 분명코 있었다. 하나님의 말씀에 복종함은 이 정도까지 철저히 복종한다는 뜻이다. 우리 크리스천은 비록 죽음을 당하는 한이 있더라도 이 세상에 발언해야 할 것이 적지 않다. 절대 평화를 외치는 일이 그 첫째이다. 상대가 소련 사람이든 미국 사람이든 죽여서는 안 된다. 사람에 따라서는 공산주의자들은 죽여도 좋다든가 자본가들은 죽여도 당연하다고 말하는데, 크리스천은 좀더 진지하게 좀더 소박하게 하나님의 말씀에 귀를 기울여야 한다고 나는 생각한다. 하나님의 심판에 맡기고 기도와 사랑으로 발언해야 할 것이다. 이런 생각을 사람들은 유치하다고 웃을까?

느닷없이 전쟁 이야기가 튀어나왔는데 어쨌든 이러한 각오가 없으면 '**살인하지 말라**'는 계명은 지키지도 못할 한낱 헛구호가 되고 말 것이다. 또한 이 제 6 조는 예수님이 말씀하신 마태복음 5장을 바탕으로 읽어야 한다. 마태복음 5장에서 예수 그리스도는 형제에 대하여 노하는 자나, 형제를 어리석은 자라고 말하는 자도 살인죄라고 말씀하셨다. 살인은 분노나 매도의 씨에서 생겨나는 것이며 이들은 뿌리가 같다고 가르치신다.

제 7 조에서 간음해서는 안 된다는 말씀도 '**누구든지 정욕의 눈으로 여자를 바라보는 사람은 이미 마음으로 그녀와 간음하였다**'라는 마태복음 5장의 그리스도의 날카롭고도 엄격한 말씀과 더불어 음미해야 할 것이다.

지난 날 요양중에, 내 남자 친구가,

"난 한평생 도둑질을 하지 않을 것이며 살인도 하지 않을 것이다. 거짓말을 하지 말라고 말한다면 이를 악물고라도 거짓말을 하지 않을 것이다. 그러나 정욕을 가지고 여인을 보는 일만은 일상 다반사이다."

라고 말하였다. 이 분은 성실한 교사였다. 그런데, 내게 이 말을 한 1년 후 별안간 행방불명이 되었고 그로부터 20년이 지난 오늘날까지도 아무 소식이 없다.

도둑질하지 말아라.

여기서는 지극히 단순한 의미로 도둑질하지 말라고 한다. 보통 윤리관을 가진 사람이라면 남의 금품을 훔치는 짓은 절대로 하지 않는다. 그래서 이 대목을 무심코 읽어 넘기기가 쉬운데, 엄밀히 말하면 남의 마음이나 남의 시간을 훔치고 있는 자신을 잊고 있는지도 모른다.

　　너희 이웃에 대하여 거짓 증언하지 말아라.

　　너희 이웃집을 탐내지 말아라.

는 말씀도 '도둑질하지 말아라', '간음하지 말아라'는 말씀처럼 이웃사람의 생활을 위협하지 못하게 하는 사회생활의 기본윤리이다. 그러나 그 후 몇천 년이 지난 현대까지 이 기본윤리는 줄곧 범해져 왔다. 어린애들조차 사람을 죽이는 일과 훔치는 일이 죄악임을 알고 있는데, 아직도 여전히 모든 나라에서 이러한 범죄가 끊이지 않는다.

　도대체 왜 그럴까? 결국은 십계의 제1조에서 제4조까지의, 하나님 앞에서의 자세가 확립되어 있지 않기 때문이 아닐까? 하나님의 시선을 못 느끼는 자는 다만 사람의 눈만을 의식한다. 하지만 사람의 눈은 속이려고 하면 얼마든지 속일 수 있다. 만일 그런 마음으로 완전범죄를 계획한다면 사람을 죽이는 일도 남의 재산을 빼앗거나 이웃 처녀나 유부녀를 범할 가능성도 있는 것이다. 그러나 진짜 하나님을 두려워하는 자는 사람의 눈을 속이려고 하지 않는다. 하나님의 눈만을 두려워하기 때문이다.

　하지만 그런 완전한 인간이 과연 있을까? 우리는 크건 작건 하나님의 눈을 두려워하기보다 사람의 눈을 훨씬 더 의식하며 살고 있는 것이 아닐까? 우리는 본래 제4조까지를 지키지 못하도록 태어나 있는 것이다. 원죄를 짊어지고 있기 때문일 것이다. 이 원죄 때문에 우리는 하나님 중심이 아니라 자기 중심의 생활을 하고, 자기 중심이기 때문에 남을 미워하며 욕심을 품고 제5조 이하의 죄를 계속 범하고 있는 것이다.

　만일 그리스도가 우리의 죄를 대신 짊어지시지 않았더라면 우리는 과연 어떻게 되었을까? 생각은 역시 십자가를 통해 용서해 주시는 그리스도에게로 돌아온다.

　맨 막내동생 집에서 얼마 전 갓난애가 태어났다. 올케는 입원할 때 아이들에게 아침 6시 반에 일어나야 하고 밤에 자기 전에 반드시 이를 닦아야 한다는 등 몇 가지 일을 종이에 써서 거실에 붙여 놓고 나갔다.

 아이들은 국민학교 5학년, 3학년, 2학년의 셋이다. 지켜야 할 몇 가지 조항을 읽어 보고 나는 무척 재미있다고 생각했다. 어머니가 출산이나 여행을 떠날 때면 누구나 모두 이처럼 써 두고 떠나는지 어떤지? 모든 어머니가 써 두고 나간다 하더라도 쓰인 내용은 각각 다를 것이라고 생각된다. 몇 시에 일어나고 몇 시에 잠을 자고 하는 일 외에도 올케는 다음과 같은 사항을 적어 놓고 있었다.
- 식사 준비, 설거지는 서로 협력해서 할 것.
- 다 마른 세탁물은 각자가 자기 농에다 정리해 둘 것.
- 잠자리에 들기 전에 할머니 잠자리를 펴 드릴 것.
- 할머니 말씀을 잘 듣고 말썽을 부리지 말 것.

 이것을 읽고 평소 그녀의 가정교육이 어떠한가를 엿볼 수 있어서 흥미 깊었다. 그녀는 시어머니인 나의 어머니를 잘 공경한다. 그러므로 아이들도 평소에 다투어 할머니를 소중히 여기고 할머니 어깨를 주물러 드리거나 잠자리를 깔아 드리거나 밤 인사를 드릴 때는 볼을 비벼대거나 한다. 그녀가 적어 둔 식사 준비, 설거지, 세탁물의 정리 등을 보더라도 할머니에 대한 배려를 잊지 않고 있다. 나는 그 배려에 감동했다. 어느 가정이나 그 집안의 정신이 있다. 한 나라에도 물론 있어야 한다. 구약성경의 율법을 보면 하나님을 경외하는 데에 바탕을 둔 그 높은 정신에 감탄하지 않을 수 없다.

 신약성경의 마태복음 22장에는 사람들이 예수께 '율법 중에서 어느 계명이 가장 큽니까?'라고 묻는 장면이 나온다. 그때 예수는,
  네 마음을 다하고 정성을 다하고 뜻을 다하여 주 너의 하나님을 사랑하라.
  네 이웃을 네 몸과 같이 사랑하라.

라는 두 가지 계명을 들어 율법 전체가 이 두 가지에 걸려 있다고 대답하신다. 이스라엘의 율법은 하나님을 사랑하고 이웃을 사랑하는 일, 이 두 가지에서 벗어난 율법은 없다는 말이다. 여기서 몇 가지 예를 들어 생각해 보기로 하자.

여러분은 이제 막 결혼한 사람을 군대에 징집하거나 특별한 임무를 맡기지 마십시오. 그가 자유롭게 일 년 동안 집에 있으면서 자기 아내와 행복하게 지내도록 해야 합니다. (신명기 24 : 5)

나의 셋째 오빠는 결혼한 지 일 주일 만에 군에 소집되었다. 아마 이 글을 읽는 분들 중에도 결혼하여 반 년도 채 되기 전에 새색시를 남겨 두고 싸움터로 나갔던 경험이 있는 사람, 혹은 갓 결혼한 남편을 싸움터로 내보냈던 경험을 가진 사람이 있을 것이다. 결혼한 후 일 년 동안은 징집영장이 나오지 않는 인정있는 배려는 일본에는 없었다. 지금부터 3천 년 전의 옛날에 이미 이러한 율법이 있었던 나라와 비교할 때 사람들은 어떻게 생각할까? 다음 조문을 읽어 보자.

여러분이 고용한 가난한 품꾼이 여러분의 동족이든 여러분의 땅에 사는 외국인이든 여러분은 그를 학대하지 말고 그의 품삯을 해가 지기 전에 지불하십시오. 그는 가난하기 때문에 그 돈이 당장 필요한 사람입니다. 여러분이 그 품삯을 당일에 주지 않으면 그가 그 일을 여호와께 호소할 것입니다. 그러면 여러분이 그 일로 죄를 짓게 될 것입니다.

(신명기 24 : 14~15)

당시는 일급제였던 것 같다. 가난한 자 편에 서서 품삯을 그 날 중에 주라고 명령하는 율법은 가난한 자에게 얼마나 큰 위로가 되었을까? 전후 일본에도 근로기준법이 제정되었지만, 그 당시에 벌써 이런 사고방식이 뿌리박혀 있었던 것이다. 아직도 임금 미불이나 근로 과중이 문제가 되고 있는 우리 주변을 돌아볼 때 이 율법이 얼마나 진보된 것이었는지 감탄하지 않을 수 없다. 더욱이 외국인에 대해서도 이스라엘 율법은 각별히 마음을 쓰고 있다.

> 여러분은 외국인과 고아가 공정한 재판을 받지 못하는 일이 없도록 하십시오.　　　　　　　　　　　　　　　　　　(신명기 24 : 17)
> 여러분이 추수할 때 미처 거두지 못한 곡식단이 생각나거든 그것을 가지러 가지 말고 외국인과 고아와 과부를 위해 거기 버려 두십시오. 그러면 여러분의 하나님 여호와께서 여러분이 하는 모든 일에 복을 주실 것입니다.　　　　　　　　　　　　　　　　　(신명기 24 : 19)
> 너희는 곡식을 추수할 때 구석구석 다 베지 말며 떨어진 이삭도 줍지 말고 그것을 가난한 자와 나그네를 위해서 내버려 두어라. 나는 너희 하나님 여호와이다.　　　　　　　　　　　　　　(레위기 23 : 22)
> 여러분은 특별히 농작물의 십일조를 거두어 레위인과 외국인과 고아와 과부에게 주어 여러분의 성 안에서 먹고 살게 하십시오.
> 　　　　　　　　　　　　　　　　　　　　(신명기 26 : 12)

　그와 같이 하고 하나님께 보고하라고 명령했다. 레위인이란 신전에서 일하는 제사장직을 말한다. 타국인에 대해서도 더 많은 율법이 있지만, 이렇게 타국인을 고아와 과부처럼 보호한 까닭은 타국에서의 생활이 얼마나 어려운가를 동정하는 배려에서 나온 것이다.

　내가 살고 있는 아사히가와 시의 근교에 중국인 수난자의 묘지가 있다. 전쟁 중 강제노동에 징용되어 음식도 제대로 못 먹고 병에 걸려도 제대로 치료를 받지 못했다. 이들 수난자들은 일본인에 의한 희생자들이었다.

　또한 남북 한국사람들은 당시는 일본 국적이었음에도 불구하고 매우 가혹한 고난을 받았다고 한다. 지금도 한국인 고교생을 눈앞의 원수처럼 여기고 있는 학생들 이야기를 들으면 나는 말할 수 없이 한심하다는 생각이 든다. 이런 말을 한다고 해서 어떤 사람들은 "당신은 그래도 일본인인가?"라고 말하며 화를 내는데, 나는 일본인인 동시에 일본을 사랑하기 때문에 더욱 한심스럽다. 타국인을 압박하고 침략하고 차별했던 우리 일본인은 아무리 반성해도 그들이 입은 몸과 마음의 상처를 아물게 할 수는 없을 것이다.

여러분은 이집트에서 종살이하던 일을 기억하십시오. 그래서 내가 여러분에게 이런 명령을 내리는 것입니다. (신명기 24 : 22)

여러분은 이집트에서 종살이하던 일과 여러분의 하나님 여호와께서 여러분을 구출하신 일을 항상 기억하십시오. (신명기 24 : 18)

구약성경의 율법에는 거듭거듭 이런 기록이 나온다. 이스라엘 사람들은 이집트에서 노예로 괴로운 세월을 보냈다. 그때의 괴로움을 지금 타국인에게 지워서는 안 된다고 율법은 훈계하고 있는 것이다.

'며느리가 시어머니 된다'는 말이 있다. 시어머니에게 시집살이를 호되게 당한 며느리가 이번엔 자기가 시어머니가 되자 며느리에게 고통을 주는 것을 말한다. 자기들도 괴로움을 당했다. 그러니 이번엔 괴롭히자는 입장을 취하지 않았던 이스라엘의 자세는 역시 참된 하나님을 경외하고 참된 하나님을 사랑하는 데서 우러난 이웃 사랑을 나타내고 있다고 말할 수 있다. 이러한 일은 다른 나라의 문제가 아니라 우리 자신의 문제로서 진지하게 생각해 보아야 한다. 타국에서 사는 외로움과 불안은 혹시 자기 자신이 타국에서 살고 있다고 가정해 보면 곧 알 수 있다.

구약의 율법에는 갖가지 문제가 제기되고 있는데, 좀더 대인 관계에 관해 살펴보자. 출애굽기 21장 22절에서 25절까지에는 다음과 같은 규정이 있다.

사람들이 서로 싸우다가 임신한 여자를 다치게 하여 낙태하게 하였으나 다른 상처가 없으면 가해자는 그 여자의 남편이 요구하는 대로 피해 보상을 하되 반드시 재판관의 승인을 받아야 한다. 그러나 그 여자가 다른 상처를 입었으면 생명은 생명으로, 눈은 눈으로, 이는 이로, 손은 손으로, 발은 발로, 화상은 화상으로, 상처는 상처로, 타박상은 타

박상으로 갚아라.

'눈에는 눈으로!'라는 말은 현대의 우리들도 사용한다. 성경 속의 말이 어느 사이에 일상어로 정착된 일례이기도 하다. 그런데 이 '눈에는 눈으로'라는 말은 눈을 빼냈으면 자기도 상대방의 눈을 빼라고 하는 실로 가혹한 복수심에서 나온 말이다. 앞에서 말한 것처럼 타국인 이집트에서 고생했으니 외국인에게는 친절히 하라는 율법이 있는 반면에, 이 말은 약간 기이한 느낌이 든다.

나도 처음엔 그렇게 생각했다. 하지만 이것은 보복의 규정이 아니라고 한다. 보상의 계율이라는 것이다.

'남의 생명을 빼앗았으면 자기 생명으로 보상하라.'
'남의 눈을 상케 했으면 자기 눈을 빼서 보상하라.'
'상대방의 이를 한 개 뺐으면 자기 이를 한 개 빼서 보상하라.'
는 뜻이라고 한다. 즉, 상대방에게 가한 고통을 자신도 맛보지 않으면 보상이 되지 않는다는 것이다. 그와 동시에 보복을 규제하기 위한 목적도 있었다고 설교에서 들은 적이 있다. 사람의 눈을 잃게 되면 그는 분노와 미움에 복받쳐서 상대방의 눈 하나는커녕 목숨마저 빼앗고 싶어진다. 그러므로 '눈에는 눈으로' 선에서 꾹 참으라는 뜻으로 이 율법이 정해졌다는 것이다.

구약의 형법에는 징역 3년이니 10년이니 하는 투옥에 관한 규정은 찾아볼 수 없다. 눈을 상케 하면 2년이라든가 발을 상케 하면 3년이라든가 하는 규정이 없다. 따라서 '눈에는 눈'으로써 보상한다면 전과 같은 생활을 할 수 있었을까? 이 점에 관해서는 잘 모르겠다. 「신약성서 대사전」을 보면 감옥은 있었지만 투옥형은 없었다고 기록되어 있다. 투옥형이 없었다면, 역시 죄를 범한 자는 피해자 마음대로 형을 받으며 '눈에는 눈'으로써 보상해야 했다.

나의 생각에는 인간이란 '눈에는 눈'으로써 참고 견디어야 할 경우가 있다. 사람은 자기가 받은 아픔을 가장 크게 느끼게 마련이다.

'눈'이 뽑히면 상대방의 '목숨'을 빼앗아도 분이 안 풀린다고 생각하게 마련이다. 최근의 신문에도 '바보 새끼'라고 전화로 욕을 하자 화가 치밀어 올라 그 집으로 뛰쳐가서 상대방을 죽였다는 기사가 실려 있었다. 우리의 대인 감정을 반성해 보더라도 짐작이 간다. '가만두지 않겠다!'는 분노나 증오가 우리들의 가슴에서 끓어오르는 일은 없을까? 그 대부분은 '눈에는 눈'을 넘어서는 감정으로 비약해 버리는 것이다.

그러면 다음 율법은 어떨까?

여자는 남자의 옷을 입지 말며 남자는 여자의 옷을 입지 마십시오. 여러분의 하나님 여호와께서는 이렇게 하는 자를 몹시 미워하십니다.

(신명기 22:5)

얼마 전 어떤 사람이 거리를 걷고 있었는데, 앞에 가는 여자가 손수건을 떨어뜨렸다.

"아가씨, 떨어뜨린 것이 있어요."

하고 말을 걸었더니,

"아, 고마워요."

하고 돌아본 것은 아가씨가 아니라 남자였다고 한다. 현대에 이런 경험은 누구나 가지고 있다. 남자라고 생각했는데 여자, 여자라고 생각했는데 남자여서 어리둥절해지던 때가 종종 있다. 그래서 이 율법을 보면 현대 사람들은 반발할지도 모른다. 그러나 인간을 남자와 여자로 창조하신 하나님은 이런 복장을 몹시 싫어하신다고 한다. 하나님이 창조하신 그대로 산다는 것이 중요하다. 더구나 남자가 여자의 복장을 하고 동성인 남자에게 교태를 부리고, 여자가 남자복장을 하고 동성인 여성을 유혹하는 일부 남녀의 꼴을 생각하면, 이 복장의 문제는 한낱 외견상의 문제만이 아니라 인간성의 근본문제와 직결된다. 레위기 20장 13절에는 다음과 같이 제시되고 있다.

누구든지 동성 연애를 하면 둘 다 죽여라. 그들은 추잡한 짓을 하였으

므로 죽어 마땅하다.

곁들여 성에 관한 율법을 골라 보면 다음과 같은 행동을 하는 자는 죽임을 당해야 한다고 되어 있다.

남의 아내와 간통하면 남녀를 다 같이

계모와 잠자리를 같이하여 자기 아버지를 욕되게 하였으면 두 사람을 모두

자기 며느리와 잠자리를 같이하면 둘 다

어떤 여인과 그 여인의 어머니를 함께 데리고 살면서 더러운 짓을 하면 세 사람을 모두

짐승과 더러운 짓을 하는 남녀

이러한 율법이 있었다는 것은 당시도 역시 동성애라든가 짐승과의 교합, 근친상간 등이 있었다는 증거가 되기도 하는데, 어쩌면 이다지도 요즘 세상과 닮았는가? 인간은 아직도 인간다운 생활을 누리지 못하고 있다. 몇천 년 전의 남녀와 똑같은 잘못을 반복하고 있을 뿐만 아니라 현대에는 그러한 일을 자랑으로까지 삼고 성의 자유를 구가하고 있다. 어리석기 짝이 없는 일이다. 만일 이 율법을 현대에 적용한다면 죽어야 될 사람들은 너무나도 많을 것이다. 이 율법에는 다음과 같이 마음 끌리는 말씀도 있다.

귀머거리를 저주하거나 소경 앞에 장애물을 놓지 말고 나를 두려운 마음으로 섬겨라. 나는 여호와이다. (레위기 19 : 14)

언젠가 라디오에서 한 만담가가 "여기서는 귀머거리의 욕을 해도 괜찮다. 귀머거리는 욕을 해도 듣지 못할 테니" 이런 뜻의 말을 하고 있었다. 어쩌면 이다지도 무식한 소리를 할까 하고 나는 어두운 마음으로 들었다. 물론 귀머거리를 저주해서 하는 말은 아니겠지만 하나님을 두려워하지 않는 불손한 말, 무정한 말이라고 하지 않을 수 없다.

어느 날 친정에 들렀을 때 나는 텔레비전에서 어떤 드라마를 보았다. 아버지가 산책을 하고 있는데 그 아들이 한쪽 다리를 절고 있다. 다리가 불구인 자기 친구 아이의 흉내를 내고 있는 것이다. 아버지는 화를 내며 너댓 살로 보이는 아들을 때렸다. 아들은 울면서 집으로 돌아왔다. 아버지가 돌아오니 모친과 아내는 화가 나 있었다.

"어린아이의 짓이 아니냐? 그런데 뭘 그렇게까지 때렸느냐."
하는 책망을 들은 그 아버지는 멍하니 풀이 죽어 있다가 자기가 나빴다고 생각한다. 그러고는 아이의 비위를 맞추어 주는 내용의 드라마였다.

그 장면을 보았을 때의 분노를 나는 지금도 잊지 못한다. 하나님을 두려워하지 않는다는 것은 이다지도 무서운 것이다. 다리가 불구인 사람을 흉내낸 애는 얻어 맞아야 마땅하다. 때린 것을 항의한 모친과 아내도 더욱 책망을 받았어야 했다. 검은 것을 희다고 말하게 해서는 결코 안 된다.

재판관은 부정한 재판을 해서는 안 된다. 가난한 자라고 해서 두둔하거나 세력 있는 자라고 해서 유리한 판결을 내리지 말아라. 재판은 어디까지나 공정하게 해야 한다… 나는 여호와이다. (레위기 19 : 15)

가난한 자를 편들어서도 안 되며 힘센 자를 두둔해도 안 된다. 재판은 공정하게 해야 한다. 그런데 이 세상은 힘있는 자를 두둔하여 죄를 눈감아 주고 있지는 않는가? 재판을 받기도 전에 이미 죄를 덮어 주고 있다. 요시다 전 수상이 강권을 발동한 저 유명한 사건을 결코 우리들은 잊어서는 안 된다. 이렇게 겉으로 드러난 추태는 논외로 하고 그늘에 숨은 음울한 세력이 권력 있는 자를 두둔하고 있는 사실을 우리는 흔히 듣는다. 율법에는 여러 곳에,

나는 너의 하나님 여호와니라.
라는 말이 기록되어 있다. 이 말의 무게를 우리는 깨달아야 한다. 하지만 하나님을 경외하지 않는 자, 섬기지 않는 자에게는 이 말에

아무런 무게도 느끼지 못할 것이다. 야마무로 군뻬이(山室軍平) 선생은 레위기 해설에서, 레위기를 일관하는 정신은,

내(하나님)가 거룩하니 너희도 거룩하여라. (레위기 11 : 45)

라는 말씀인데, 이것은 또한 이스라엘의 율법을 일관하는 정신이기도 하다. 율법은, 사람들이 성별된 자로서, 하나님에게 사랑을 받는 자로서 지녀야 할 모습을 명시한 것이다. 우리가 하나님의 거룩하심 앞에서 경외하는 마음을 간직하지 않는 한, 율법은 사문화되고 말 것이다.

10. 장사 삼손

구약성경은 39권으로 되어있는데, 그 7권째가 「사사기」이다. 내가 처음으로 이 '사사기(士師記)'라는 말을 알았을 때인데 "이건 무슨 뜻일까" 하고 생각했다. 무사의 스승이므로 검도사범처럼 굉장히 힘 센 사나이를 가리키는 건가 하고 혼자 생각했다. 생소한 말이었기 때문이다.

아무튼 '무력'에 강하다는 것만은 틀림없는 것 같았다. '사사'란 해방자, 또는 통치자라는 뜻이다. 적을 물리치고 이스라엘을 적의 침략에서 해방시킨 그 공로로 통치자가 된 사람이다. 그렇다면 굳이 '사사'라는 어려운 말을 쓰지 않고 '통치자'라든가 '해방자'라고 하면 좋을 텐데, 그 말도 정확하지 않은 것 같다. '통치자'라면 '왕'이 아닌가 여겨지는데 '사사'는 '왕'처럼 세습이 아니라 자기 당대에 한정되는 것이다. '왕'이라면 왕이 죽으면 왕자가 '왕'이 된다. 사사는 어쩌면 왕이라 불릴 만큼 품격이 없었는지도 모른다.

사사는 13명이 등장한다. 내가 그 이름을 모두 기억하지는 못하고, 부끄러운 얘기지만 고작 **기드온**과 **삼손** 정도만 알고 있다. 기드온이라는 사사는 매우 신앙이 깊은 용사로서 모든 일을 하나님께 기도하고 하나님께 여쭈어서 싸웠다. 사람들은 기드온을 왕으로 삼으려고 생각하고,

10. 장사 삼손 —135

당신과 당신의 자손이 우리의 통치자가 되십시오.

라고 애원했을 만큼 그를 따랐다. 그러나 기드온은,

나는 당신들의 통치자가 되지 않겠소. 물론 내 아들도 마찬가지요. 다만 여호와께서 당신들을 다스릴 것입니다.

고 겸손하게 대답했다. 그는 자기가 다스릴 생각은 없었는지도 모르지만,

그 땅에는 기드온이 죽기까지 40년 동안 평화가 있었다.

라고 성경에 기록되어 있다.

 기드온은 사사 중에서 가장 신앙심이 깊은 인물이었던 것 같다. 그래서 지금도 기드온회라는 큰 모임이 있다. 호텔에 들어가면 대개는 성경이 각 방에 비치되어 있다. 이것은 '기드온회'의 회원들이 기증한 것이다. 이 회는 학교 학생들이나 병원의 환자, 교도소의 죄수들에게 성경을 기증하고 있다.

 그런데 나는 이제까지 '삼손회'라는 모임이 있다는 말을 들은 적이 없다. 혹은 넓은 이 세상 어느 곳에 '삼손회'가 있는지 모르지만 아무래도 없지 않겠는가 생각된다.

 나는 사사 삼손의 이야기를 처음 읽었을 때 매우 재미있었으나 어째서 이렇게 호색적인 건달의 생애가 성경이라는 거룩한 책에 담겨 있는지 참으로 이해하기 힘들었다.

 성경을 가진 분은 성경을 펴서 읽어 보면 알 것이다. 별로 어려운 부분은 없다. 우선 한번 읽어 보기 바란다. 그리고 삼손 이야기를 어떻게 느꼈는지 들려 주셨으면 좋겠다.

 삼손이 태어날 무렵 이스라엘은 하나님의 뜻을 어겼기 때문에 40년이란 긴 세월을 블레셋인에게 속해 있었다.

 삼손의 아버지는 마노아라고 했다. 어머니 이름은 확실치 않다. 이 어머니는 한 번도 아기를 낳아 본 적이 없다. 성경에는,

그의 아내는 자식을 낳지 못하였다.

라고 기록되어 있다. 아기를 갖고 싶은데도 아기를 낳지 못하는 것만큼 슬픈 일은 없을 것이다. 세상에는 무정한 인간이 있어서 아기가 없는 것은 그 여자가 아기를 낳을 능력이 없는 것처럼 멸시하는 사람이 있다. 나도 아기가 없는데 그것은 몸이 약한 나를 위해 남편이 충분히 배려하여 의지적으로 절제했기 때문이다. 그러나 내 얼굴을 맞대 놓고 '돌계집(石女)'이라고 놀려 대던 사람이 있다. 나는 별로 분하게 여기지도 않았지만, "만일 이것이 아기를 가지고 싶어 못 견디는 사람에게 던진 말이었다면 얼마나 마음이 상했을까"하는 생각이 들었다. 어쩌면 삼손의 어머니도 멸시를 당하면서 살지 않았을까? 이 어머니에게 여호와의 사자가 나타나서 말했다.

네가 아들을 낳은 후 그의 머리를 깎아서는 안 된다. 그는 태어날 때부터 하나님께 바쳐진 나실인이 될 것이며 블레셋 사람의 손에서 이스라엘을 구출하는 일을 착수할 것이다.

이 말을 들은 남편 마노아는,

태어날 아이에게 우리가 어떻게 해야 하는지 가르쳐 주소서.

라고 간절히 기도했다. 아기가 있는 사람이라면 틀림없이 이 마노아의 말에 감동할 것이다. 새로 태어나는 자식을 위해 부모는 무엇을 해야 될까 하고 진심으로 기도하는 어버이는 아마 많지 않을 것이다. 그러나 그렇게 기도해야 된다고 대다수의 어버이가 생각하고 있지 않을까? 여호와의 사자는 이렇게 대답했다.

너는 포도주나 독주를 마시지 말며 부정한 것은 그 어떤 것도 먹지 말아라.

이렇게 빌면서 기다리던 아이가 마침내 태어났다. 그가 바로 놀라운 장사로 이름을 떨친 삼손이다.

장성한 삼손은 한 블레셋 여인에게 한 눈에 반하고 말았다.

부모에게 그 처녀와 결혼하고 싶다고 하였다.

삼손은 금방 결혼하고 싶어졌다. 대체 삼손은 그녀의 어떤 점을 보았을까? 대체로 남자들이란 여자의 미모에 빠지게 마련이다. 물론 모든 남성이 다 그렇다는 것은 아니지만 아무래도 아름다운 여자를 넋을 잃고 바라보거나, 아름답다는 것만으로 그녀를 받아들이는 경향이 있다.

파티 등에서 뛰어난 미인이 나타나기라도 하면 남자들의 눈은 힐끗힐끗 그 여자에게 쏠린다. 아니, 쏠릴 뿐만 아니라 이런저런 말을 건다. 설사 곁에 그 미녀보다 마음씨가 고운 아가씨가 있더라도 아름답지 않으면 무시당하고 만다. 보기만 해서는 성격을 알 수 없으므로 무리가 아니겠지만 어쨌든 미녀편중은 확실하다. 남성들은 이같은 미녀편중의 경향 때문에 역사가 시작된 이래 창피한 꼴을 당해 왔으면서도 아직도 그 버릇을 고치지 못하고 있다. 어쩌면 영원토록 고치지 못할지도 모른다.

삼손도 아름다운 여인에 마음이 빼앗겨 창피한 꼴을 당하는데 그 첫번째가 이 여성이다. 외국 여성이라면 당치도 않다고 부모는 반대했으나 삼손은 듣지 않았다.

삼손은 여인의 집에서 혼인잔치를 베풀었다. 그 자리에 블레셋 사람 30명이 손님으로 나타났다. 삼손은 그들에게 수수께끼를 냈다. 지금도 어린이들은 수수께끼를 좋아한다.

"다리가 하나이고 눈도 하나인 것은?"

"바늘."

이것은 조금만 생각하면 금방 풀 수 있는 수수께끼이지만 삼손이 낸 수수께끼는 좀 어렵다. 성경을 읽지 않고서 이 수수께끼를 풀 수 있는 분이 계시다면 만나 뵙고 싶다. 삼손은 이런 수수께끼를 냈다.

먹는 자에게서 먹는 것이 나오고, 강한 자에게서 단 것이 나왔다.

알아맞힐 수 있는 사람은 손들어 주세요.

7일 동안에 그 답을 알아맞히면 내가 너희에게 베옷 30벌과 겉옷 30벌을 주겠다. 그러나 만일 알아맞히지 못하면 너희가 나에게 베옷 30

벌과 겉옷 30벌을 주어야 한다.

그들은 사흘 동안을 생각해도 수수께끼를 풀지 못했다. 그리하여 그들은 신부에게,

"네 남편을 꾀어 그 수수께끼의 답을 알아 내도록 하라. 그렇게 하지 못하면 네 집에 불을 지르겠다. 너는 우리들의 옷을 빼앗으려고 초대했느냐?"

하며 다그쳤다. 신부는 삼손에게서 답을 얻어 내려고 했으나 삼손은 가르쳐 주지 않았다. 그녀는 나흘 동안을 계속 울면서 졸랐으므로 어쩔 수 없이 7일째에 답을 대주었다. 삼손은 신부 집에 오기 전에 사자 한 마리를 맨주먹으로 찢어 죽였다. 그 후 며칠이 지나 그 시체 곁을 지나가니 사자 몸에 꿀이 고여 있었다. 그는 꿀을 모아서 먹은 적이 있다.

그 말을 신부에게서 들은 사람들은,

"무엇이 꿀보다 달겠으며, 무엇이 사자보다 강하겠는가?"

라는 답을 끌어 냈던 것이다. 삼손은 신부가 가르쳐 주었기 때문에 풀 수 있었다면서 그 마을의 다른 30명을 죽이고 옷을 빼앗아 잔치 손님 30명에게 약속대로 주었다. 그리고 몹시 화를 내며 자기 집으로 돌아갔다. 얼마 후 마음이 가라앉은 삼손은 염소 새끼를 선물로 들고 아내에게 돌아왔는데, 장인이 그를 집 안에 들이지 아니하고,

"네가 내 딸을 싫어하여 나가 버린 게 아닌가 하고 나는 생각했다. 그래서 내 딸을 그 날 신랑 들러리에게 출가시켜 버렸다. 그러나 그 딸의 여동생이 그 아이보다 훨씬 아름답다. 여동생을 대신 맞이하라."

삼손은 크게 노하여 300마리의 여우를 붙들어 두 마리씩 꼬리와 꼬리를 묶고 그 사이에 횃불을 켜서 걷어 들이기 직전의 보리밭으로 몰아 넣었다. 보리밭도 올리브밭도 모조리 타버렸다. 블레셋 사람들은 신부 집에 방화했다. 삼손은 더욱 분노하여 수많은 블레셋

사람들을 쳐죽였다.

여기에는 이스라엘 사람들도 파랗게 질렸다. 블레셋 사람들의 지배하에 있었기 때문이다. 삼손은 그것을 잘 알고, 기회가 오면 블레셋인의 압제에서 자기 나라를 해방시키려고 생각하고 있었다. 말하자면 하나의 저항운동이었다. 삼손이 블레셋 여인에게 한 눈에 반했던 것도 사실이지만 마음 속으로는 블레셋인에게 시비를 걸 꼬투리를 잡으려고 기회를 엿보고 있었는지도 모른다. 성경에도 삼손의 결혼이 '블레셋인을 공격하려고 기회를 엿보고 있었던' 일이 곁들여 기록되어 있다.

어쨌든 삼손 한 사람을 유대인 삼천 명이 포위하고, 그를 묶어 블레셋인에게 넘겨 주기로 했다. 삼손은,

"그렇다면 너희가 직접 나를 죽이지 않겠다고 맹세하여라"고 말하고 쇠줄로 묶여 블레셋인의 손에 넘겨졌다. 블레셋인은 묶인 삼손을 보고 환성을 올리면서 삼손에게 덤벼들었다. 그때 여호와의 권능이 삼손에게 임하여 그를 묶은 줄이 **"불탄 새끼줄처럼 끊어져 그 손에서 떨어져 나갔다"**라고 성경에 씌어 있다. 그는 맨손이었지만 나귀의 새 턱뼈를 주워서 다만 그것을 무기삼아 일천 명을 쳐죽었다. 그후 삼손은 가사로 갔다.

그 곳의 어떤 창녀를 보고 그녀의 침실로 들어갔다.
고 성경에 기록되어 있다.

삼손이 들어왔다는 기별에 가사 사람들은 밤을 새워 성문에서 대기하고 있었다. 아침에 삼손이 나오면 죽이려고 숨을 죽이고 기다리고 있었다. 그런데 삼손은 적의 움직임을 미리 알아채고 한밤중에 일어나서 성 문짝들과 두 문기둥과 빗장을 빼어 어깨에 메고 유유히 산 꼭대기에까지 날라다 놓았다. 문 옆에 숨어 있던 자들은 틀림없이 떨어져 죽었거나 다치거나 했을 것이다.

그는 그 후 소렉 골짜기에서 들릴라라는 여인을 알게 되었다. 들

릴라 역시 블레셋 여인이었다. 이 들릴라는 상당히 매력적인 여성이었던 것 같다. 삼손은 이 여자에게 빠지고 말았다. 블레셋의 고관들이 몰래 들릴라에게 와서,

"들릴라, 저 삼손의 굉장한 힘의 비밀이 어디에 있는가? 어떻게 하면 저 사나이에게 이길 수 있는가? 그 비밀을 알아내면 우리들은 각자가 은 일천 일백 장씩을 네게 주겠다."

라고 꾀었다. 야마무로 군뻬이 선생은 1936년에 쓴 「민중의 성서」 속에서 고관들은 다섯 명이었으며 합계 일만 엔으로 이 들릴라를 매수했다고 쓰고 있다. 1936년의 일만 엔이라면, 당시 사범 출신의 국민학교 교사의 초임급이 55엔 정도였으므로 그 금액은 실로 15년과 한 달치 월급이 넘는 액수에 해당된다. 지금 시대로 환산한다면 오천만 엔을 훨씬 넘는 돈이다.

들릴라는 삼손을 사랑하고 있지 않았던 것 같다. 이 금액에 들릴라의 마음이 움직인 것은 무리도 아니다. 아니, 돈 때문에 움직였든 안 움직였든 들릴라 역시 블레셋 사람이다. 적대 관계에 있는 삼손을 아마 사랑하고 있지 않았다고 보아야 할 것이다. 아무튼 욕심도 나고 해서 이 비밀을 탐지해 내려고 한다. 들릴라는 한 이부자리 속에서,

"여보, 당신의 그 굉장한 힘은 어디에서 나오는 거예요? 가르쳐 주시지 않겠어요?"

하고 간드러지게 속삭인다. 삼손은 이전에 수수께끼를 풀어 주었다가 실패한 적이 있으므로 거짓말을 한다.

"마르지 않은 새 칡덩굴 일곱 가닥으로 나를 묶으면 보통 사람처럼 약해진다."

여인은 삼손을 그것으로 묶고 블레셋 사람을 내실에 숨겨 놓은 후,

"삼손, 블레셋 사람들이 당신을 잡으러 왔어요."

라고 말하자, 삼손은 당장 칡덩굴을 끊어 버렸다. 들릴라는,

 "어머, 당신은 거짓말을 하셨군요. 여보, 진실을 말해 주세요."

하고 아양을 떨었다. 보통의 경우라면, 이 일로 여인이 블레셋 사람과 내통하여 자기를 위험에 빠뜨리려는 속셈을 알게 되었으므로 이제는 싫증을 낼 만도 하다. 하지만, 삼손은 아직도 이 여인에게 미련이 있었다. 이번에는,

 "새 밧줄로 나를 묶으면 나는 꼼짝 못 하고 보통 사람처럼 될 것이다."

라고 말한다. 들릴라는 재빨리 새 밧줄로 삼손을 묶고 다시금 블레셋 사람들을 불러들였다. 그러나 이번에도 역시 삼손은 실을 끊듯이 밧줄을 쉽게 끊어 버렸다. 세 번이나 그녀는 삼손에게 진실을 가르쳐 달라고 졸라댄다. 삼손은,

 "내 머리털 일곱 가닥을 베틀실과 함께 짜서 못으로 그것을 고정시키면 힘이 약해진다."

라고 말한다. 들릴라는 삼손이 자고 있는 사이에 머리털을 섞어 베를 짰다. 그리고 또 다시 블레셋 사람들을 내실에 숨겨 놓았다. 이번에도 삼손은 거뜬히 풀려났다. 그 후의 들리라의 말을 성경은 다음과 같이 말하고 있다.

 "당신의 마음이 딴 곳에 있으면서 어떻게 나를 사랑한다고 말할 수 있어요? 당신이 나를 세 번이나 놀렸단 말이에요. 당신의 그 엄청난 힘이 어디서 나오는지 당신은 아직도 나에게 말해 주지 않았어요."

 여인은 매일 그에게 매달려 졸라 대므로 그의 마음은 괴로워서 죽을 지경이었다. 그는 마침내 그 비밀을 모조리 털어 놓고 여인에게 말했다.

 "나는 아직 한 번도 머리를 깎아 본 적이 없소. 이것은 내가 날 때부터 하나님께 바쳐진 나실인이기 때문이오. 만일 내 머리를 깎아

버리면 내가 힘을 잃고 약해져서 다른 사람과 같이 될 것이오."

이렇게 드디어 삼손은 모두를 밝히고 말았다. 여기를 읽으면 얼마나 삼손이 이 여자에게 빠져 있었는가를 잘 알 수 있다. 우리의 경우라면 도저히 이 들릴라처럼 '세 번이나 속였다'고 삼손을 꾸짖을 수는 없지 않을까? 삼손으로서도 그저 잠자코 투정만 당하고 있을 필요는 없었다.

"너는 내 목숨을 블레셋 사람에게 넘겨 주려고 세 번이나 나를 묶고, 머리털을 베틀에다 짜지 않았는가? 그런 무서운 여자에게 진실을 알릴 수 있겠느냐?"

하고 거꾸로 책망해도 좋았을 텐데 책망은커녕 죽을 지경으로 괴로워했다. 삼손은 이 여인의 미모에 넋을 잃고 있었다. 설마 들릴라의 마음씨를 사랑하고 있었으리라고는 생각되지 않는다. 들릴라에게 심한 꾸중을 했다가,

"그럼 헤어집시다. 돌아가세요."

라는 쌀쌀한 말을 들을까 봐 두려웠던 것이다. 여색에 빠진 사나이란 모두 이 꼴이 된다.

남자는 여자의 마음을 사랑하기보다는 미모를 사랑한다. 술집에서는 호스티스에게 팁을 아끼지 않으면서 진정으로 사랑하는 자기 아내에게는 블라우스 하나 사주기를 아까워하는 남편들이 많다. 보통 여자라면 처음에는 오천만 엔이라는 돈에 눈이 어두워져서 삼손의 힘의 비밀을 탐지하려고 했더라도, 죽을 지경으로 괴로워하는 삼손의 모습을 제 눈으로 본다면 이렇게까지 자기를 사랑하고 있는 남성의 진심에 감동하지 않을까? 그리고,

"내가 잘못했습니다. 더이상 묻지 않겠습니다."

라고 말하지 않을까? 그리고 설사 그 비밀을 알아 냈다 하더라도 듣지 않았던 것으로 덮어 두지 않을까? 그러나 들릴라는 남자의 진실에 감동을 느끼지 못하는 냉정하고도 탐욕스런 여인이었다. 이윽

고 그녀는 삼손을 무릎 위에 잠들게 하여 그의 머리털을 밀어 없애 버렸다. 이번에야말로 삼손에게서 힘이 쏙 빠져 나갔다. 삼손은 블레셋 사람들에게 붙잡히고 무참히도 두 눈이 뽑히고 게다가 투옥되고 만다.

이 삼손을 들릴라는 도대체 어떠한 심정으로 보았을까? 이렇게 해서 얻은 오천만 엔이 들릴라를 행복하게 만들었을까? 진정을 쏟아 사랑하더라도 반드시 사랑을 도로 받는다고는 장담할 수 없다. 그것은 우리도 경험한다.

우리는 얼마나 사람에게 배신당하고 있는가? 아니, 그 이상으로 얼마나 배신하고 있는지 가슴에 손을 얹고 생각해 보면 들릴라를 닮지 않았다고 단언할 수 없을 만큼 무정한 우리들이다. 우리를 사랑하시고 우리의 죄 때문에 십자가에 못박히신 예수 그리스도를 얼마나 우리는 계속 배신하고 있는지를 생각한다면 큰소리칠 자격이 없다.

삼손은 감옥 안에서 매일 맷돌질을 하고 있었다. 세월과 함께 머리털도 자라나고 있었다. 블레셋 사람이 그들의 우상 다곤에게 제사를 드릴 무렵에는 삼손의 머리털이 옛날대로 자라나 있었다. 머리털이 한 달에 1센티미터 자란다고 하니 이전과 같이 되는 데는 적어도 1년은 걸리지 않았을까?

이 1년 동안 눈알이 빠진 삼손은 옥중에서 맷돌을 돌리면서 무엇을 생각하고 있었을까? 들릴라의 미모에 매혹되어 자기 힘의 출처를 밝혀 버리는 어리석음을 그는 통절하게 반성했을 것이다. 삼손이 자기 힘의 출처를 밝혔다는 것은 여호와께로부터 받은 나실인(여호와께 대한 봉사자)으로서의 사명을 포기해 버린 것과 다름 없는 불신의 죄이다. 하나님의 은혜를 짓밟았다고 말해도 좋다. 더구나 나실인 삼손은 창녀와 놀아나 여색에 빠져서 여호와가 내려 주신 힘마저 잃어버렸던 것이다. 이 얼마나 큰 불신앙일까?

신앙은 개인의 것이다. 아무리 삼손의 부모에게 신앙이 있었다 하더라도 아들인 삼손에게 그 신앙이 그대로 이어지지는 않는다. 삼손은 자기 힘이 하나님에게서 받은 것임을 잊고 교만해지고, 불신앙과 타락의 생활로 빠졌다. 우리들도 자칫하면 하나님의 은혜를 잊고 내 힘으로 무엇이든 가능한 줄로 생각하며, 순탄한 환경에 처하면 교만해지기가 아주 쉽다.

삼손은 두 눈이 뽑히고 나서야 비로소 볼 것이 똑똑히 보였던 것이 아닐까? 즉 불신앙인 자신과 하나님이 보이게 된 것이 아닐까?

그 날 블레셋 사람들은 우상 다곤의 제사자리에 삼손을 불러 내어 자기들 앞에서 '재주'를 부리게 했다. 성경에서 말하는 재주가 어떤 것인지는 모르겠으나, 어쨌든 삼손에게는 큰 수치였다.

삼손은 그때, 건물을 버티고 있는 큰 기둥에 기댈 수 있게 해달라고 자기 손을 붙들고 인도하는 자에게 부탁했다. 건물 안에는 사람들이 구름처럼 모여 있었고 옥상에도 삼천 명 남짓한 남녀가 삼손이 부끄러움을 당하고 있는 모습을 구경하려고 와 있었다. 거기에는 들릴라를 꼬드겼던 블레셋 사람들도 있었다고 성경에는 기록되어 있다. 어쩌면 들릴라도 있었는지 모른다. 그때 삼손은 여호와께 기도드렸다.

주 여호와여, 나를 기억하소서. 하나님이시여, 나에게 한 번만 더 힘을 주셔서 나의 두 눈을 뽑은 저 블레셋 사람들에게 단번에 원수를 갚게 해주소서.

그는 그 건물의 중심에 있는 두 개의 큰 기둥을 두 손으로 껴안았다. 그는 자기도 블레셋 사람들과 함께 죽을 각오로 온 힘을 다하여 기둥을 끌어당겼다. 그렇게 큰 기둥과 건물이 삼손의 괴력에 의해 무너졌다. 블레셋 왕과 군중들은 순식간에 그 아래 깔려 죽었다. 이렇게 해서 삼손은 블레셋 사람들과 함께 죽었다. 하나님은 이상한 분이시다. 이토록 타락하고 결점 투성이인 삼손인데도 그를 들어 유대 나라를 블레셋인으로부터 해방하셨던 것이다. 우리도 결점이 많은 인간이지만 하나님이 쓰시려고 할 때에는 숱한 결점을 덮어 주시고 쓰신다.

내가 오랜 병상에서 기도드린 것은,

"병이 낫도록 해 주세요"라는 기도보다도 "써 주세요"라는 기도를 더 많이 드렸다. 지금 그 일을 회상했다. 내 인생은 건강하고 유쾌한 인생이기보다는 하나님께 쓰인 바되는 인생이 되고 싶다고 생각했다. 그 생각은 지금도 변함이 없다.

삼손은 사람들로부터 굉장한 힘의 소유자라는 감탄을 받았지만, 사실은 그는 무력했다. 하나님의 힘이 함께 할 때에만 힘이 솟아났고, 머리털이 잘리면 금방 무력한 삼손이 되고 말았다. 무력한 삼손이 본래의 모습이다. 그러나 비록 무력하게 되고 소경이 되었더라도 깊이 참회하여 하나님의 부르심을 받을 때는 하나님은 또 다시 힘을 내려 주셨다. 삼손에게는 부하가 한 사람도 없었다. 남에게 의지하지 않더라도 혼자서 천 명, 이천 명을 쓰러뜨릴 힘이 있었다. 그러나 어쩌면 부하도 없고 자기밖에 모르는 망나니였는지도 모른다. 곁에서 삼손에게 충고해 줄 사람이 없었다는 것은 아무리 괴력의 사나이라 하더라도 외로운 인생이었다고 생각된다. 친구가 없으면 신앙을 잃기 쉽다는 교훈을 삼손은 우리에게 주는 것이 아닐까?

처음으로 삼손의 이야기를 읽었을 때 왜 이런 이야기가 성경에 기록되어 있는지 이상하게 여겼었다. 하지만 사사기는 잠들어 있는 신앙을 깨우기 위해 씌어진 책이다. 그런 의미에서 이 삼손의 이야기도 역시 뜻이 깊다고 말할 수 있다.

11. 아름다운 이야기, 룻기

어느 가정이든 자녀의 이름에는 태어나기 전부터 마음을 쓰게 된다. 어쨌든 이름이란 한 평생 그 아이에게 따라다닌다. 읽기 어려운 까다로운 이름이나 어감이 나쁜 이름은 피하게 되고 불길한 이름도 피하는 것이 보통이다. 아기 이름에 '죽을 사(死)'나 '흉할 흉(凶)'자 같은 글자를 사용하는 부모는 절대로 없다. 행복을 기원하여 그 자녀의 일생에 좋은 영향을 미칠 수 있도록 위인의 이름을 따거나 뜻이 있는 이름을 짓고 싶어한다. 이것이 보통 부모들의 심정일 것이다.

크리스천 가정에서는 아무래도 성경에서 그 이름을 따오는 경우가 많다. 내 남편은 '미쓰요(光世)'라는 이름이다. 여성의 이름과 비슷하기에 그는 거기에 콤플렉스를 느끼면서 자란 듯하지만, 이것은 성경의 '너희는 세상의 빛이다'라는 말에서 따온 좋은 이름이다.

이름을 보면 그 가정이 크리스천 가정인지를 금방 알 수 있는 이름이 있다. 예를 들어 '룻꼬'도 그러한 이름 중의 하나이다. 이 이름을 보면 그 가정은 일단 그리스도 신자라고 생각하면 거의 틀림없다.

이마바리(今治)에 에노모또 야스오(榎本保郎)라는 목사님이 계신다. 설교와 문필에 뛰어난 분으로 내가 평소 많은 지도를 받고 있는

데, 이 분의 맏딸이 룻꼬라는 이름이다. 이것은 구약성경 '룻기'에서 딴 이름이다.

'룻기'란 사실은 시어머니와 며느리에 관한 이야기이다. 봉건시대의 일본에서 '시어머니와 며느리'의 관계는 별로 좋은 이미지를 풍기지 않는다. 어쩐지 험악한 것을 연상시킨다. 그러나 '룻기'의 룻과 그 시어머니의 이야기는 흐뭇하고 아름다운 이야기이다. 요나서처럼 내용이 쉽고 6페이지밖에 되지 않는 짧은 책이므로 읽기 쉽다. 도대체 어떠한 고부 이야기인지, 각자 한번 읽어 보시면 좋다. 당장 구약성경을 갖지 못한 분을 위해 소개하고자 한다.

사사들의 치리하던 때

라고 성경에 기록되어 있다. 즉 기원전 1150년부터 1050년 무렵이다. 이스라엘 민족이 이집트를 나와 사울과 다윗이 왕이 될 때까지의 100년 동안, 유대 베들레헴에 흉년이 들었다.

나오미는 그 남편 엘리멜렉과 함께 두 아들 말론과 기론을 데리고 양식을 구하러 모압 지방으로 떠났다. 이 나오미는 매우 마음이 너그러운 여성이었는데, 불행하게도 모압 땅에서 남편 엘리멜렉을 여의고 말았다. 자기 나라에 흉년이 들었으므로 일부러 이국땅 모압까지 피해 왔는데 엘리멜렉은 거기서 죽었다.

인생에는 흔히 이런 일이 있다. 잘 되기를 바라고 한 일이 정반대로 되거나, 화를 면할 수 있었다고 생각한 순간, 또 다른 화를 만나게 되거나 하는 일이 뜻 밖에 많다. 인간의 지혜에는 한계가 있어서 자기 미래를 알 수 없다. 만일 우리가 외국에서 살다가 두 아이를 남기고 남편을 여의었다면 얼마나 마음이 허전하겠는가? 친지다운 친지도 없고 친구도 없는 이국땅에서 그렇게 되는 것은 상상만 하여도 괴로운 일이 아닐 수 없다.

이 나오미는 아마 땅도 집도 없었을 것이다. 아니, 조국으로 돌아갈 여비조차 없었던 것이 아닐까? 성경에는 다음과 같이 간략하게 기록되어 있지만 나오미의 고생은 이만저만이 아니었을 것이다.

엘리멜렉은 죽고 그의 아내 나오미와 두 아들만 남게 되었다. 그 두 아들은 모두 모압 여자와 결혼했는데…

성경에서 보는 한, 나오미에게 남겨진 두 아들이 결혼할 때까지 얼마의 세월이 지났는지는 전혀 알 수 없다. 그러나 내 생각에는 나오미가 아직 나이 어린 사내아이 둘을 기르고 있지 않았는가 생각된다. 그리고 겨우 성장시킨 두 아들은 각각 모압 여자를 아내로 맞게 되었던 것이다.

이 '모압 여자'는, 그러니까 외국 여성이다. 지금은 일본에서도 국제결혼을 하는 사람이 늘어났다. 그렇지만 아들이나 딸을 외국으로 유학시키는 부모는 있어도, 마음 속으로는 자기 아들이 파란 눈동자의 아가씨와 결혼하거나 자기 딸이 외국 남자와 결혼하지 않도록 은밀히(혹은 공개적으로) 바라고 있는 게 아닐까?

인간이란 묘한 것이어서 저쪽에서 본다면 이쪽도 외국인일 텐데 아무 까닭 없이 다른 나라 사람을 싫어하거나 멸시하는 경향이 있다. 이런 일은 유독 일본인에게 많다. 미국인을 '양키', 소련인을 '로스케'라고 부르는 사람이 지금도 있다. 지난 날 중국인을 어떻게 불렀는가를 상기한다면 자기는 이러한 감정이 없다고 말할 수 있는 사람은 적을 것이다. 물론 일본인도 '잽'이라 불리고 있지만 말이다.

어쨌든 이것은 각 나라 사람이 공통으로 지닌 감정일 것이다. 그 중에서도 이스라엘은 신앙의 가풍을 존중하는 나라이므로 외국인과의 결혼을 좋아하지 않았다.

여러분은 그들과 결혼하지 말고 여러분의 자녀들도 그들과 결혼시키지 마십시오. (신명기 7:3)

라고 기록되고 있듯이 외국의 풍습이 들어와서 우상숭배에 빠짐으로써 유일신에의 정절을 잃을까 봐 경계하고 있었던 것이다.

즉 신앙의 순수성을 유지하기 위해 외국인과의 결혼이 거부되었던 셈이다. 특히 모압인은 앞에서 말한 대로 롯과 그 딸들 사이에서 태어난, 즉 근친상간으로 태어난 자식의 후손이라고 멸시당하고 있었다. 자식들이 그런 모압 여인과 결혼했다는 것은 나오미에게 결코 작은 사건이 아니었을 것이다. 그러나 나오미는 모압 여자인 롯과 오르바와도 정답게 지냈다.

이렇게 10년이란 세월이 흘렀다. 불행은 또 다시 기다리고 있었다. 아들인 말론이 죽었다. 그 눈물이 채 마르기도 전에 기룐도 죽었다. 나오미는 외국땅에서 잇달아 두 아들을 잃고 말았다. 조국 이스라엘에서는 이미 흉년도 걷히고 있었다.

남편과 두 아들을 여의고 실의에 빠진 나오미는 모국으로 돌아가기로 했다. 도중에 며느리 롯과 오르바에게 나오미는 말했다.

너희는 모두 친정으로 돌아가거라. 너희는 죽은 너희 남편과 나를 정성껏 섬겼다. 그러므로 여호와께서 너희가 행한 대로 갚아 주시기 원하며 또 너희가 재혼하여 행복한 가정을 이룰 수 있도록 축복해 주시기 원한다.

이렇게 인사말을 하고 두 며느리에게 입을 맞추었다. 만일 우리가 며느리의 입장이라면 여기서 어떻게 할까? 남편은 죽었다. 자식도 없다. 여기는 내 나라이다. 고국으로 돌아가겠다는 시어머니와 여기서 헤어지는 것이 당연할 것이다.

"어머님, 오랫동안 심려를 끼쳐 드렸습니다. 주님의 보살핌 아래 어머님도 행복하게 지내셔요."

이렇게 말하고 자기도 새로운 인생을 시작해도 좋았을 것이다. 하지만, 두 사람은 소리를 높여 울며,

"어머님과 함께 어머님 나라로 가겠습니다."

라고 말했던 것이다. 시어머니인 나오미는 그 말에 감동하면서도 여기서 이별하여 재혼하도록 권한다. 오르바는 울면서 시어머니에게 입을 맞추고 돌아갔으나 롯은 그러지 않았다.

"어머님, 나는 어머님이 가시는 곳으로 가고 싶습니다. 어머님의 모국은 나의 모국, 어머님이 믿는 하나님은 나의 하나님입니다. 어머님이 돌아가시는 곳에서 나도 죽고 싶습니다. 아, 만일 어머님과 사별이 아니라 생이별을 한다면 여호와께서 어떠한 벌을 제게 내려도 좋습니다."

룻은 이렇게 말한 후 시어머니와 함께 긴 여행을 마치고 시어머니의 고향인 베들레헴 마을까지 따라갔다.

어쩌면 이토록 마음이 착한 여성일까? 그녀는 외국에서 남편과 아들 둘을 여읜 시어머니가 혼자 외롭게 고향으로 돌아가는 외로움을 생각만 해도 견딜 수 없었던 것이다. 아마 룻은 세상을 떠난 남편과도 잘 지냈을 것이다. 사랑하는 남편이 살아 있었다면 그가 어머니에게 다할 효성을 그녀는 고인이 된 남편 대신에 하고 싶다는 생각이 있었을 것이다. 그러나 무엇보다도 시어머니와 룻은 서로 사랑하고 있었다. 사랑의 유대는 강하다. 그녀는 진정으로 시어머니 나오미의 나라에서 자기도 죽고 싶었다.

동시에 시어머니인 나오미의 신앙과 사랑의 깊이도 충분히 알 수 있다. 외국인에게 텃세가 강한 나라로 룻을 데리고 간다는 것은 갖가지 어려움이 상상된다. 나오미는 룻이 그러한 어려움에 부딪치는 것을 참지 못했을 것이다. 그러나 나오미는 일체를 하나님의 인도에 맡기고 룻을 자기 나라로 데리고 갔다.

두 사람이 가까스로 도착한 고향에서는 보리 타작이 시작되고 있었다. 룻은 이삭줍기에 나섰다. 이삭줍기는 떳떳치 못한 일이다. 남의 밭에서 떨어진 이삭을 주워서 연명할 양식으로 삼는 것이기 때문이다. 그런데 유대의 율법으로는 보리든 과일이든 소유자가 몽땅 거두어 들이는 것을 금하고 있었다. 얼마를 남겨 두기로 되어 있다. 그것은 가난한 사람이나 여행자를 배려한 규정이었다. 이처럼 훌륭한 정신이 율법 속에 담겨 있었다. 어쨌든 이삭줍기로 생활하기가 얼마나 힘든 일인가는 두말할 필요도 없다. 더구나 그녀는 자칫 편견의 눈으로 보기 알맞은 모압 여인이다.

하지만, 하나님은 이 착한 룻을 결코 버려 두시지 않았다. 룻은 우연히 시어머니의 친척인 보아스의 보리밭에 들어갔다. 보아스는 친절하고 또 부유했다. 열심히 이삭을 줍고 있는 낯선 여인을 보아스는 눈여겨 보았다. 그는 농장 관리인에게,

"저 여자는 누구의 딸이냐?"

하고 물었다. 그녀가 자기 친척인 나오미를 모압에서부터 따라온 여인임을 알게 되자 보아스는 룻에게 물었다.

"다른 밭으로 가지 말고 우리 밭에서 이삭을 주우시오. 목이 마르거든 사양하지 말고 이 곳의 물을 마셔요. 그대가 시어머니 나오미의 하나님을 믿고 나오미에게 잘해 드린다는 소문을 모두 들어 알고 있소. 여호와께서 그대에게 충분히 보답하시기를…."

그리고 하인들에게 명하여 룻을 위하여 일부러 보릿다발에서 이삭을 뽑아 떨어뜨려 놓고 많이 줍도록 배려해 주었다. 나중에 이 보아스와 룻은 결혼하게 된다. 성경에는 그 대목의 묘사도 감동적으로 하고 있다. 이 결혼에 이르게 하기 위해 힘을 기울인 사람이 바로 시어머니 나오미였다.

성경을 읽어 보면 이스라엘 민족은 하나님께서 선택하신 백성으로서의 엘리트 의식이 지나치게 강하여 잡혼을 금하고 민족의 혈통을 순수하게 보존하기 위해 너무 고지식하지 않은가 하는 인상을 강하게 풍긴다. 그러나 자세히 읽어 보면 결코 단순한 육체적인 혈통의 순수성보다는 진실한 신앙을 존중하고 있음을 알 수 있다. 이 이야기는 구약성경 중에서도 아주 짧은 이야기인데 이스라엘의 성령 강림일에는 반드시 낭독될 만큼 소중하게 여긴다.

보아스와 룻에게서 태어난 이가 다윗왕의 조부 오벳이다. 마태복음 1장, 즉 신약성경의 첫 페이지에는 그리스도의 족보가 나와 있

다. 신약성경을 처음 펼쳐 보면 누구나 짜증을 느끼게 되는 이름의 나열 중에 '**보아스는 룻에게서 오벳을 낳고**'라는 기록이 나온다. 룻은 그러니까 그리스도의 조상인 셈이다. 만일 룻을 모압 여성이라고 해서 천대하는 사상이 있었다면 결코 룻기는 성경에 들지 않았을 것이며 족보에도 일부러 '룻에게서'라고는 기록되지 않았을 것이다.

그리스도의 계보에는 '**아브라함이 이삭을 낳고 이삭은 야곱을**'과 같이 부친 쪽의 계보만을 주로 기록하고 모친이 족보에 오른 것은 고작 네 사람뿐이다. '**유다는 다말에게서 베레스와 세라를**', '**살몬은 라합에게서 보아스를**', '**보아스는 룻에게서 오벳을**', '**다윗은 우리아의 아내에게서 솔로몬을**' 낳았다고 씌어 있다. 다말, 우리아의 아내, 라합에게도 각각 재미있는 이야기가 담겨 있으나, 우리아의 아내 밧세바에 관한 이야기는 뒤에 쓰고자 한다. 라합은 외국 여인이며 더욱이 창녀였다.

그리스도교는 유대교를 모체로 하고 있지만, 정녕코 세계적으로 전해진 종교임을 그리스도의 계보는 암암리에 말해 주고 있다.

성경을 나쁘게 평하는 사람들을 모아 놓고 이 룻기를 여자 배우들에게 낭독시킨 일이 있었다고 한다. 그것을 들은 사람들은 감동한 나머지 이토록 아름다운 이야기를 도대체 누가 썼느냐고 묻고, 그것이 자기들이 읽어 보지도 않고 평소 악평만 하던 성경에 실려 있다는 것을 알고 깜짝 놀랐다는 것이다. 이 이야기를 나는 남편에게서 몇 번인가 들었다. 이번에 야마무로 군뻬이 선생님의「민중의 성서」를 읽어 보니 거기에도 이 에피소드가 기록되어 있었다. 어쨌든 이 룻기를 계기삼아 구약성경을 읽어 주기를 바란다.

12. 고난의 책, 욥기

 벌써 10년 전의 일이다. 남편이 급성폐렴으로 위독한 상태에 빠진 적이 있었다. 나는 밤잠도 못 자고 간호했다. 그 피로가 쌓인 탓이었는지 모른다. 어느 날 계단을 헛디뎌 미골이 크게 삐었다. 나는 그대로 자리에 누워 버렸다. 제대로 드러눕지도, 앉지도 못하고 간신히 엎드린 채 있어야 했다. 베개를 나란히 맞대로 누워 있는 우리 부부를 보고 어떤 분은 걱정하면서 말했다.
 "뭔가 단단히 탈이 난 게 아닐까?"
 인생에는 고난이 연속 덮치는 경우가 있다. 더구나 애매한 고통을 받고 있다고 여겨지는 경우가 있다. 예를 들어 이런 일이 있었다. 한 번은 조용히 잠을 자고 있는 침실로 느닷없이 덤프 트럭이 덮쳐 한 가족 중 두 명이 중상을 입고, 한 명이 숨진 사건이 있었다. 침실에서 잠자고 있던 사람들에게는 물론 아무 잘못도 없다.
 얼마 전 미쓰비시 중공업의 빌딩에 시한폭탄이 장치되어 7명이 죽고 중경상자도 백 여명에 이르렀다. 이 중에는 우연히 그 곳을 지나가던 사람이 적지 않았다. 통행인에게는 물론 아무런 잘못도 없다. 아니, 거기서 일하고 있던 사람들에게도 폭파당할 만한 인간 관계가 있었다고는 도저히 생각되지 않았다. 전혀 부당한 죽음을 당하고 부당하게 상처를 입은 것이다. 이런 재난을 받은 사람은 "왜 나는 이런 고난을 받아야 하는가?" 하고 한탄하지 않을 수 없을 것이다. 그리고 이러한 한탄이 인생에는 얼마나 많은지 모른다.

"그렇게도 정직하던 분이"

"그렇게도 친절하던 분이"

"그렇게도 온순한 분이"

왜 저렇게까지 고통을 당해야만 되는지 남의 일이지만 말할 수 없는 분노를 느낄 때가 있다.

그런데 우리 부부가 누워 있을 때 시어머니가 문병차 오셔서 "욥기를 읽어 보아라" 하고 권해 주셨다.

성경은 모두, 고난 속에 있는 자에게 희망과 힘을 끊임없이 안겨 준다. 그 중에서도 욥기는 인생의 고난에 관해 큰 힘을 주는 책이다.

팔레스타인의 동방 우스라는 땅에 욥이라는 사람이 살고 있었다. 성경에는 욥에 대해

그는 진실하고 정직하며 하나님을 두려운 마음으로 섬기고 악을 멀리 하는 사람이었다.

고 기록되어 있다. 우리들 인간은 과연 사람됨이 온전하고 정직하다고 인정받을 수 있는 그 무엇을 가지고 있을까? 마음에서 악이 멀리 떨어져 나가고 하나님을 경외하고 있을까? 아마도 대부분의 사람이 온전하지도 못하고 악에서 떠나지도 못하고 하나님을 잊어버리고 있는 것이 아닐까? 그런데 욥은, "진실하고 정직하다"라고 인정받을 수 있는 인물이었다.

이 욥에게는 열 명의 자녀가 있었다. 일곱 아들과 세 딸이었다. 욥은 이 자녀들을 위해 1주일에 한 번씩 번제를 드렸다. 그것은 "어쩌면 아들이나 딸들이 하나님 앞에서 죄를 범하고 있는지도 모른다. 그들의 마음 속으로 하나님을 저주했는지도 모른다"고 생각했기 때문이다. 하나님을 두려워한다는 것은 진정 이러한 태도여야만 할

것이다.

 욥은 인간으로서 최고로 정직한 사람이요, 하나님을 두려워하며 경외하는 사람이었다. 우리들은 자신이 조금만 품행이 단정하다고 생각하면 하나님을 믿지 않아도 좋다고 생각하기 일쑤이다. 그 점에서 욥은 겸손했다.

 욥에게는 열 명의 자녀 외에 많은 재산이 있었다. 그런데 어느 날 별안간 욥의 재산인 소, 양, 나귀, 낙타, 합계 일만 칠천 마리를 몽땅 빼앗기고 수많은 노비들이 죽임을 당했다. 게다가 그 보고가 채 끝나기도 전에 열 명의 자녀가 모조리 태풍 때문에 죽었다는 소식이 들어왔다. 이야말로 청천 벽력이다. 일대 참사가 하루 아침에 돌발했던 것이다.

 만일 우리가 우리의 자식들 모두와 소유물 전부를 순식간에 잃었다면 과연 어떻게 될까? "하나님이고 부처님이고 있을 게 뭐냐?"라고 세상을 저주하고 탄식하며 슬퍼하고, 혹은 미쳐 버릴 것이다. 자식 하나만 죽어도 슬픔을 가누지 못한다. 하물며 전 재산뿐만 아니라 열 자녀를 삽시간에 잃고 만 욥의 비탄은 어떠했을까? 그러나 욥은 그저 한탄만 하고 있지 않았다. 결코 하나님을 저주하지도 않았다.

 그는 땅에 엎드려 하나님께 기도하며 말했다.
 내가 태어날 때 아무것도 가져온 것 없었으니 죽을 때에도 아무것도 가져가지 못하리라. 주신 자도 여호와시요 가져가신 자도 여호와시니 여호와의 이름이 찬양을 받으시기 원하노라.

 처음으로 이 대목을 읽었을 때의 놀라움을 나는 잊을 수가 없다. 오랜 세월 기프스 침대에 붙박혀 누워 있는 상태에서 나는 얼마나 이 말을 흥얼거렸던가!

 하나님이 주시고 하나님이 취하신다. 하나님이 하시는 일, 주시든 취하시든 모든 일이 옳다고 욥은 말하고 있다.

"이것이 신앙이다!" 나는 그렇게 생각하고 어차피 하나님을 믿으려면 이토록 철저한 신앙을 가져야만 한다고 감동하였다. 진정 모든 것을 하나님이 주신다고 생각하면 모두 선한 것이다. 하나님은 나쁜 일을 하시지 않는 분이기 때문에 그것이 사람의 눈에는 어떻게 보이든 하나님이 하시는 일은 좋은 것이다. 신앙이란 믿는 일이다. 나는 하나님을 이론으로 납득하는 것이 아니라 단순한 신앙으로 믿고 싶은 것이다.

그런데 욥의 재난은 이것만이 아니었다. 욥의 정수리에서 발바닥까지 악성 종양으로 고통을 받는 신세가 되었다. 그는 통증과 가려움으로 재 가운데 앉아서 기왓조각으로 몸을 긁었다. 얼굴도 무참하게 부어 터져 도저히 욥이라고는 생각되지 않으리만치 바뀌어 버렸다. 하지만 그래도 하나님을 저주하지 않았다. 그것이 욥의 아내에게는 못마땅했을까?

하나님이나 저주하고 죽으시오.
하고 윽박질렀다. 욥은 사랑하는 열 자녀가 죽은 데다 전재산을 잃고 지금 또 문둥병에 걸려 고생하는데, 게다가 가장 사랑하는 아내에게서마저 냉혹한 말을 들었다. 그는 뭐라고 대답했을까?

우리가 하나님께 복도 받았는데 재난을 당하지 말라는 법이 있겠소?
라고 대답했던 것이다. 우리는 갖가지 일을 하나님께 기도하고 구한다. 성경도 모든 것을 하나님께 구하라고 권한다. 그러나 우리는 흔히 이기적이고 일방적인 소원만을 아뢰기 쉽다. 우리가 만일 단순히 질병의 치유, 상업의 번창, 가족의 안전만을 기원하고 하나님 편에서의 권유는 뿌리친다면 그것은 제멋대로 하는 기도이고 추한 모습이라고 말하지 않을 수 없다. 하나님 앞에서 손을 모으려면 좀더 겸손하고 나를 낮추고 맑고 깨끗해야 한다.

"복만은 받겠다. 그러나 재난은 싫다."
이것이 우리 인간의 뿌리 깊은 본심이다. 우선 이런 마음부터 바로잡아 주시기를 기도해야 할 것이다. 그리고 하나님을 전적으로 신뢰할 때 재난도 다소곳이 받아들일 수 있을 것이다.

신약성경의 태반을 쓴 사도 바울은 그리스도를 전하다가 살갗이 터지도록 매를 맞고 돌에 맞아 반죽음을 당했으며 순교에 이르기까지 끊임없는 고난을 받았다. 그러니만큼 그는

그리스도를 위해 여러분에게 은혜를 주신 것은 그분을 믿을 뿐만 아니라 그분을 위해 고난도 받게 하기 위한 것입니다.

라고 빌립보 교회에 써서 보냈다. 욥의 말과 더불어 생각할 때 깊이 나에게 부딪쳐 오는 말이다.

그런데 그 다음부터의 욥기의 전개가 나를 당황케 하고 이해할 수 없게 만들어 버린다. 이야기는 세 친구가 이 욥을 문병하러 오는 장면으로 바뀐다. 친구들은 "욥을 조문하고 위로하려고 서로 약속하고 왔다"고 성경에는 기록되어 있다. 그들은 욥이 너무나 변해 있는 것을 보고 큰 소리로 울면서 입고 있는 옷을 찢었다(하나님 앞에서는 심히 회개할 때 옷을 찢는다). 그리고 밤낮 7일을 땅 위에 앉은 채 아무도 욥에게 위로하는 말을 건네지 못한다.

이 또한 얼마나 두터운 우정인가? 우리는 친구를 위해 자기 옷을 찢고 밤낮 7일을 땅 위에 앉아 지켜볼 만큼의 우정을 과연 가질 수 있을까?

여기까지는 또 이해할 수 있다고 치자. 하지만 이해할 수 없는 것은 욥의 다음 말이다.

내가 태어난 날이여, 저주를 받아라.
내가 어머니 뱃속에서 태어날 때 차라리 죽었더라면 좋았을 걸!
어째서 어머니가 나를 무릎에 받아 젖을 빨게 하였는가?
어째서 고난당한 자에게 빛을 주고, 마음이 괴로운 자에게 생명을 주었는가?
먹기도 전에 탄식이 먼저 나오고, 물같이 쏟아지는 신음소리는 막을

길이 없구나!

내가 두려워하고 무서워하던 것이 결국 나에게 닥치고 말았으니 평안도 없고 안식도 없이 나에게 남은 것은 오직 고난뿐이구나!

군데 군데를 띄엄띄엄 인용해 보았는데 어둡고도 음산한 독백이다. 욥 자신도 감당하기 어려운 고통 속에서 이렇게 말하였을 것이다. 그렇게 생각을 하지만, "**주신 자도 여호와시요 취하신 자도 여호와시오니**"라고 대답한 것과는 너무나 대조적이다. 분명히 욥이 하나님을 저주하고 있지는 않다. 그러나 자기가 태어난 날을 저주하며 자기 생명을 저주했다. 자기에게 생명을 주신 이는 하나님이시다. 아무리 의문형으로 말했다 하더라도 온당하지 않다. 나는 몹시 배신당한 느낌이 들었다.

욥의 독백이 끝나자 친구 한 사람이 마침내 입을 열었다. 이하, 친구 세 사람과 욥과의 사이의 대화가 반복된다. 우선 친구인 엘리바스가 말했다.

"네가 여러 사람을 교훈하였고, 쓰러지는 자를 말로 붙들어 주었지 않았는가? 하나님을 경외함이 네 믿음의 바탕이 아니었던가? 생각해 보라. 죄가 없는데도 망한 자가 있는가? 내가 보건대 악을 밭갈고 독을 뿌리는 자가 이를 거두고 있다. 고뇌는 흙 속에서 우연히 나오지 않는다. 아무튼 나라면 하나님에게 구하고 하나님에게 일을 맡긴다. 나는 생각한다. 하나님에게 징계받는 자에게는 복이 있다고. 욥이여, 내 말을 들어 주지 않겠는가?"

이 친구의 말은 어조도 부드럽고 논지도 바르고 틀린 말 같아 보이지 않는다. 그러나 욥은 장황하게 절실한 반론을 편다.

"너희들은 제발 나의 재난을 정확하게 저울에 달아 다오. 그 분함도 올바로 달아 주기 바란다. 나는 하나님의 말씀을 거부한 적이 없다. 그럼에도 불구하고 이같은 고난을 겪고 있다. 내가 돌이냐, 내가 청동이냐? 나는 진짜 하나의 인간이다. 도대체 얼마나 견딜 수 있단 말이냐? 우정을 억제함은 하나님에 대한 배반이 아니겠느냐? 가르쳐 다오, 나의 잘못을! 제시해 다오, 나의 혀에 불의가 있는가를!"

욥의 말을 받아 다른 친구가 설득한다.

"욥이여, 왜 그렇게 거친 말을 하느냐? 그야말로 말의 폭풍이 아니냐? 하나님이 정의를 굽히실 리가 없다. 네가 깨끗하고 올바르다면 하나님은 반드시 너를 번영케 하실 것이다."

욥이 또 반론한다.

"너희들은 올바른 자가 번영한다고 말하는데 현실을 보라, 현실을. 횡포를 극도로 일삼는 악인이 사실상 번영하고 있지 않는가? 약한 자, 가난한 자를 부당하게 괴롭히는 자들이 평안함은 무슨 까닭인가? 나쁜 짓을 하여 번영하고, 죽을 때도 별로 고생하지 않는다. 이것을 도대체 어떻게 설명할 것인가?"

이렇듯 논쟁은 반복되는데 어느 쪽이나 나름대로의 주장이 있어서 친구가 옳고 욥이 틀렸다고 단정하기는 어렵다. 친구의 주장은 분명히 악인악과, 선인선과의 공식론에 입각하고 있는데, 그 중에는 명기해야 될 금언 격언도 많이 들어 있어서 얼핏 생각하면 친구 쪽이 옳지 않은가 싶기도 하다. 도리어 자기가 어디까지나 옳다고 우기는 욥이 교만해 보이기도 하다.

이 논쟁은 풍부한 말을 구사한 현란한 극시로서 대화가 모두 시의 형태를 갖추고 있다. 성경이 일대 문학이라고 흔히 말하고 있는데 참으로 그 진면목이 여기에 있다. 그러니만큼 한 번 읽고서 참뜻을 파악하기는 어려울 것이다. 인간이란 어차피 무정한 존재이다. 욥이 열 자녀와 전재산을 잃고, 게다가 모습을 알아볼 수 없을 정도로 종양을 앓고 재 속에 앉아 있는데도 친구들은,

"네게는 뭔가 죄가 있다. 하나님 앞에서 올바르게 되어라."
하고 다그친다. 더구나 처음에는 부드러웠던 말투가 차츰 험악해져서,

"너는 헐벗은 자에게서까지 옷을 벗기고, 약한 자를 괴롭혔다."
라고 사실도 아닌 일을 단정하다 마침내는,

"구더기 같은 인간이 어찌 올바르게 될 수 있겠느냐."

고까지 말했다. 추하게 변해 버린 욥을 앞에 두고 어쩌면 이다지도 잔혹한 말을 할 수 있을까? 이것이 7일 밤낮을 함께 울어 주었던 친구들의 말이다. 만일 우리들이 중병으로 신음하고 있을 때 이런 말로 다그친다면 어떨까? 아무리 이치에 맞는 말일지라도 아무런 힘이나 위로가 되지 않을 것이다.

나중에는 엘리후라는 사람까지 나타나서 자기 생각을 털어놓기 시작한다. 그런데 이 사람은 세 친구의 공식론을 초월하여, 욥의 재난은 "그 죄를 벌하기 위함이 아니라 교육하기 위한 시련의 재난이다"라는 논지인 것 같다. 특히 욥은 자신의 올바름을 주장하는 나머지 하나님을 부당하게 여기고 하나님 앞에 자기가 옳다는 잘못을 저지르고 있음을 지적했다. 이 엘리후의 말만으로도 여덟 페이지에 이르며 이를 포함하여 실로 35장에 걸쳐 기나긴 논쟁이 계속된다. 인생의 고난을 다룬 압권이라 하겠다. 인생고를 도대체 어떻게 보면 좋은가. 그리고 또 이 논쟁을 어떻게 봐야 할까. 역시 직접 본문을 보아 주기를 간절히 바란다.

그런데, 언제 끝이 날지도 모르는 이 논쟁은 갑자기 종말을 고한다. 어찌된 셈일까. 그것은 하나님 자신이 나타나셨기 때문이다.

하나님은 폭풍 속에서 욥에서 말씀하셨다.

> 무식한 말로 내 뜻을 흐리게 하는 자가 누구냐? 이제 너는 남자답게 일어나 내가 묻는 말에 대답하라.

이 말씀으로 시작하여 하나님은 숨쉴 겨를도 없이 욥에게 질문하신다.

> 내가 땅의 기초를 놓을 때에 너는 어디 있었느냐, 누가 그 크기를 정하였는지 네가 계절마다 제 때에 별을 이끌어 낼 수 있으며 곰자리를

인도할 수 있겠느냐?

등등 천지만상에 관해 질문하셨는데 욥은 어느 한 마디에도 대답하지 못한다.

네가 아직도 전능한 자와 다투겠느냐?

욥은 대답한다.

나같이 보잘것없는 자가 주께 무엇이라고 대답하겠습니까? 다만 손으로 내 입을 가릴 뿐입니다.

하나님 앞에서는 아무리 위대한 자도 정직한 자도 미천한 자에 지나지 않는다. 하나님 앞에서는 어떠한 성자라도 얼굴을 들 수 없는 것이다.

하나님은 왜 욥에게 재난을 내리셨는지 여기서는 전혀 대답하고 있지 않다. 하나님은 다만 자신이 전능하시고 만물의 창조자이심을 밝히셨을 뿐이다. 하나님이 아무런 대답을 하시지 않았지만 다만 이곳에 나타나 있는 말씀만으로 논쟁은 끝나고 있다. 여기서 나는 신앙이란 무엇인지를 새삼스럽게 깨닫는 듯한 느낌이 든다.

하나님의 지혜와 그 뜻은 인간으로서 헤아릴 수 없으며 또 가늠하기도 어렵다. 그러므로 인간은 "하나님이 계시다"라는 한 가지만 알면 그것으로 충분하다. 뒷일은 다 하나님께 맡기고 위탁하면 되는 것이다. 인간의 생각을 훨씬 초월한 하나님의 배려를 기다리면 되는 것이다. 인간의 지혜는 결코 의지할 것이 못 된다. 하나님께 향한 온전하고 깊은 신뢰, 이것이 바로 신앙이다.

욥은 하나님께 말씀드렸다.

주께서는 무슨 일이든지 다 하실 수 있는 분이시므로 주의 계획은 그 어느 것도 좌절될 수 없다는 것을 나는 압니다.

욥은 하나님께로부터 대답은 얻지 못했지만 평안을 얻었던 것이다.

쉽사리 이해할 수 없었던 욥기를 이제 나도 이해할 수 있게 된 것 같다. 우리 인생에는 "왜 이런 일을 당하는 것일까?"라는 물음에 대답할 수 없는 일이 많다. 또 의문도 많다. 그때, 이 욥기를 읽고 하나님의 무한한 능력을 알고, 신앙이란 하나님께 대한 온전한 신뢰임을 깨달을 수 있다면 그것이야말로 가장 큰 행복이라고 나는 생각한다.

13. 시편, 다윗왕의 공로와 죄

　구약성경에는 율법에 관한 부분 다음에 역사 부분이 조금 이어지는데 그것은 뒤로 미루기로 하고, 여기서는 성경 속에 있는「시편」에 눈을 돌려 보기로 하자. '시'라고 하면 나는 웬일인지 다음의 짧은 시가 생각난다.

　　　반 딧 불
　　아!
　　풀 속에
　　달의 물방울이!

　시란 무엇인지 시인이 아닌 나는 모른다. 그러나 시라는 낱말에서 연상하는 말은 무엇이냐고 누가 묻는다면, 나는 '응축' '순수' '아름다움'이라고 대답할 것이다. 따라서 시와 인연이 없는 말은 '장황' '속임' '추함'이란 말이 될지도 모른다.

　시를 모르는 나는 물론 여기서 시론을 늘어놓을 생각은 없다. 다만 나는 시에 관해서는 말할 수 없지만, 시에 대해서 다분히 경외하는 마음을 가지고는 있다. 그 까닭은 위와 같은 낱말을 시에서 연상하기 때문이다. "청년시절에 자신이 경애하는 특정한 시인을 갖는 사람은 행복하다"는 뜻의 말을 한 사람이 있다. 나는 특정하게 사랑하는 시인을 가져 본 적은 없다. 그러나 청년시절에 암송할 만큼 좋아하는 시가 있었다.
　무로우 사이세이(室生犀星)의,
　　고향은 멀리 있으면서 생각하는 것
　　그리고 슬프게 노래하는 것
　　……
　카알 붓세의,
　　산너머 저 하늘 멀리
　　행복이 산다고 누군가 말하니…
를 비롯하여 기따하라 하꾸슈우(北原白秋)의 「낙엽속」, 사이조오야소(西條八十)의 「새끼 손가락」 등은 거듭거듭 암송하곤 했다. 지금 문득 그 시가 입에서 새어나올 때, 나는 그 당시 내가 가지고 있던 정감을 역력히 회상한다. 그리고 생각한다. "시는 어쩌면 이다지도 사람의 마음을 기름지게 해주는 것일까?" 경애하는 시인을 청년기에 만날 수 있는 사람은 확실히 행복하다고 말했던 시인의 마음을 나도 이해할 수 있다.
　그런데 유대인들은 성경 속에 「시편」을 갖고 있었다. 그들은 그 「시편」을 어릴 때부터 죽을 때까지 계속해서 읽었다. 즉, 사랑하는 시인을 어릴 때부터 가졌던 행복한 사람들이다. 이 「시편」은 우리 크리스천도 다같이 성경 속에 가지고 있으며 예배할 때마다 낭독하고 있다. 그러나 유감스럽게도 유대인이 그 「시편」을 사랑했던 만큼 사랑하고 있지 않는 것이 아닐까. 그래도 「시편」 속에서 어느 시를 좋아하느냐고 물어 보면 좋아하는 「시편」을 당장 들 수 있는 크리스천은 적지 않다.
　대부분의 경우 그 사람의 신앙과 좋아하는 「시편」과는 상당히 깊은 관계가 있다. 그 사람이 좋아하는 「시편」은 그 사람의 정신의 양분이 되기 때문이다. 예를 들어 오랜 요양생활을 하다가 몇 번이나 죽음의 고비를 넘긴 사람들은 「시편」 23편을 애송하고 있는 경우가 많다.

> 시편 23편(다윗의 시)
> 여호와는 나의 목자시니 내가 부족함이 없으리라.
> 그가 나를 푸른 풀밭에 쉬게 하시고 잔잔한 물가로 인도하시며
> 내 영혼을 소생시키시고 자기 이름을 위하여
> 나를 의로운 길로 인도하시는구나.
> 내가 죽음의 음산한 계곡을 걸어가도
> 두려워하지 않을 것은 주께서 나와 함께 하심이라.
> 주의 지팡이와 막대기가 나를 지키시니 내가 안심하리
> 주께서 내 원수들이 보는 가운데 나를 위해 잔치를 베푸시고
> 나를 귀한 손님으로 맞아 주셨으니 내 잔이 넘치는구나.
> 주의 선하심과 한결같은 사랑이 평생에 나를 따를 것이니
> 내가 여호와의 집에서 영원히 살리라.

 이 시는 '목자의 노래'라고 불린다. 나도 요양중 중환자 병동으로 옮겨졌을 무렵, '내가 죽음의 음산한 계곡을 걸어가도 두려워하지 않을 것은 주께서 나와 함께 하심이라'고 반복해 읊조리면서 얼마나 많은 위로를 받았는지 모른다.

 몇천 년의 역사를 가진 이 시가 고민하는 사람, 시름에 잠긴 사람, 병을 앓고 있는 사람들에게 크나큰 위안과 용기를 주고 있었음을 상상하면서 그러한 사실로부터도 나는 커다란 위로를 받았다. 이것은 앞에서 소개했던 다윗의 시이다.

 「시편」은 전부 150편으로 이루어지고 있는데, 그중 약 반 수인 73편이 다윗의 시이다. 그 밖에 모세, 솔로몬, 아삽 등 몇 작자의 이름이 붙여져 있다. 「시편」에는 '다윗이 그의 아들 압살롬을 피할 때에 지은 노래'라든가 '다윗의 기도', '다윗이 아비멜렉 앞에서 미친 체하다가 쫓겨나 지은 노래' 등의 단서가 붙어 있다.

내가 시편 속에서 가장 사랑하는 51편에는 '회개의 기도, 다윗이 밧세바와 간음한 후 예언자 나단이 그에게 왔을 때 지은 시'라는 단서가 붙어 있다. 이것은 구약성경을 자세히 읽어 본 분에게는 무슨 뜻인지 금방 알 수 있겠지만, 읽지 않은 분에게는 도무지 알 수 없을 것이다. 「시편」을 읽기 전에, 적어도 이스라엘의 역사인 사무엘서와 열왕기, 역대기를 읽어 두어야 할 것이다. 작품을 깊이 이해하기 위해서는 그 배경을 알아 두는 것이 어느 경우에나 필요하다.

나는 여기서 다윗에 관하여 대충 소개해 보고자 한다.

다윗은 이스라엘 왕 중에서 대대로 내려오며 민족에게 가장 사랑을 받은 왕인 동시에 그의 일생은 파란 만장하여 가히 대하 소설의 주인공이 될 수 있는 인물이다. 신약성경밖에 읽지 않은 분이라도 다윗의 이름은 많이 접했을 것이다.

우선 신약성경의 첫 페이지에서 저 길다랗고 지루하게 느껴지는 족보 속에 나오는 마태복음 1장 6절에 "이새는 다윗 왕을 낳았다. 다윗은 우리아의 아내에게서 솔로몬을 낳고…"라고 되어 있으며, 같은 1장 20절에는 '다윗의 후손 요셉아'라는 말이 기록되어 있다. 즉, 신약성경 첫 페이지에 이미 여섯 번이나 다윗이라는 이름이 나와 있다. 그 밖에도

> 두 소경이 예수님을 따라오면서 큰 소리로 "다윗의 후손이시여, 우리를 불쌍히 여겨 주십시오." (마태복음 9 : 27)
> 다윗의 후손에게 호산나! (마태복음 21 : 9)
> 예수님은 그들에게 "너희는 그리스도에 대하여 어떻게 생각하느냐? 그는 누구의 후손이냐?" 하고 물으셨다. 그들이 "다윗의 후손입니다" 하고 대답하자… (마태복음 22 : 41)

라고 씌어 있으며 마태복음에만 보더라도 다윗의 이름이 나오는 곳이 상당히 많다. 그럼 이 '다윗'이라는 이름은 유대인에게 무엇을 의미할까? 그것은 이스라엘을 융성케 한 왕에의 동경과 함께 하나님

께 바친 수많은 시에 의해 신앙을 표현한 그에 대한 신뢰가 담겨져 있다고 본다. '다윗의 아들'이라고 함은 곧 위대하다는 존칭이며, 상대방을 찬양하는 호칭이었다.

이렇듯 다윗의 몇백 년 후에 태어나신 예수까지도 사람들은 '다윗의 후손'이라고 불렀다. 예수는 자신을 다윗의 후손이라고 불린 데 대해 이의를 주장하신 대목이 성경에 나온다. 당초부터 예수는 하나님의 아들인 그리스도이시다. 단순히 '다윗의 후손'이란 호칭으로 멈출 수 없는 분이시다. 이 다윗은 분명히 신앙의 사람이기는 했지만 갖가지 문제도 많아 예수께 그의 이름을 덧붙일 만큼 거룩한 인간은 아니었다. 왜 다윗의 이름이 이렇게도 사랑을 받는지 나는 도리어 이상스럽게 느껴지기까지 한다.

다윗은 이스라엘 초대 왕인 사울 다음에 왕이 되었던 2대째 왕이다. 사울이 왕이었을 무렵, 다윗은 양을 치는 목동이었다. 성경에 의하면 다윗은 **그는 혈색이 좋고 눈에는 총기가 넘쳐흐르는 잘 생긴 소년이었다.** 그리고, **그는 수금을 잘 탈 뿐만 아니라 기백 있고 용감하며 구변 좋고 용모도 아름다운데다가**라고 했는데 이보다 더욱 중요한 일은 **여호와께서 그와 함께 계십니다**라고 기록되었듯이 확실히 그는 하나님을 신뢰하는 자였다.

사울 왕이 블레셋 인과 싸우고 있을 무렵, 그 적진 중에 골리앗이라는 용맹한 사나이가 있었다. 이 사나이는 사울 군을 향하여 일대일의 결전을 요청해 왔다. 만일 자기를 죽이면 블레셋 군은 사울의 종이 되겠다. 그러나 자기에게 죽임을 당하면 사울 군은 블레셋 인의 종이 되어야 한다고 하는 도전장이다. 어쨌든 상대방은 이름을 떨치고 있는 맹장이므로 자진해서 도전에 응하는 자가 없었다.

이때 다윗은 들에서 양을 지키고 있었는데 아버지 명령으로 형의 진지를 찾아 위문했다. 그러다 골리앗의 도전을 들었다. 모두들 골리앗을 두려워하고 있다는 말을 듣자, 이 미소년은 말했다.

도대체 이 이방 블레셋 사람이 누군데 감히 살아 계신 하나님의 군대를 모욕한단 말입니까?

소년 다윗은 용감하게 골리앗에게로 달려갔다. 다윗은 목동으로서 양을 지키기 위하여 사자나 곰과 여러 번 싸웠던 경험을 갖고 있었다.

나를 사자와 곰의 발톱에서 구원하신 여호와께서는 저 블레셋 사람에게서도 나를 구원하실 것입니다!

다윗은 순수한 신앙으로 하나님을 믿고 있었다. 사울 왕은 다윗에게 자신의 투구와 갑옷을 입히려고 했으나 다윗은 그런 것에 의지하지 않고 돌멩이 다섯 개를 손에 쥐고 골리앗과 대결했다. 골리앗은 다윗을 업신여겼으나 한 개의 돌을 이마에 맞고 어이없이 땅바닥에 쓰러졌다. 이것은 말하자면 다윗의 신앙고백이었다.

이 곳에 있는 모든 사람들도 여호와께서 자기 백성을 구원하는 데 창이나 칼이 필요치 않음을 알게 될 것이다!

라고도 선언하여 다윗은 승리를 얻었다. 그는 이렇게 원래는 신앙의 사람이었다. 이 뒤에 다윗은 사울 왕을 섬기고 왕자 요나단과 서로 진실한 우정을 맺는다. 내가 알고 있는 선교사 가운데 다윗이라는 이름을 가진 분이 계시는데 그 막내둥이는 요나단이란 이름이다. 이 선생님이 자기 자식에게 요나단이라고 이름을 지은 것은 옛날 다윗과 요나단의 아름다운 우정을 본따고 싶었던 것 같다.

사울 왕은 다윗을 높은 자리에 기용했고 또 다윗이 타는 수금소리를 사랑했다. 딸을 다윗의 아내로까지 삼게 했는데 골리앗을 쓰러뜨린 다윗은 그 뒤에 싸울 때마다 무용을 발휘하여 명성을 떨치게 되자, 사울 왕은 이를 질투하여 마침내 미움 끝에 죽이려고까지 마음먹는다. 다윗은 위험을 알아채고 사울 왕 앞을 피하여 유랑한다. 사울 왕은 3천 명이나 되는 군사를 이끌고 다윗을 쫓았다. 그러다가 사울 왕은 우연히 굴에 들어가서 낮잠을 잤다(일설에는 배변했다고 되어 있다). 그런데 그 굴의 깊숙한 안쪽에는 다윗과 그 부하들이 숨어 있었다. 밝은 바깥에서 들어왔던 사울의 눈에는 다윗과 그 부하들을 확인할 수 없었던 것 같다. 부하들은 좋은 기회이니 사울 왕을 죽이자고 말한다. 그러나 다윗은 왕의 옷자락만 살짝 베어 냈을 뿐이다. 사울이 굴에서 나가자 다윗은 뒤에서,

"내 주 왕이여!"

하고 외쳐 부른다. 자신의 목숨을 노리는 사울을 '내 주 왕이여'라고 부르는 다윗의 심정은 애처롭기 짝이 없다. 더구나 사울이 뒤돌아보자 다윗은 땅바닥에 엎드려 잘라낸 옷자락을 보이면서 살의가 전혀 없었음을 표명한다. 무정한 왕도 다윗의 충성에는 눈물을 흘렸다. 그 뒤에도 여러 가지 파란이 있는데 이것은 사무엘서에 자세히 묘사되어 있다. 사무엘서는 특히 읽기 쉬운 부분이므로 꼭 한 번 읽어 주시기 바란다.

여기까지는 다윗도 매우 훌륭한 인물이었다. 그런데 마침내 영원히 지울 수 없는 죄를 범하고 만다. 그것은 신약성경의 첫 페이지의 계보 속에 명시되어 있다. 이 죄는 아마도 이 지구가 끝나는 날까지 뭇 사람들에게 전해질 것이 분명하다.

다윗은 우리아의 아내에게서 솔로몬을…

마태복음 1장 6절에는 이렇게 기록되어 있다. 이것이 즉 다윗이 우리아의 아내에게 솔로몬이라는 아들을 낳게 했다는 말이다. 다윗은 부하인 우리아로부터 참으로 비정한 방법으로 그의 아내 밧세바를 빼앗았다. 어느 날 해질 무렵 다윗 왕은 낮잠에서 깨어나 왕궁의 옥상을 거닐고 있었다. 그러다가 다윗은 발걸음을 멈추었다. 아름다운 여인이 그 하얀 알몸을 드러내어 목욕하고 있는 것이 보였다. '저 여인은 누굴까?' 다윗은 마음이 뛰었다. 당장 그 여인의 신원을 조사해 보니, 여인은 부하인 우리아의 아내임을 알아 냈다. 다윗은 서슴지 않고 이 여인을 불러들였다. 남의 아내와 자거나 남의 남편

과 자거나 하는 일은 현대에는 별로 드문 이야기가 아니게 되었다. 그러나 그것은 엄연한 죄이다. 결코 죄가 되지 않는 것이 아니다. 어디까지나 죄이다.

한편, 이 다윗도 다윗이지만 밧세바라는 여인도 문제가 있다. 왕궁의 옥상에서 내려다보고 아름다운가 아름답지 않은가를 식별할 수 있는 거리이므로 결코 먼 곳이 아니다. 그 곳이 밧세바의 정원이었는지 개울이었는지 모르겠지만 아무튼 왕궁 근처가 아닌가? 옥상에서 내려다보였다면 밑에 있는 밧세바에게도 다윗의 모습이 보였을 것이다. 다윗은 그 날 처음 옥상에 나타났던 것은 아닐 것이다. 그렇다면 밧세바는 다윗이 매일 그 시각에는 옥상에 나타남을 알고 있지 않았을까? 자기 남편 우리아는 싸움터에 나가고 잠시 집을 비우고 있다. 밧세바는 모든 일을 계산에 넣고 사람이 보이는 곳에서 몸을 씻고 있었던 것이 아닐까?

성경에는 밧세바가 **부정해진 몸을 씻고**라고 기록되어 있다. 생리가 막 끝난 뒤였는지도 모른다. 이유는 어쨌든 사람 눈에 띄지 않는 곳에서 몸을 씻을 수도 있었을 것이다. 밧세바는 다윗과 동침하고 곧 임신했다. 남편이 싸움터에 나가 있는데 임신한 것이다. 다윗은 당황했다. 모세의 십계에는 **간음하지 말아라. 너희 이웃의 아내를 탐을 내서는 안 된다**라고 했다. 숨기고 저지른 죄가 드러나게 되면 비록 왕일지라도 큰일이 아닐 수 없다. 다윗은 자신의 죄를 감추기 위해 어떻게 했는가? 당장 싸움터에 있는 우리아를 소환했다. 그리고 "오늘 밤은 집에 가서 푹 쉬라"고 그의 노고를 위로하는 척 말했다. 그러나 우리아는 진실한 사람이었다.

"나의 상관 요압이나 전우들이 야영하고 있을 때에 나만 태평스럽게 집에 가서 아내와 함께 잘 수는 없습니다."

그는 그렇게 말하면서 다윗 왕의 집 입구에서 다른 부하들과 함께 잤다. 이튿날도 우리아는 아내인 밧세바 곁으로 가지 않았다. 이렇게 되면 며칠을 이 곳에 두어도 우리아는 결코 아내와 자지 않을 듯했다. 다윗은 사흘째되는 아침에 우리아를 불렀다. 그리고 그의 상관 요압 앞으로 보낼 편지를 우리아에게 전했다.

그 편지에는 이같이 씌어 있었다.

"우리아를 격전의 최전선으로 보내어 그를 전사케 하라."

아무것도 모르는 우리아는 그 편지를 요압에게 전하고, 드디어 비참하게도 다윗이 지시했던 대로 전사당하고 만다. 이렇게 하여 다윗은 밧세바를 자기 아내로 삼았다. 다윗에게는 이미 여러 명의 아내가 있었다. 그럼에도 불구하고 충성스러운 부하를 죽이기까지 하여 밧세바를 아내로 삼은 것이다. 이 다윗의 죄를 날카롭게 지적한 이가 바로 예언자 나단이었다. 이러한 다윗도 하나님의 격노하신 말씀에는 두려워서 부들부들 떨며 그 죄를 깊이 참회했다. 이때의 시가 유명한 시편 51편이다.

어느 날 예언자 나단은 다윗 왕에게로 왔다. 나단은 다윗 왕이 부하인 우리아를 모살하여 그의 아내 밧세바를 자기 아내로 삼았음을 듣고 격분하여 왕 앞에 나타났던 것이다.

나는 사실 성경을 처음 읽었을 무렵에 예언자라고 함은 점장이가 아닌가 하고 착각하였다. 즉 어느 달 어느 날, 어디어디에서 지진이 일어난다고 예언한다든가, 누구누구를 죽인 범인은 어디에 사는 어떤 놈이라든가 하고 점장이처럼 맞히는 사람으로 생각하고 있었다. 그런데 예언자라고 함은 '하나님의 말씀을 맡고 있는 자'임을 알게 되었다.

참고로 「새성서 대사전」을 펴보자. '하나님의 명령을 알리는 자' '하나님의 대변자' '여호와(하나님의 이름)와 백성과의 진실한 인간관계를 수립함을 가르치는 자'라고 씌어 있다. 또 '선견자'라고도 씌어 있으며, '예언자는 미래를 말하는 임무도 띠고 있다'고 되어 있다. 사실상 구약성경에는 '이대로 죄 속에 있으면 멸망이 있을 뿐'이라는 경고를 항상 발하고 있었고, 이 튼튼한 거리도 이렇게 멸한다고 하는 그 예고대로 되었던 사실도 수없이 많다. 그리스도 탄생도 예고된 일이다. 그러나 결코 그것은 이른바 점치는 말과는 달랐다. 어디까지나 진정한 실재자인 하나님의 말씀을 위탁받아 고한 사람이다. 신약성경의 마태복음에는 예언의 성취라는 말이 여러 번 나온다. 어떠한 예언이 어떻게 이루어졌는지 다시 한 번 읽어 볼 필요가 있다.

어쨌든 예언자란 자신의 말을 하는 것이 아니라 하나님께서 지시하신 말씀을 그대로 고하는 사람이다.

나단은 다윗의 상담역이다. 고문 격이라고 해도 좋을 것이다. 다윗은 하나님을 두려워하고 있었으므로 나단을 통하여 하나님의 말씀을 듣는 일이 많았을 것이다. 말하자면 나단은 다윗의 인생의 스승이다. 그러한 나단이 몹시 화를 내고 다윗을 찾아온 것이다. 그러나 그는 화를 억누르고 아무렇지도 않다는 듯이 말을 꺼낸다.

"왕이여, 세상에는 이런 기막힌 이야기가 또 있을까요?

그것은,

    어떤 성에 두 사람이 있었습니다. 한 사람은 양과 소를 아주 많이 가진 부자였고 다른 한 사람은 자기가 사서 기르는 어린 암양 한 마리밖에는 아무것도 가진 것이 없는 가난한 사람이었습니다. 그러나 그 암양은 온가족의 애완 동물이 되어 식구들과 함께 같은 상에서 먹고 마셨으며 주인은 마치 자기 딸처럼 그 양을 부둥켜안고 귀여워했습니다. 그런데 최근에 그 부잣집에 손님 한 분이 찾아왔습니다. 그러자 그 부자는 자기의 양과 소는 아까워서 잡지 못하고 한 마리밖에 없는 그 가난한 사람의 암양을 빼앗아다가 그것을 잡아서 손님을 대접하였습니다.

왕이여, 당신은 이 말을 듣고 어떻게 생각하십니까?"

다윗은 가난한 자를 동정한 나머지 크게 분노하여 말했다.

"그 부한 자는 죽임을 당해 마땅하다."

그때 나단은 목소리를 높여 날카롭게 말했다.

"왕이여, 다름 아닌 당신이 그 부자입니다. 왜 당신은 여호와의 말씀을 업신여기고 악을 행했습니까? 당신은 우리아를 죽이고 그의 처를 빼앗아 당신의 처를 삼았소."

예언자 나단은 다시 말했다.

"또 여호와께서 이렇게 말씀하셨습니다. '내가 너에게 분명히 말하지만 내가 네 집안에서 너에게 미칠 화를 불러일으키고 또 네가 보는 앞에서 네 처들을 너와 가까운 사람에게 주겠다. 그가 밝은 대낮에 네 처들을 욕보일 것이다.'"

순식간에 안색이 바뀐 다윗은,

"아! 내가 여호와께 죄를 범하였노라!"

하고 하나님 앞에 참회하고 빌었다.

이 대목의 이야기는 사무엘하 11장, 12장에 상세하게 그려져 있다. 시편 51편이 바로 이때의 회한의 마음을 통절하게 읊은 시이다.

여기서 내가 감탄하는 것은 왕의 자리에 앉아 있는 다윗에게 서슴지 않고 하나님의 말씀을 제시하고 꾸짖는 예언자의 당당한 태도이다. 일본에서 천황이나 장군에게 이같이 단호한 태도를 취할 수 있는 종교가가 일찍이 있었을까? 드물게 그러한 인물이 있었을지 모른다. 그러나 이스라엘에는 나단뿐만 아니라 모세를 비롯하여 사무엘, 예레미아, 아모스, 엘리야 등등 왕과 모든 권력을 두려워하지 않고 오로지 하나님 말씀에 순종한 예언자가 대대로 나타났다. 현대의 우리 신자 역시 한 사람 한 사람이 진정으로 목숨을 걸고 하나님 말씀에 귀를 기울이고 하나님의 거룩한 뜻을 세상에 고하는 자가 되어야 한다. 그것이 예언자적 자세이며 '만인 제사장'의 사명이 아닐까? 그때의 권력자를 두려워하지 않고 세상의 눈이나 직장의 상사조차 두려워하지 않고 하나님의 마음에 맞는 발언을 한다는 것은 자기 중심으로서는 도저히 할 수 없는 노릇이다. 그러므로 더욱 더 하나님께 의뢰하지 않으면 안 된다.

다윗은 예언자 나단의 꾸중을 듣고 곧 하나님 앞에 참회했다. 다윗이 우리아를 죽이고 그 아내를 빼앗았다는 일은 물론 용서할 수 없는 일이다. 그러나, 예언자 나단에게 질책당했을 때에 그가 취했던 태도는 갸륵할 만큼 솔직했다.

"내가 여호와께 범죄하였습니다."

오직 한 마디 다윗은 이렇게 말했다. 그는 아무런 변명도 하지 않았다.

우리는 무엇인가 잘못을 저질렀을 때 단 한 마디라도 "내가 잘못했습니다. 제발 용서해 주십시오"라고 말하면 좋을 텐데 여간해서 그렇게 하지 않는다. 나는 내 자신을 돌아보며 그렇게 생각한다. 원고를 마감날에 맞추지 못했을 때 "몸이 불편해서 마감날을 지키지 못했어요…"하고 변명을 한다.

확실히 몸이 약한 나는 컨디션이 나쁘기라도 하면 어깨가 뻐근한 증상이 가속적으로 심해져서 손가락 끝이 펜을 쥘 수 없을 만큼 아파서 반창고로 펜을 손가락에 동여 매야만 할 때가 있다. 이렇게 되면 설사 마감날이 임박하더라도 하루쯤 푹 쉬기로 하고 있다. 속으로는 '난처하게 됐구나' 하고 생각은 하지만, 한편 '목숨까지 팔아 넘기겠다는 약속은 하지 않았다'고 배짱을 부리는 듯한 경향도 있다. 그리고 이것저것 다 팽개치고 푹 자버리는 경우가 있다. 그 결과 마감날에 늦어서 '몸이 불편해서…'라는 변명이 나온다. 하루 잠 잤던 일이 꺼림칙하여 변명을 하는 것이다.

뭔가 선물을 받고 인사장이 늦었을 때도 '분주한 나머지 경황이 없어서…' 따위로 인정머리 없는 변명을 늘어놓는다. 사람을 죽여도, 도둑질을 하더라도, 인간은 뭔가 변명을 늘어놓고 자기가 진정으로 나빴다고 여기지 않는다. 상대방도 나쁘다고 말하고 싶어한다. '그

13. 시편, 다윗왕의 공로와 죄

놈이 나를 괴롭혔으니 죽였다'든가, '자물쇠가 잠겨져 있지 않기에 나도 모르는 사이에 들어가서 훔쳤다'든가, 심지어 '죄를 범한 내가 뭐가 나쁘냐? 사회가 나쁘단 말이야'라는 등 참으로 엉뚱한 소리까지 한다. 인간은 여간해서 두려워할 줄을 모른다. 다른 사람이 자신과 같은 입장이라면 이런 죄를 범하지 않았을 텐데 하고 겸손하게 생각하려 하지 않는다. 실제로 나보다 몸이 약한 사람도 마감일에 늦지 않을지도 모르며, 더 분주한 사람이라도 인사장을 일찌감치 쓸지도 모른다.

괴로움을 당했으니 죽였다는 사람보다도, 더 심하게 괴롭혀도 죽이지 않는 사람은 얼마든지 있을 것이므로, 생각해 보면 변명이란 전적으로 자기 중심적인 생각에서 나오는 것이다. 어떻게 해서든지 자기를 정당화하려고 생각하며 자기에게도 할 말이 있다고 생각하기에 나는 별로 나쁘지 않다, 아니 나는 정당하다는 기분이 앞서는 생각인 듯하다. 그러기에 깨끗이 한 마디, "잘못했습니다"라는 말이 나오지 않는 것이다. 그것을 다윗은 말할 수 있었다. 왕 위에 있는 그는 그 권력을 가지고 흑을 백이라 말할 수도 있었을 것이고, 나단을 말살해 버리려고 마음만 먹었다면 그것도 가능했을 것이다. 그러나 그는 하나님을 두려워하여 예언자의 질책 앞에 머리를 숙였다.

일급 정치가가 되는 자격의 하나로서 '비판에 귀를 기울이는 자세'가 필요하다는 말을 들었다. 일본의 정치가들 중에 허심 탄회하게 '비판에 귀를 기울이는' 사람이 도대체 몇이나 될까? 아니 정치가가 아니더라도 자신에 대한 비판에 솔직하게 귀를 기울이는 인간은 우리 서민들 중에서도 좀처럼 없다. 하물며 권력을 가진 자가 비판하는 자를 투옥하거나 반대자를 부당하게 처형해 버리는 일은 역사상 드물지 않다. 이른바 공포정치란 것이 그것이다. 소련의 숙청이나 일본의 전시 중 등은 그 현저한 예다.

다윗은 왕임에도 불구하고 나단에게 권력을 휘두르지 않고 그를 두려워했다. 역시 이 태도를 우리는 겸허하게 배워야 한다. 나는 지금 새삼스럽게 생각한다. 시편 51편은 이럴 때에 다윗이 읊은 시이다. 감동받은 것은 당연할지도 모른다. 이 시를 처음 알았을 때, 나는 아직도 다윗에 관해서 잘 모르고 있었다.

신약성경에는 「시편부」라고 하여 구약성경의 시편을 권말에 수록하고 있는 것이 있다. 나는 「시편부 신약성경」에서 이 시편 51편을 읽은 것으로 기억한다. 그러나 사정은 잘 모르지만 몹시 감동받고 마음이 끌렸다.

이 시는 '참회의 노래'로 유명하다. 자신의 죄로 울며 사죄를 바라는 사람이라면 큰 공감과 위로를 받을 것이다.

> **하나님이시여,**
> 주의 한결같은 사랑으로
> 나를 불쌍히 여기시며
> 주의 크신 자비로
> 내 죄의 얼룩을 지워 주소서.
> 나의 모든 죄악을 씻어 주시며
> 나를 죄에서 깨끗하게 하소서.
>
> 나는 내 잘못을 인정하며
> 항상 내 죄를 의식하고 있습니다.
> 내가 오직 주에게만 범죄하여
> 이런 끔찍한 일을 하였습니다.
> 주께서 이 모든 것을 다 보셨으니
> 주의 말씀은 옳고
> 주의 심판은 정당합니다.
> 나는 태어날 때부터 죄인이었으며
> 우리 어머니가 나를 밴 순간부터

죄성을 지니고 있었습니다.
주는 중심에 진실을 원하십니다.
내 마음 깊은 곳에
지혜를 가르치소서.

우슬초로 나를 정결하게 하소서.
내가 깨끗할 것입니다.
나를 씻기소서.
내가 눈보다 희게 될 것입니다.
내가 즐겁고 기쁜 소리를
듣게 하소서.
비록 주께서 나를 꺾어 벌하셨으나
내가 기쁨을 되찾을 것입니다.
내 죄에서 주의 얼굴을 돌리시고
나의 모든 죄를 씻어 주소서.

하나님이시여, 내 속에
깨끗한 마음을 창조하시고
내 안에 확고한 정신을
새롭게 하소서.
나를 주 앞에서 쫓아내지 마시고
주의 성령을 내게서 거두지 마소서.
나에게 주의 구원의 기쁨을
다시 주셔서
기꺼이 주께 순종하게 하소서.
그러면 내가 죄인들에게
주의 계명을 가르칠 것이며
그들이 주께 돌아올 것입니다.

하나님이시여,
나의 구원의 하나님이시여,
사람을 죽인 죄에서
나를 구하소서.
내가 주의 의를 노래하겠습니다.
여호와여, 내 입술을 열어 주소서.
내가 주를 찬양하겠습니다.
주께서는
제사를 원치 않으십니다.
만일 주께서 원하셨다면
내가 그것을 드렸을 것입니다.
주는 불로 태워 바치는 번제도
기뻐하지 않으십니다.
하나님이 원하시는 제사는
상한 심령입니다.
주께서는 겸손하게 뉘우치며
회개하는 마음을
업신여기지 않을 것입니다.

시온에 주의 은혜를 베풀어
예루살렘성을 쌓게 하소서.
그때는 주께서
의로운 제사와
온전한 번제를 기뻐하실 것이므로
주의 단에 수소를 드려
제사할 것입니다.

내가 이 시를 처음 읽었을 때 가장 공감한 대목은

13. 시편, 다윗왕의 공로와 죄

  나는 내 잘못을 인정하며 항상 내 죄를 의식하고 있습니다… 나는 태어날 때부터 죄인이었으며 우리 어머니가 나를 밴 순간부터 죄성을 지니고 있었습니다.
라는 것이었다.
  나는 구태여 나의 죄를 이모저모 헤아려 보지는 않았다. 또한 나는 이른바 불의의 자식은 아니다. 그러나 나는 나라고 하는 존재가 바로 죄라고 생각하고 있었다. 정수리부터 발끝까지 죄로 더러워진 인간이라고 생각하고 있었다. 어딘가 일부분이라도 깨끗한 곳이 있다고 여기지 않았다. 그러기에 이 말에 깊은 감명을 받고 있었다. '나 같은 인간을 구해 주시는 하나님이 계실까?' 나는 늘 이렇게 생각하며 나 자신을 자책하고 있었다. 그것이 그리스도의 사랑을 알고 나서 변했다.
  우슬초로 나를 정결하게 하소서. 내가 깨끗할 것입니다.
  나를 씻기소서. 내가 눈보다 희게 될 것입니다.
라는 말이 자주 입 밖에 나오게 되었다. 하나님만이 나의 죄를 깨끗이 씻어 주시는 데에서 참된 기쁨을 느꼈다.
  차츰 신앙의 연조가 거듭되어 순진한 신앙에 때가 묻게 되었을 무렵, 나는 이 51편의 다른 말에 마음이 찔렸다. 그것은 **하나님이 원하시는 제사는 상한 심령입니다**라는 구절이었다. 또 다윗과 같이, **나는 내 잘못을 인정하며 항상 내 죄를 의식하고 있습니다**라는 겸손한 말이 나오지 않아 부끄러웠다. 읽을 때마다 이 51편은 새롭다. 어쩌면 나는 평생 이 시를 애송할 것이다.
  그런데 이토록 마음에 와 닿는 시를 읊은 다윗을 내가 좋아하게 되지 않는 까닭은 무엇일까? 그것은 역시 내가 우리아를 동정하고 우리아를 죽인 다윗에게 용서할 수 없다는 심정을 가졌기 때문이리라. 하나님이 용서하신 다윗을 용서할 수 없다는 것은 불손한 일이다. 다윗을 용서하지 못한다는 심정은 내가 나의 친지나 친구 등 가까운 사람들에 대해서도 이같이 판단하는 마음을 가지고 있다는 증거일지도 모른다. 진정으로 내가 이 시를 이해할 수 있을 때는 곧 다윗을 용서할 수 있는 때인지도 모른다. 다윗을 용서치 못하는 동안은 이 시를 좋아할 자격이 없을지 모른다.

어거스틴을 비롯하여 신앙이 돈독한 선각자들은 이 51편을 사랑했다. 어떤 사람들은 임종의 자리에서 이 시를 암송하면서 승천했다고 한다. 이들은 분명코 상한 심령을 간직한 위인들이었다고 생각된다. 어느 하루 틈을 내어 성경의 심장부라고도 일컫는 시편을 펼쳐 놓고 자기가 좋아하는 시를 찾아내 주시기를 바라는 바이다.

14. 잠 언

 시편 다음에 편집되어 있는 잠언에 관해 말해 보고자 한다. 잠언이란 사전에 의하면 '가르쳐서 훈계하는 말', '교훈의 뜻을 포함한 짧은 글귀'라고 되어 있다. 즉 명언이라든가 금언 또는 격언, 속담 따위다. '천리길도 한 걸음부터' '효행을 하고 싶을 땐 부모는 없다'라는 둥도 잠언이라 말할 수 있다.
 잠언은 장황한 문장과는 달리 짧은 글귀이므로 기억하기가 쉽다. 좋은 잠언을 많이 가슴에 새겨 두면 삶의 방식에 큰 영향을 받게 될 것이다. 나는 성경은 어렵다든가 구약성경은 질색이라고 여기고 있는 사람에게는 "그럼, 잠언을 읽어 보세요"라고 권면하고 싶다.
 이것마저 어렵다고 말하는 사람이 있다면 그 사람에게는 이미 독서 의욕이 없다고 단정할 수밖에 없다. 물론 잠언이 쉽다고 함은 그 어구에 대한 이해에 관해서이고, 이를 실행하는 어려움은 또 별개의 문제이다. 어쨌든 잠언은 이해하기 어려운 문장은 아니다.
 나는 성경 속의 잠언만이 아니라 일반적인 잠언도 좋아한다. 소설 「속·빙점」에도 "일생을 마친 뒤에 남는 것은 우리가 모아 놓은 것이 아니라 우리가 준 것이다"라는 제럴 샹드리의 말을 인용하였다. 특히 「돌아오지 않는 바람」이란 소설에는 일부러 다양하게 잠언을 사용했다. 예를 들어 '그대가 입을 열고 말할 때, 그 말은 침묵보다

가치있는 말이어야 한다' '젊음이란 성장을 일컫는다. 무엇을 향해 성장하느냐, 그것이 젊은이의 과제이다' '기름진 땅에서는 잡초가 돋는다' '우리는 모두 남의 불행은 꾹 참고 보고 있을 수 있을 만큼 마음이 강하다' 등등 수많은 잠언을 사용하였다. 좋은 말을 가슴에 새기고 있다는 것은 돈을 저축하는 것보다 소중한 일이라고 생각하기 때문이다.

그런데, 성경의 잠언은 구약 중에서 약 35페이지에 걸쳐 꽉 채워져 있다. "잠언은 마치 보석이 빈틈없이 차 있는 상자와 같은 것이어서 반짝반짝 빛나는 말로 가득 차 있다"라고 말한 사람이 있다. 물론 그것은 성경 전체에 관해서도 말할 수 있다.

생각해 보면 이들 성경의 말에는 생명이 있다. 결코 죽어 있지 않다. 우리들의 마음의 눈을 뜨게 하고, 격려하고, 위로하고, 어느 때는 찡하고 가슴을 찌른다.

여기서 나는 마음에 감동을 준 잠언에 관하여 언급하고자 한다. 성경 가운데 잠언의 저자는 솔로몬 왕이라고 전해지고 있으나 사실은 솔로몬 왕 혼자만의 저작은 아니다. 잠언 31장 중 24장까지는 솔로몬, 25장부터 30장까지는 유다의 왕 히스기야의 신하가 편집한 솔로몬의 말, 31장은 마사의 왕 르무엘의 말이다. 그러니까 성경 가운데 잠언의 대부분은 솔로몬 왕의 말인 셈이다. 그렇다면 이 솔로몬 왕이란 어떤 왕이었을까?

솔로몬은 시편의 항에서 말했던 다윗의 아들이다. 그는 다윗이 충신 우리아를 모살하여 얻은 우리아의 아내 밧세바와의 사이에 태어난 아들이다. 밧세바가 낳은 최초의 아이는 태어나자마자 곧 죽었다. 예언자 나단이 다윗에게, '그대는 이 행위로 인해 하나님을 크게 모욕했으므로 그대가 낳을 아이는 반드시 죽을 것이오'라고 말했던 대로 죽었다. 그 다음에 밧세바가 낳은 아이가 솔로몬이다.

다윗은 회개하여 시편 51편 같은 뛰어난 참회시를 지었다. 그럼에도 불구하고 태연스럽게 밧세바에게 자식을 낳게 했다. 이 부분이 어쩐지 나로서는 납득되지 않는다. 왜 밧세바와 헤어지지 않았을까? 이미 우리아가 죽은 뒤이기에 되돌려 줄 수도 없으니 그대로 아내로 삼고 있었던 것일까?

 이 석연치 않은 상황 속에서 태어난 솔로몬이 다윗의 뒤를 이어 왕이 되었다. 다윗에게는 다른 여자와의 사이에 태어난 솔로몬의 배 다른 형이 여러 명 있었다. 그런데도 밧세바가 낳은 솔로몬이 왕이 되었다. 얼마나 다윗이 밧세바에게 반해 있었는지를 알 수 있다. 아무튼 이 솔로몬은 하나님을 믿고 있었다. 하나님이 꿈에 나타나서,

내가 너에게 무엇을 주었으면 좋겠는지 말해 보아라.

라고 말씀하셨을 때 솔로몬은 하나님께 간청했다.

아직 나는 어린 아이와 같아서 내 직무를 어떻게 수행해야 할지 모르고 있습니다. 게다가 내가 다스릴 주의 택한 백성들은 그 수가 헤아릴 수 없을 만큼 많습니다. 그러므로 주의 백성들을 잘 다스리고 선과 악을 분별할 수 있는 지혜로운 마음을 나에게 주소서. 그렇지 않으면 내가 어떻게 이처럼 많은 주의 백성을 다스릴 수 있겠습니까?

(왕상 3 : 7~9)

 이것은 하기 어려운 말이다. 만일 우리가 하나님에게서 "네게 무엇을 주면 좋겠는가? 말해 봐라"는 말씀을 듣는다면, 무엇을 구할까? 농담이 아니라 진정으로 자신의 가슴에 손을 대고 묻고 싶다. "도대체 나는 무엇을 구하며 살고 있을까?" 한평생 곤란하지 않을 만큼의 돈을 구할까? 권력의 자리를 구할까? 건강을 구할까? 장수를 구할까? 명예를 구할까? 아니면 신앙을 구할까?

 '가내 안전, 사업 번창'이라면, 신사에서 합장할 때 으레 내세우는 소원으로 생각되고 있는 일본에서는 하나님께 우선 무엇을 구해야 할지 전혀 모른다고 함이 실정이 아닐까? 우리 그리스도 신자들도 말로써는 무엇을 구해야 하는지 알고 있지만 현실적 생활에서는 무

엇을 구하며 살고 있는지 알 수 없다는 비난을 받을 만한 생활을 하고 있는 게 아닐까? 이왕 말이 나왔으니 덧붙인다면, 지금까지 솔로몬과 같은 지위, 또는 가까운 지위에 있었던 사람들은 하나님께 무엇을 구하며 살고 있었을까?

그런데 솔로몬의 소원에 하나님은 어떠한 대답을 하셨는가?

너는 오래 살게 해 달라거나 부를 얻게 해 달라거나 아니면 네 원수들을 죽여 달라는 요구를 할 수도 있었다. 그러나 네가 자신을 위해서 이런 것을 구하지 않고 다만 내 백성을 바르게 다스릴 지혜를 구하였으니 내가 네 요구대로 지혜롭고 총명한 마음을 너에게 주어 역사상에 너와 같은 자가 없도록 하겠다.

이것은 솔로몬이 꿈 속에서 들은 하나님의 말씀이었다. 이 꿈 속의 말씀대로 하나님은 솔로몬에게 비길 데 없는 지혜와 더불어 그가 구하지 않았던 부와 지위도 주셨다. 여기서 나는 마태복음 6장 31절 이하의 예수님의 말씀을 상기한다.

'무엇을 먹을까?', '무엇을 마실까?', '무엇을 입을까?' 하고 걱정하지 말아라. 이런 것들은 모두 믿지 않는 사람들이 애써 구하는 것이다. 하늘에 계신 너희 아버지께서는 이 모든 것이 너희에게 있어야 할 것을 다 알고 계신다. 너희는 먼저 하나님의 나라와 그의 의를 구하라. 그러면 이 모든 것을 너희에게 덤으로 주실 것이다.

이 예수님의 말씀대로 솔로몬은 우선 참된 지혜를 구하였기에 구하지 않았던 부와 지위까지 얻었다. 그러면 대체 잠언에는 어떤 말씀들이 기록되었는지 함께 배워 보기로 하자.

잠언 1장 1절에서 6절까지는 잠언에 관한 서문이고 7절이 최초의 잠언이다. 솔로몬은 그 최초의 말을 무엇이라고 쓰고 있는지 우선 7절을 인용해 보기로 하자.

여호와를 두려워하는 것이 지식의 첫걸음이건만…

솔로몬은 '솔로몬의 지혜'라는 말을 세상에 남길 만한 지혜를 하나님께로부터 받았다. 지혜에 있어서 솔로몬을 따를 자가 없었다. 그러한 솔로몬이 "여호와를 두려워하는 것이 지식의 첫걸음이다"라고 말하고 있다. 하나님을 두려워함이 지식의 근본이라는 것이다. 현대 일본에서는 하나님을 믿는다는 것은 비과학적이며 무지한 짓이라고 생각하고 있는 사람이 매우 많다. 그런데 솔로몬은 잠언의 9장 10절에서도,

여호와를 두려워하는 것이 지혜의 첫걸음이요

라고 말하고, 다시 15장 33절에서도,

여호와를 두려워하면 지혜를 얻는다.

라고 거듭 말하고 있다.

'하나님을 믿는 것이 지식의 근본이다', 이것이 잠언의 테마라고 말할 수 있다.

신약성경 고린도전서 8장에,

무엇을 안다고 생각하는 사람은 마땅히 알아야 할 것을 모르는 사람입니다.

라고 바울이 말하였다. 참으로 통렬한 말이다. 확실히 대학을 나오고 전문적으로 배웠어도 마땅히 알 것을 모르고 있으면 정치도 그르치고, 교육도 그르치고, 재판도 그르치게 됨은 당연하다. 반대로 하나님을 알면 그 사람의 판단은 하나님의 마음에 따라 행해지기 때문에 과오는 적어질는지 모른다. 자기 자신이 사랑스러우면 마음의 눈이 어두워지게 마련이다. 인간이 인간을 죽여도 좋은지 어떤지를 알면 전쟁의 존재는 인정되지 않아야 할 것이다. 그런데 문명이 발달한 세계라고 말하면서 대부분의 나라가 군대를 가지고 있다. 진정으로 이성 있는 인간이라면 왜 서로 죽여야만 하는지 의아해할 것이다. 진정으로 나라를 사랑한다는 것은 세계를 사랑하는 것이다. 결코 무기를 가지고 싸우는 일이 아니다. 이런 말을 하면 비웃는 사람이 많다. 그러나 그러한 사람들은 '하나님을 두려워하는 것'을 모

르는 사람이며, '마땅히 알아야 할 일도 모르는' 사람들이리라. 나 자신도 하나님을 모르고, 알아야 할 일을 몰랐기 때문에 저 지긋지긋한 전쟁에 協力하며 청춘 시절을 보냈다.

물론 하나님을 두려워하지 않기 때문에 범하는 과오는 비단 전쟁이나 정치나 재판만은 아니다. 우리 일상생활을 반성해 보면 그런 일을 잘 알 수 있다. 하나님을 믿는 자의 가정의 주인은 하나님이다. 모든 사람이 이 하나님의 마음 그대로 산다면 가정의 모습이 아주 달라질 것이 틀림없다. 하찮은 일로 말다툼을 하지도 않을 것이며 금전 출납에서도 치러야 할 돈은 쾌히 내놓을 것이다. 그러나 유감스럽게도 하나님을 믿는다고 하면서도 참으로 하나님을 두려워하지 않는 우리들은 이따금 하나님을 상기할 뿐, 거의 잊어버리고 어리석은 짓을 되풀이하고 있다.

어쨌든 하나님을 두려워하는 것이 지식의 첫걸음이라고 말한 솔로몬의 지혜는 그것만으로도 뛰어났다고 말할 수 있다. 다음에 그 몇 가지를 추려 보겠다.

  어리석은 자들은 제고집대로 하다가 죽을 것이며 미련한 자들은 자만하다가 망할 것이지만
  너는 마음을 다하여 여호와를 신뢰하고 네 지식을 의지하지 말아라.
  스스로 지혜롭다고 생각하지 말아라. 너는 여호와를 두려워하고 악을 피하라.
  선을 베풀 능력이 있거든 그것을 필요로 하는 자에게 베풀기를 주저하지 말며

만일, 우리의 삶이 이 말을 하나라도 지키면서 사는 일생이라면 얼마나 훌륭한 일이겠는가? 우리들의 손은 자신을 위해서는 무엇인가를 하지만 남을 위해서는 어쩌면 이토록 좋은 일을 하지 않을까. 그리고 어쩌면 이토록 남을 위해 나쁜 짓만 하는 손일까. 만일 이 '손'을 '입'으로 바꾸어 본다면 우리들은 자신의 마음의 근본 자세를

더욱 쉽사리 깨닫게 될 것이다.

올바른 자는 주의 신임을 받는다.

인간인 우리도 옳지 못한 사람은 신용하지 않는다. 아니, 인간인 우리들은 흔히 누가 옳은지 모를 적이 있다.

악인의 집에는 여호와의 저주가 있으나 의로운 자의 집에는 축복이 있다.

비슷한 말에,

겸손한 사람에게 은혜를 베푸신다.

가 있다. 어거스틴은 신앙의 핵심을 질문받고, "첫째도 겸손, 둘째도 겸손, 셋째도 겸손"이라고 대답했다는 말을 들었다. 성 어거스틴이라고 추앙되는 그는 늘 겸손의 어려움을 통감하고 이렇게 말했는지도 모른다. 겸손 없이 하나님의 참된 은혜를 받을 수는 없다. 나도 가끔 나 자신을 반성해 보고 겸손이라는 말만큼 나와 거리가 먼 것은 없다고 부끄럽게 생각한다. 겸손이란 있는 그대로 자기 모습을 인정하는 일이라고 어느 목사님에게서 들은 기억이 난다.

네가 젊어서 얻은 아내를 행복하게 하고 그녀와 함께 즐거워하라. 너는 암사슴처럼 그녀를 사랑스럽고 아름답게 여겨 그 품을 항상 만족하게 여기며 그녀의 사랑을 항상 연모하라.

가정불화의 대부분은 남자가 자기 아내 이외의 여자에게 눈을 돌리는 일에서부터 시작된다. 잠언은 이어,

내 아들아, 네가 무엇 때문에 음란한 여자에게 정을 주어야 하며 남의 아내 가슴을 안아야 하겠느냐?

라고 했다. 정말 왜 그런 짓을 하느냐고 하나님에게 책망받을 일을 많이 한다. 나도 왜 그런지 늘 어리석은 일을 되풀이하고 있다. 이것이 약하고 어리석은 인간의 죄의 모습일 것이다.

여호와를 두려워하는 것이 악을 미워하는 것이다.

주를 두려워하지 않고 악을 가까이하는 인간의 실태는 슬프다.

지혜 있는 자를 책망하라. 그러면 그가 너를 사랑할 것이다.

말이 많으면 죄를 짓기 쉬우니 말을 삼가는 사람은 지혜로운 자이다.

분별력이 없는 여자의 아름다움은 돼지 코에 금고리와 같다.

지혜로운 사람과 함께 다니면 지혜를 얻고 미련한 사람과 사귀면 해를 입는다.

마음이 평안하면 육신도 건강하나 시기하면 뼈마디가 썩는다.

좀처럼 화를 내지 않는 사람이 용사보다 낫고 자기를 다스릴 줄 아는 자가 도시를 정복하는 자보다 낫다.

술을 많이 마시는 자와 고기를 탐하는 자를 사귀지 말아라.

채소를 먹어도 서로 사랑하는 것이 살찐 소를 먹으면서 서로 미워하는 것보다 낫다.

네 원수가 굶주리거든 먹을 것을 주고 목말라 하거든 마실 것을 주어라.

게으른 자여, 개미에게 가서 그 하는 일을 보고 지혜를 얻어라.

등등, 이 책에는 가슴을 파고드는 생명 있는 말씀들이 가득 차 있다. 노트를 펴놓고 여러분 자신의 심금을 울리는 말씀과 감상을 기록해 보는 것도 좋을 것이다.

되풀이 말하지만 이들 잠언은 '하나님을 두려워하고 하나님을 신뢰하는' 마음에서 출발하고 있다.

15. 예 언

 구약성경에는 수많은 예언자(선지자)가 등장한다. 예언자에 관해서는 시편의 항에서 잠깐 언급한 바 있다. 중복되지만 다시 한 번 인용하겠다.

 나는 사실상 성경을 읽기 시작했던 무렵에는 예언자란 '예언을 하는 사람' 즉 점장이를 가리키는 말이라고 잘못 생각하고 있었다. 그러니까 몇월 며칠 어디어디에서 지진이 일어난다고 예언하거나 누구를 살해한 범인은 어디의 어느 놈이라는 등 점쳐서 알아맞히는 자라고 생각하고 있었다. 그런데 예언자란 '하나님의 말씀을 맡은 자'임을 알게 되었다.
 지금 내가 가지고 있는 「새성서 대사전」을 펴보자. '하나님의 명령을 알리는 자' '하나님의 대변자' '여호와(하나님의 이름)와 백성과의 진실한 인간관계를 수립함을 가르치는 자'라고 씌어져 있다. 또 '선견자'라고도 씌어 있다. '예언자는 미래를 말하는 임무도 띠고 있다'라고도 되어 있다. 사실상 구약성경에는 '이대로 죄 속에 있다면 멸망이 있을 뿐'이라는 경고를 항상 발하고 있으며, 이처럼 튼튼한 거리도 이렇게 멸한다고 하는 그 예고대로 되었던 사실도 수없이 많다. 그리스도의 탄생도 예고되고 있다. 하지만 그것은 결코 이른바 점장이가 알아맞히는 것과는 다르다. 어디까지나 진정한 실재자인 하나님의 말씀을 위탁받아 고한 것이다.

여기서 인용했듯이 예언자는 하나님의 말씀을 중개하는 자다. 구약성경의 '예언서'라는 부분에는 예언자의 언어와 행동이 수록되어 있다. 이 예언서는 다음과 같이 크게 나뉜다.

이사야, 예레미야(애가), 에스겔, 다니엘—4대 예언서. 호세아, 요엘, 아모스, 오바댜, 요나, 미가, 나훔, 하박국, 스바냐, 학개, 스가랴, 말라기—등의 소 예언서. 이 대 예언, 소 예언은 질적인 차가 아니라 양적인 차라고 한다. 그리고 이 밖에도 사무엘, 엘리야, 엘리사라는 위대한 예언자가 등장하는데 예언서로서 한데 묶인 부분에는 들어 있지 않다. 위에 든 예언서 중에서 가장 읽기 쉽고 유머러스한 것은 '요나서'이다. 국민학교 3학년 어린이도 능히 읽을 수 있다. 아주 쉽고 재미있는 이야기다. 물론 단순한 '재미있는 이야기'만은 아니다. 그 사람의 신앙의 정도에 따라 무한히 깊은 뜻이 담긴 이야기다.

어느 날 예언자 요나에게 하나님의 말씀이 임하였다.

너는 저 큰 니느웨성으로 가서 그 성이 멸망할 것이라고 외쳐라. 그곳 주민들의 죄악이 하늘에까지 사무쳤다.

그러나 요나는 하나님의 말씀을 전할 자신이 없어서 다시스로 도망쳤다. 다시스로 가는 도중 그가 탄 배가 폭풍을 만났다. 이 폭풍은 자기 때문에 일어났음을 요나는 깨닫고,

나를 들어 바다에 던지시오.

라고 말했다. 사람들이 요나를 바다에 던지자, 이 폭풍은 즉시 그쳤다. 요나는 큰 물고기에 삼켜졌다가 다시 토해졌다. 요나가 토해진 곳은 놀랍게도 니느웨성이었다. 니느웨로 가지 않고 도망칠 생각이었는데 결국 니느웨로 보내진 셈이다. 하나님의 명령은 지구 끝까지

도망치더라도 결코 피할 수 없는 것이다. 니느웨에서 요나는 다시 하나님의 음성을 들었다.

40일 후에는 그 성이 멸망할 것이다!

요나는 명령을 받은 대로 니느웨성으로 가서 고했다. 이 곳은 큰 도시로서 번영하고 있었다. 멸망이란 영원히 닥치지 않을 것 같았다. 일본의 경우라면 도꾜와 같은 곳이다. 사람이 많은 곳에는 죄악도 역시 가득 차게 마련이다. 요나의 말에 니느웨 사람들은 부들부들 떨었다. 하나님을 믿기 시작했다. 부자도 가난한 자도 금식하면서 참회하기 시작했다. 왕도 왕복을 벗고 굵은 베옷을 입고 재 위에 앉아서

사람이나 짐승이나 다 굵은 삼베를 걸칠 것이며 모든 사람들은 하나님께 진심으로 기도하고 각자 자기 잘못을 뉘우치고 악을 버려라. 하나님이 혹시 뜻을 돌이키시고 분노를 거두셔서 우리를 멸망시키지 않으실지 누가 알겠는가!

라고 온 나라에 선포했다. 니느웨성이 모두 참회하는 것을 보신 하나님은 그 뜻을 돌이키셨다. 니느웨성은 멸망을 면하게 되었다. 이것은 보고 요나는 노했다. 자기 말대로 니느웨성이 무너지지 않았으므로 수치스러웠던 것이다. 요나는 초막을 짓고 성읍의 추이를 지켜보았다. 그러나 햇빛이 내리쬐어 몹시 무더웠다. 하나님은 요나를 위해 박 덩굴을 하룻밤 사이에 키우셨다. 그 덕분에 요나는 더위를 피할 수 있었다. 그러나 이튿날 새벽에는 시들어 버렸다. 요나는 더위 때문에 죽기를 바랐다. 이때 하나님은 말씀하셨다.

너는 네가 수고하지도 않았고 키우지도 않았으며 하룻밤 사이에 났다가 그 다음 날 아침에 말라 죽은 그 박 덩굴도 측은하게 생각하였다. 하물며 선악을 분별하지 못하는 사람이 12만 명이 넘고 수많은 가축도 있는 이 큰 니느웨성을 내가 불쌍히 여기는 것이 옳지 않느냐?

요나는 마침내 하나님의 사랑을 깨닫게 되었다.

요나는 처음에 하나님의 말씀을 고하는 일은 '사양하고 싶었던' 것이다. 때문에 배를 타고 도망치려고 했다. 요나만 그랬던 것이 아니다. 성경을 읽어 보면 어떻게 해서라도 하나님의 말씀을 전하기를 사양하고 싶어하는 예언자들의 모습이 눈에 띈다. 사상 첫번째의 예언자라고 말할 수 있는 모세에게,

내 백성을 이집트에서 인도해 내도록 하겠다.

는 하나님의 말씀이 떨어졌을 때, 모세는 말했다.

내가 누구기에 바로에게 가며 이스라엘 자손을 이집트에서 인도해야 합니까?

하며 망설였다. 그리고 다시 주저하면서,

만일 그들이 나를 믿지 않으며 내 말도 듣지 않고 여호와께서 나에게 나타나지 않았다고 말하면 어떻게 합니까?

하나님이 나타나셨다는 표징으로 모세에게 지팡이로 뱀이 되게 하는 능력과 손을 문둥병에 걸리게 하고 고치기도 하시며, 그에게 무엇이든 자유자재로 할 수 있는 능력을 주셨다. 그래도 모세는 다시,

주여, 나는 본래 말을 잘 못합니다. 주께서 나에게 말씀하신 이후에도 내가 그러하니 나는 말이 느리고 혀가 둔한 자입니다."

라고 내키지 않는 대답을 한다. 하나님은,

사람의 입을 누가 만들었느냐? 누가 사람을 벙어리나 귀머거리가 되게 하며, 사람에게 밝은 시력을 주고 맹인이 되게 하는 자가 누구냐? 바로 나 여호와가 아니냐? 자, 가거라! 네가 말할 때 내가 너를 도와 네가 할 말을 가르쳐 주겠다.

그래도 모세는,

주여, 제발 다른 사람을 보내소서.

라고 거절하여 하나님의 꾸중을 들었다. 예레미야도,

네가 태어나기도 전에 너를 구별하여 온 세상의 예언자로 세웠다.

라는 하나님의 말씀을 들었으나,
　　　여호와 하나님이시여, 나는 아직도 어려서 말할 줄도 모릅니다.
라고 망설인다. 아마도, 모세, 예레미야, 요나들의 곤혹은 어느 예언자라도 겪었음에 틀림없다. 왜 그들은 하나님의 말씀을 전하기를 주저했을까? 피하고 싶었을까? 또 두려워했을까?

　첫째로, 그것은 너무나 무거운 책무였기 때문이리라. 하물며 하나님의 말씀을 중개한다는 일은 신앙이 깊을수록 두렵고, 그 임무를 감당할 수 없다고 생각함이 당연하다. 더구나 남들에게는 미치광이 취급을 받을지도 모른다. 또 조소를 받는다. 때로는 미움을 받기도 한다. 바른 소리는 귀에 따갑다. 부모에게서나 형제에게서 또는 친구, 직장의 상사나 동료에게서 조금 주의를 듣기만 해도 발끈하여 미워하는 것이 인간이다. 이 같은 인간에 대해 예언자는 하나님의 말씀을 에누리 없이 중개해야 한다. 예를 들면,

　　　유다의 지도자들과 왕자들과 이방인의 옷을 입은 자들을 벌할 것이다.
　　　　　　　　　　　　　　　　　　　　　　　(스바냐)
　　　요새들을 태울 것이다.　　　　　　　　　(아모스)
　　　내가 너를 치며 전무후무하게 벌을 내릴 것이다.　(에스겔)

등으로 똑똑히 말해야 한다. 이런 말을 듣고 왕이나 관리들이 노하지 않을 리가 없다. 자신이 포학하면 포학할수록 격노할 것이다. 예언자의 대다수가 최후에는 살해당했다고 전해지는데 이는 당연하다. 사실상 우상숭배에 저항하여 아합왕을 맹렬히 경고한 엘리야는 끊임없이 생명의 위협을 받았다. 또 타오르는 불 속에 던져진 자, 혹은 사자굴에 내던져진 다니엘에 관한 일 등이 성경에 기록되어 있다.

　예언자가 된다는 것이 얼마나 힘든 일이었는지는 이것만으로도 알 수 있다. 망설이는 것도 무리가 아니다. 더구나 요나의 니느웨성 때처럼 하나님의 예언이 철회될 때도 있다. 예언이 철회되면 사람들

은 그 예언자를 비웃었다. 이 때문에 번민한 예언자가 예레미야다. 그런데 예언자들은 온갖 일을 예언했다. 그리고 많은 예언이 이루어졌다.

예를 들면 바빌론은 '위대한 성읍'이라고 일컬어졌던 번영의 도시였다. 경제적으로도 번영했지만 악이 번영한 성읍이기도 했다. 그 바빌론의 성읍에서 예레미야는 외쳤다.

나 여호와는 너의 대적이다. 내가 너를 잡아 절벽에서 굴려 내리고 불 탄 산처럼 만들어 버리겠다.

바다가 바빌론을 뒤엎고

성난 물결이 그것을 덮어 버렸다.

그 성들이 황폐하여 메마른 사막처럼 되었으니

아무도 그 곳에 사는 자가 없고 그리로 지나 다니는 자도 없다.

바빌론에 관하여 예레미야는 많은 예언을 하고 있는데, 이것은 그 일부에 지나지 않는다. 그러나 예레미야가 예언했을 때 누가 이 예언을 믿었던가? 한창 번영을 누리고 있을 때는 이 예언도 비웃음을 당하고 있었을지 모른다. 하지만 창녀라고 불리울 만큼 타락한 성읍 바빌론은 현재 분명히 사막이 되어 지하에 묻혀 있다. 그런데 지하의 수맥이 높아서 파내려가기도 어렵다고 한다.

이것은 일례인데 예언자들의 두로, 베델, 그 밖의 성읍이 멸망하는 예언도 너무나 예언대로 성취되고 있다. 예언자들은 이 밖에 갖가지 일을 예언하고 있다. 특히 그리스도인… 아니, 전인류에게 가장 중요한 예언은 그리스도에 관한 예언이다.

신약성경을 읽어 보면,

이 모든 일이 일어나게 된 것은 하나님이 예언자를 통해서 말씀하신 예언이 이루어지도록 하기 위해서였다. (마태복음 1 : 22)

이렇게 해서 예언자 예레미야의 다음과 같은 예언이 이루어졌다.

(마태복음 27 : 9)

등과 같은 말이 수없이 많이 나온다. 이것은 즉 그리스도의 탄생과 수난, 죽음, 부활 등에 관하여 기원전 몇백 년이나 그 이전에 예언되고 있는데, 그 예언대로 그리스도는 탄생하셨고 십자가에 매달리셨고 부활하셨다. 아무리 신약성경을 되풀이 읽어도 이 예언자들의 예언을 모르면 그리스도에 관해서 모르는 것이다. "구약 속에 신약이 숨겨져 있고, 신약 속에 구약이 나타나 있다"라고 말한 사람이 있는데, 신·구약을 서로 하나로 연결지어 볼 때 비로소 분명해진다. 그것이 바로 모든 사람의 마음을 울리는 저 이사야서 53장이다.

우리가 전한 것을 누가 믿었으며 여호와의 능력이 누구에게 나타났는가? 그는 연한 순처럼, 마른 땅에서 나온 줄기처럼 주 앞에서 자랐으니 그에게는 풍채나 위엄이 없고 우리의 시선을 끌 만한 매력이나 아름다움도 없다. 그는 사람들에게 멸시와 천대를 받고 슬픔과 고통을 당하는 사람이 되었으니 사람들이 그를 외면하고 우리도 그를 귀하게 여기지 않았다.

그는 우리의 질병을 지고 우리를 대신하여 슬픔을 당하였으나 우리는 그가 하나님의 형벌을 받아 고난을 당하는 것으로 생각하였다. 그가 우리의 죄 때문에 찔림을 당하고 상처를 입었으니 그가 징계를 받음으로 우리가 평화를 누리게 되었고 그가 채찍에 맞음으로 우리가 고침을 받았다. 우리는 다 길 잃은 양처럼 제각기 잘못된 길로 갔으나 여호와께서는 우리 모든 사람의 죄를 그에게 담당시키셨다.

그가 곤욕을 당하면서도 침묵을 지켰으니 도살장으로 끌려가는 어린 양과 털 깎는 사람 앞에서 잠잠한 양처럼 그의 입을 열지 않았다. 그가 체포되어 심문을 당하고 끌려갔으나 그 세대 사람들 중에 그가 죽임을 당하게 된 것이 자기들의 죄 때문이라고 누가 생각했겠는가? 그는 범죄하거나 거짓말을 한 적이 없었으나 악인들처럼 죽임을 당하여 부자의 묘실에 묻혔다.

여호와께서 말씀하신다 : "그가 상처를 입고 고통을 당한 것은 내 뜻이었다. 그가 죄를 속하는 희생제물이 되면 그는 자손을 보게 될 것이며 그의 날이 장구할 것이니 그를 통해 내 뜻이 성취될 것이다. 그는 자기 영혼이 고통을 당해 얻어진 결과를 보고 만족스럽게 여길 것이다. 나의 의로운 종은 자기 지식으로 많은 사람을 의롭게 하며 그들의 죄를 담당할 것이다. 그러므로 내가 강하고 위대한 자들의 영예를 그에게 주겠다. 그는 기꺼이 자기 생명을 바쳐 범죄자처럼 되었으며 많은 사람들의 죄를 짊어지고 그들이 용서받도록 기도하였다."

나는 이 이사야서 53장을 읽고 가슴이 뜨거워 몇 번이나 눈물을 흘렸던가? 여기에는 예수 그리스도의 상이 뚜렷이 그려져 있다. 그것은 너무나 억울하게 고통을 당하고 보답을 받지 못했던 생애였다. 너무나 불우하고 고독한 일생이었다. 여기에는 오직 묵묵히 인간의 죄를 어깨에 메고, 십자가에서 최후를 마치신 예수의 모습이 있다.

'그는 우리의 질병을 지고 우리를 대신하여 슬픔을 당하였으나'
'여호와께서는 우리 모든 사람의 죄를 그에게 담당시키셨다.'
'많은 사람들의 죄를 짊어지고 그들이 용서받도록 기도하였다.'

이 곳을 읽고 그리스도의 사랑의 일생에 감격하지 않는 사람이 있을까? 이 그리스도의 모습이 복음서에 구체적으로 나타나 있음을 깨닫지 못하는 사람이 있을까?

성경은 결국, 신약과 구약이 다같이, 예수야말로 그리스도이시며 구세주이심을 가리키는 책이다. 우리들이 신약성경을 읽다가 의문이 생기면 구약성경을 읽어 보는 일이 좀더 자주 있어도 좋으리라고 생각된다. 몇천 년 전, 몇백 년 전에 사람을 통해 예언하신 하나님은 확실히 그 예언을 이 세상에서 성취하고 있다.

예언의 성취, 그것은 단순한 우연일까? 수많은 예언이 성취되었다고 하는 이 사실은 결코 우연이 아니다. 그것은 확실히 하나님이 존재하시기 때문에, 그리고 하나님의 말씀이기 때문에 성취된 것이다. 그것을 알기 때문에 우리들은 더욱 겸허하게, 그리고 더욱 열심히 구약성경을 읽어야 할 것이다. 그리고 목숨을 걸고, 명리를 버리고 예언한 예언자들의 고난과 파란의 일생을 생각하고 그 신앙을 배워야 하지 않을까?

나는 카리에스와 폐결핵으로 매일 절대안정이 강요되고 있을 무렵, 전국 각지의 그리스도인들과 편지를 주고받았다. 그들 모두가 거의 신앙에 관한 이야기만 써 보내 주었기 때문에 나는 그 친구들에게서 많은 것을 배웠다. 그들 편지의 끝에는 특히 나에게 보내는 성구가 날마다 곁들여 있었다. 이 성구에 나는 얼마나 큰 힘을 얻었는지 모른다. 더구나 이사야서 40장의 29~30절의 성구는 여러 사람으로부터 자주 보내졌다. 그 중에서 이 성구를 가장 자주 보내 준 이가 현재 남편이다.

그는 피곤한 자에게 힘을 주시고 무능한 자에게 능력을 더하신다. 청소년이라도 피곤하고 지치며 건장한 청년이라도 넘어지고 자빠지나 오직 여호와를 바라보고 의지하는 자는 새 힘을 얻어 독수리처럼 날개치며 올라갈 것이요, 달려가도 지치지 않고 걸어가도 피곤하지 않을 것이다.

여러 해 동안 일어나 보지 못한 나는 이 성구를 읽을 때마다 큰 격려를 받았다. 그러나 의심도 품었다. 과연 진짜 내 다리가 대지를 딛고 일어설 수 있는 날이 올 것인가 하고. 몇 번이고, 여러 사람들에게서 이 성구를 받아 보는 동안에 나는 다음 부분에 마음이 끌리게 되었다. 처음에는

독수리처럼 날개치며 올라갈 것이요, 달려가도 지치지 않고 걸어가도 피곤하지 않을 것이다.

라는 성구에 격려를 받았다. 그런데 나중에는

오직 여호와를 바라보고 의지하는 자는 새 힘을 얻어

가 나에게 문자 그대로 힘이 되었다.

여호와를 바라보고 의지하는!

이 얼마나 멋있는 경지인가? 나는 그렇게 생각했다. 우리들은 날마다 여러 가지 것을 기다린다. 병이 낫는 일, 승진하는 일, 애인이 생기는 일, 집을 마련하는 일, 어린애의 성장 등등. 기다리는 대상에 따라서는 초조하기도 하고, 남을 밀어내는 흉한 짓도 하고, 질투도 하고, 옹졸해지기도 하고, 좌우간 천태만상이다. 그러나 **여호와를 바라보고 의지하는** 심정에는 그것이 없다. 교만한 자에게 겸손한 마음을 주시고, 강포한 자에게는 자선을 베푸는 마음을 주신다. 나는 이렇게 **여호와를 바라보고 의지하는** 자는 새 힘을 얻으리라는 말이 진리라고 생각했다.

참으로 **여호와를 바라보고 의지하는** 생활에는 새로운 힘이 주어진다. 나는 그렇게 생각했다. 그렇게 믿으면서 이 이사야서를 읽어 보니 **주 그리스도**에 관한 예언이 눈에 띄었다.

그리스도는 왜 오셔야만 했는가? 그것은 구약성경을 읽어 보면 누구나 알 수 있다. 사람은 '죄를 짓지 않고서는 살 수 없는 존재'이며 '그 죄의 책임을 질 수 없는 존재'이기 때문이다. '율법을 지키면 용서한다'라고 규정되어 있기는 하지만 그 율법을 도저히 지킬 수 없는 것이 우리 인간이다. 율법은 **네 마음을 다하고 정성을 다하고 뜻을 다하여 주 너의 하나님을 사랑하라 또한 네 이웃을 네 몸과 같이 사랑하라**고 요약되어 있는데, 이 율법을 아무도 지킬 수 없다. 우리들은 자기 중심적인 생활밖에 하지 못한다. 아침부터 밤까지 개인주의적 생활이다. 이사야는 "비록 많은 기도를 올려도 나는 듣지 않는다. 너의 손에 피가 가득하기 때문이다"라는 통렬한 예언을 말하고 있다. 우리들의 마음을 찌르는 말이다. "나는 한 번도 사람을 죽인 일은 없다"고 말할 수 없는 자신을 이 성구에서 발견했다.

산다는 것은 남을 상하게 하고 있다는 일이기도 하다. 이제까지 남에게 상처를 입힌 적이 없다고 말할 수 있는 사람은 하나도 없다. 혀로 사람을 찌르거나 눈으로 찌르듯 사람을 보거나, 어쨌든 마음속에서 늘 남을 판단하고 있는 존재다. 그 마음은 냉랭하고 냉혹하기 이를 데 없다. 힐티는 그의 저서「잠 못 이루는 밤을 위하여」중에서 "인간을 사랑하려고 생각하거든—이거야말로 어떠한 인간교육에도 필요한 일이다—사람을 판단하기를 그만두어야 한다"고 쓰고 있다. 나도 그렇다고 생각한다. 그러나 사람을 판단하지 않고 사는 사람이 도대체 이 지구상에 몇 사람이나 있을까? 어쨌든 이사야를 통해 하나님이 말씀하셨듯이 "너의 손에 피가 가득하다."

이사야는 또 말한다.

악을 선하다 하고 선을 악하다 하며,

어둠을 빛으로 바꾸고 빛을 어둠으로 바꾸며,

쓴 것을 달게 하고 단 것을 쓰게 하는 자들에게 화가 있을 것이다.

지금 세상을 둘러보면 꼭 그렇다. 선악이 혼동되고, 어느 것이 빛인지 흑암인지 분간하기가 어렵다. 단 것이 쓰고, 쓴 것이 달다. 가치관의 도착 정도가 아니다. 무서운 세상이다. 이사야서 9장 1, 2절을 또 인용해 보자. 아직 한 번도 구약성경을 읽어 본 적이 없는 분이라도 신약성경을 읽고 있는 사람이라면 "아, 이와 비슷한 대목을 읽었는데…"라고 느낄 것이다.

그러나 고통하는 자들에게 언제나 절망과 어두움이 계속되는 것은 아니다. 스불론 땅과 납달리 땅이 한때는 하나님의 멸시를 받았으나 앞으로는 지중해 동쪽 요단강 서편의 이방 사람들이 사는 갈릴리가 영화롭게 될 것이다.

흑암 가운데 걸어다니던 백성이 큰 빛을 보았고 죽음의 그늘진 땅에 사는 사람들에게 빛이 비취었다.

기억하고 계시겠지만, 마태복음 4장 15, 16절에도 기록되어 있다. 이 이사야가 말한 '큰 빛'이야말로 그리스도이시다. 그리스도가 이 세상에 오신 것이다.

가가와 도요히꼬(賀川豊彦) 선생은 그의 강연 중에 이렇게 말씀하셨다.

"예수가 십자가에 매달리심으로 세계의 역사가 바뀌었다."

나는 별안간 깨닫는 바가 있었다. 이제 와서 그런 일을 알고 깨달았다니 우습기 짝이 없지만 어쨌든 "아, 정말 그렇구나!" 하고 생각했다.

예수가 십자가에 매달렸을 때 제자들까지도 무력하기 짝이 없는 예수라고 한심스럽게 생각했음에 틀림없다. "남을 구원하였으나, 자기는 구원할 수 없다" "만일 하나님의 아들이면, 자신을 구원하고 십자가에서 내려오라"고 모욕하며 침을 뱉고, 머리를 흔들며 십자가에 매달리신 예수를 제사장, 율법학자, 장로들, 지나가는 행인들뿐만 아니라 함께 십자가에 매달린 강도들까지도 조롱했다. 그때 이 예수의 죽음이 구세주의 죽음이라고 알고 있었던 사람은 하나도 없었다. 한낱 가엾은 한 사나이의 억울한 죽음으로밖에 사람들의 눈에는 비치지 않았다.

사람의 눈이란 그처럼 오류에 가득 찬 것이다. 그런데 이 예수의 죽음이 세계의 역사를 바꾸었다. 세계의 역사는 이때부터 새로 시작되었다고 해도 과언이 아니다. 달력도 예수의 탄생을 기점으로 시작된다.

만일 예수가 이 세상에 오시지 않았다면 도대체 세계는 어떻게 되었을까? 종교사는 물론이요, 문학사도, 미술사도, 음악사도 그리고 과학사도 바뀌어 있었으리라. 근 2천 년 동안에 그리스도를 따라 걸어온 사람들의 수는 엄청나다. 인생은 그리스도에 의해 근본적으로 바뀌었다. 세계의 역사도 당연히 바뀌지 않을 수 없다.

그러면 이사야서에 나오는 그리스도에 대한 예언으로 붓을 옮겨 보자.

한 아기가 태어났으니
우리에게 주신 아들이다.
그가 우리의 통치자가 되실 것이니
그 이름은 '위대한 스승', '전능하신 하나님',
'영원히 계시는 아버지', '평화의 왕'이라 하리라.　　(이사야 9 : 6)

　이 이사야의 예언처럼 예수 그리스도의 이름은 영원히 평화의 왕이 되었다. 이 세상에는 지금까지 영웅 또는 독재자, 권력자가 수없이 많이 배출되었다. 네로, 나폴레옹, 히틀러, 스탈린. 그러나 그들의 이름은 저 십자가에서 죽으신 그리스도 앞에서 얼마나 약하며 허무한가?

　사무엘이라는 예언자 때까지는 이스라엘에 왕이 없었다. 그때까지는 하나님의 말씀을 제시하는 예언자나 유력자에 의해 재판이 이루어지고 또 다스려졌다. 그런데 사무엘의 말년에 사람들은 왕을 세워 주기를 요구했다. 사무엘의 아들들은 아버지 같은 큰 인물이 못 되었던 탓도 있지만, 사람들은 사무엘에게,

　　다른 나라들과 같이 우리에게도 왕을 세워 우리를 다스리게 하십시오.

하고 졸라댔다. 사무엘은 불쾌하게 생각하며 하나님께 기도했다. 하나님은 말씀하셨다.

　　백성들이 너에게 한 말을 다 들어 주어라. 그들은 너를 버린 것이 아니라 나를 버려 더 이상 내가 그들의 왕이 되는 것을 원치 않고 있다.

　사무엘은 마지못해 그들 위에 왕을 세웠다. 이때에 왕제에 의한 징병과 중과세로 말미암아 고통을 받게 될 것을 경고하지만 사람들은 귀담아 듣지 않았다. 사람들은 하나님보다 인간의 왕을 의뢰했던 것이다.

　이렇듯 이스라엘은 길을 그르쳤다. 그것은 당연하다. 하나님을 경외하지 않고 인간인 왕을 경외하기 때문이다. 이런 잘못을 되풀이

하는 역사가 계속되어 마침내 사람들이 이사야나 그 밖의 예언자들이 예언한 '구세주'를 대망하게 되었다. 역시 하나님이 보내 주시는 '구세주'가 아니고는 이스라엘이 구원될 수 없다고 그 역사가 가르쳤기 때문이다. 그 예언을 성취하기 위해 탄생하신 분이 예수 그리스도였다. 하지만, 사람들은 몰랐다. 그리스도임을 일단 믿었던 자들도 십자가의 예수를 보고 그를 버렸다. 앞에서 말한 이사야서 53장에 있듯이 그는 사람들에게 멸시와 천대를 받고 슬픔과 고통을 당하는 사람이 되었던 것이다.

많은 사람들의 죄를 짊어지고 그들이 용서받도록 기도하였다.

가가와 도요히꼬 선생은,

"그리스도는 참으로 구세주이시다. 자신이 십자가 위에서 극도의 고난을 당하고 있을 때에도 옆의 십자가 위에 달린 강도에게서 '그 나라에 들어가실 때에 나를 기억해 주시옵소서' 하고 부탁을 받으시자, '오늘 네가 나와 함께 낙원에 있으리라'고 말씀하셨다. 우리들은 배가 좀 아파도 남을 돌봐 줄 수 없다. 예수는 죽음의 고통 속에 있으면서도 최후까지 구세주로서의 길을 걸으셨다."

라는 뜻의 말씀을 하셨다. 그렇다. 예수는 심판하시려고 오신 것이 아니라 구원해 주시려고 오셨다. 더구나, 자기를 십자가에 매달았던 사람들을 위해 십자가의 고통 속에서 기도하셨다.

아버지, 저 사람들을 용서해 주십시오. 저들은 자기들이 하는 일을 모르고 있습니다.

이런 판국에 누가 이렇게 말할 수 있겠는가? 진정으로 예수만이 그리스도이며, 즉 하나님이시라고 나는 믿는다.

여기서 나는 국코오의 "사랑은 모든 사람에게 주어 버렸을 때 가장 부해진다"라는 말이 생각난다. 다시 한 번 이사야의 예언으로 되돌아가자. 이사야서에는 그리스도 탄생에 관한 예언이 특히 많다.

다윗 왕족의 혈통은 잘라진 나무처럼 끊어질 것이지만 줄기에서 새 순

이 돋고 뿌리에서 새 가지가 나오듯이 다윗의 후손 가운데서 한 새로운 왕이 일어날 것이다. 여호와의 성령께서 그에게 자기 백성을 다스릴 지혜와 지식과 재능을 주실 것이며 그는 여호와의 뜻을 알고 그를 두려운 마음으로 섬길 것이며(중략)

그때 이리와 어린 양이 함께 살며 표범이 어린 염소와 함께 눕고 송아지와 사자 새끼가 함께 먹으며 어린 아이들이 그것들을 돌볼 것이다. 그리고 암소와 곰이 함께 먹고 그 새끼들이 함께 누울 것이며 사자가 소처럼 풀을 먹고 젖먹이가 독사 곁에서 놀며 어린 아이들이 독사 굴에 손을 넣어도 해를 입지 않을 것이다. 하나님의 거룩한 산 시온에는 해로운 것이나 악한 것이 아무것도 없을 것이다. 이것은 바다에 물이 가득하듯이 세상에 여호와를 아는 지식이 충만할 것이기 때문이다.

다시 2장 4절에는

그가 모든 민족을 심판하고 국제분쟁을 해결하실 것이니 사람들이 칼을 두들겨 보습을 만들고 창을 두들겨 낫을 만들 것이며 나라끼리 전쟁을 하거나 군사 훈련을 받는 일이 다시는 없을 것이다.

라고 씌어 있다.

구약성경은 이렇듯 그리스도를 대망하며 끝을 맺고 있고, 신약성경은 오실 그리스도의 말씀으로 시작한다. 문자 그대로 복음이 기록되어 있다. 여러 번 말했듯이 요컨대 구·신약을 합쳐서 '성경'이라고 한다. 그리고 성경은 예수야말로 구세주 곧 그리스도이심을 가르치고 있다. 구약을 읽음으로써 비로소 신약의 그리스도의 성경은 넘치는 기쁨의 방문자임을 실감케 한다.

머리말에서 나는 구약성경이란 이젠 이미 사용되지 않고 있는 쓸모없는 경전이라고 생각하거나 구교에서 사용하고 있는 것이 구약이라고 생각했던 시기가 있었음을 말한 바 있다. 지금도 그와 비슷한 초보적인 오해를 품고 있을지도 모른다. 그러기에 「구약 입문」을 쓴다는 것은 분수에 맞지 않는 주제넘는 일이라고 생각하고 있다.

16. 단 편 들

이렇게 아무것도 모르는 사람이 성경에 관해 무엇을 말할 수 있겠는가? 그렇게 생각하면서 나는 써 나갔다.
'그렇기 때문에 좋은 거예요.'
격려해 주시는 분들은 그렇게 말씀해 주셨다.
나의 목적은 다만, 서투르고 또 잘못 알고 있을지 모르겠으나, 구약을 별로 읽어 본 적이 없는 분들이 구약성경에 흥미를 갖고 읽기 시작해 주시면 이루어지는 것이다.
지면에 한정이 있으므로 구약성경 전권에 걸쳐서 언급하지 못한 것이 몹시 아쉽다. 그래서 적어도 나에게 인상적이었던 곳만 몇 군데 간추려 소개해 보고자 한다.

아가서

남편과 처음 알게 되었을 때 그는 이미 구약성경을 일곱 번이나 통독하고 있었다. 그러나 '아가서만은 별로 읽지 않아요'라고 말하였다. 심성이 굳은 그에게는 아가서를 피하고 싶었는지도 모른다. 확실히 독신 남성이었던 그에게는 괴로운 곳이었을 것이다(현대의 젊은이들에게는 아무렇지도 않겠지만).
아가서는 첫머리부터,

나에게 입맞춰 주세요.
당신의 사랑은
포도주보다 더 달콤합니다.

라고 되어 있고,

그대의 다리는 예술가의 작품처럼 우아하고
그대의 배꼽은
혼합 포도주를 가득 부은 둥근 술잔 같으며
그대의 허리는 백합화로 두른 밀짚단 같구려.
그대의 젖가슴은 쌍태 노루 새끼 같고…

등등 관능적인 말까지 있다.

 실은 나도 왜 이 아가서가 성경을 편찬할 때 끼게 되었는지 이상하게 느껴졌다. 교회에서도 설교 본문으로는 거의 사용하지 않는다. 확실히 우아한 말로 꾸며진 시극이지만, 등장인물이 몇 사람인지도 알 수 없다. 따라서 무엇을 말하려 하고 있는 책인지도 알 수 없었다.

 결혼하여 남편에게 배우기도 하고 주해서를 참고하기도 하여 가까스로 이해할 수 있었다. 대체적인 줄거리는 다음과 같다.

 솔로몬왕이 이스라엘로 여행했다. 어떤 시골에서 비길 데 없이 아름다운 한 소녀를 보고 마음을 송구리째 빼앗겼다. 솔로몬왕은 자기 궁전으로 소녀를 데리고 와서 어떻게 해서든 그녀를 자기 것으로 만들려고 갖은 애를 썼다. 그러나 이 아름다운 소녀에게는 양치는 연인이 있었다. 그녀는 금은보화와 권력을 가진 왕보다도 가난한 양치기 연인 곁으로 가고 싶어했다. 그녀의 굳센 의지에 솔로몬왕도 마침내 단념하고 그녀를 왕궁에서 되돌려 보냈다. 청년과 소녀는 기쁨에 넘쳐서 마음껏 서로 사랑하기에 이른다.

 솔로몬이 아무리 세계 제일의 지혜자일지라도, 왕의 권위를 가지고서도, 또 아무리 막대한 재산을 가지고 있더라도 한 소녀의 연인에 대한 뜨거운 사랑을 바꿀 수는 없었다. 하나님을 믿는 자도, 하나님께 대한 사랑을 이 소녀와 같이 세속적인 권위에 굽히지 않고, 돈에 유혹당하지도 않으며 오직 외곬으로만 나가야 한다는 교훈이 담겨 있다고 한다.

생각해 보면 왕실에 갇혀 있으면서 권력자인 왕의 구애를 단호히 거절하고 일편단심 가난한 양치기 소년만을 연모한다는 것은 얼마나 갸륵한 일인가? 더구나 솔로몬은 미남이었다. 당대에 으뜸가는 지혜자이기도 했다. 그 유혹의 말은 얼마나 달콤했을까? 게다가 막대한 재산이 있었다. 솔로몬의 뜻을 따랐다면 그녀는 물질적으로도 큰 부자가 되었을 것이다.

하지만, 그런 것들이 소녀의 마음을 바꾸어 놓지 못했다.

이 소녀와 연인을 하나님과 우리와의 사이로 바꾸어 놓고 보자. 우리들의 하나님께 대한 신앙은 과연 이렇게까지 강할 수 있을까? 권력을 가지고 신앙을 버릴 것을 협박당하고 세속적인 이익이나 유혹에 부딪히더라도 여전히 꿋꿋한 자세를 굽히지 않는 굳센 신앙을 우리는 가지고 있을까?

전쟁 때 관헌의 압박에 못 이겨 교회는 미약해졌다. 어떠한 집회도 맨 먼저 왕궁을 향해 절하는 일부터 시작해야만 된다는 지령에 따라 교회도 왕궁을 향해 머리를 숙였다. 그런 일을 지금 생각할 때 이 소녀의 진실하고도 순수한 사랑이 얼마나 우리들의 신앙의 모범이 되는가를 가르쳐 주고 있다. 신앙은 물론이고, 연애도 우정도 마땅히 그래야 한다는 것을 가르쳐 주는 감동의 드라마이며 아름다운 시이다.

출애굽기

나는 남편에게 야단을 맞거나 꾸중을 듣고 울적해질 때면 반드시 처음 만났던 날의 남편의 모습을 상상해 본다.

"이 사람은 그 날, 일어나지도 못하는 내 앞에 나타났다. 그리고 1년이 지나도 아직 일어나지 못하는 나에게 결혼을 신청했었다. 그로부터 몇 해 동안 기도해 주고 기다려 주었다. 그 덕분에 나는 37세나 되었어도 행복한 결혼을 할 수 있었다."

이렇게 생각할 때 내 마음에는 고마운 마음이 넘쳐서 울적했던 마음이 활짝 개인다.

"두 사람이 어떻게 맺어졌는가? 어떻게 해서 출발했는가?"
하는 것은 내게 있어서 결코 잊을 수 없는 일이다. 이것은 비단 부부뿐만 아니라 학교든, 회사든, 국가든 마찬가지일 것이다. 어떠한 조직체에서나 맨 처음으로 되돌아가서 생각해야 할 때가 있지 않을까? 시쳇말로 표현하면 '원점'이다.

우리 일본인에게 '패전'은 이같이 되돌아가야 할 곳이라고 어느 목사님이 말씀하신 적이 있다. 왜 일본은 전쟁을 했는가? 우리는 어떻게 싸웠는가? 죽어간 사람들은 어떤 생각을 품고 죽어갔을까? 그 혼란시대를 어떻게 살았을까? 그 전쟁을 통해 무엇을 배워야 할까?

이스라엘 민족으로서 되돌아가야 할 원점은 '출애굽기'의 체험이었다고 말할 수 있다. 그들은 이집트의 압제 밑에서 고생하고 있었다. 노예로서 가혹한 노동을 강요당하고 있었다.

하나님은 그 이스라엘 민족을 구출하기 위해 모세를 내세웠다. 노예 이스라엘 민족에게는 물론 무력이 없다. 모세는 맨주먹으로 왕궁으로 가서 오로지 하나님의 지시에 따라 이집트 왕에게 민족의 해방을 요구했다. 하나님은 이 모세를 도와 수많은 기적을 이집트 왕 바로에게 보이고 마침내 탈출하게 된다.

그러나 이집트에서 나오자 마자 첫 난관이 그들을 기다리고 있었다. 일단 국외 탈출을 허용한 이집트 왕은 이스라엘을 공격하려고 전차 6백 대를 이끌고 추격해 왔다. 앞에는 도도히 흐르는 홍해가

가로막고 있다. 2백만이라는 백성 중에는 노인, 여자, 어린이들도 포함되어 있다, 이미 절대 절명, 도망가려 해도 도망갈 수 없고 앞으로 나가려 해도 나갈 수 없다. 공포에 싸인 백성은 하나님을 향해 울부짖었고, 또한 모세에게 덤벼들었다.

> 이집트에 매장지가 없어서 당신이 우리를 이 광야로 끌어내어 이 꼴을 당하게 하십니까? 이집트 사람을 섬기는 것이 광야에서 죽는 것보다 낫겠습니다.

그러나 모세는 단호히 말했다.

> 여러분은 두려워하지 말고 가만히 서서 오늘 여호와께서 여러분을 구하기 위해 행하시는 일을 보십시오.

모세는 하나님의 구원, 하나님의 약속을 믿고 있었다. 하나님은 모세에게,

> 그들을 이집트 사람들의 손에서 구출하고 그 땅에서 이끌어내어 기름지고 비옥한 땅으로 인도하려고 한다.

라고 약속해 주셨다.

그렇긴 해도 공격해 오는 적의 군대를 뒤에 두고 도대체 모세는 어떻게 이 난관을 돌파하려 했던가? 모세는 홍해를 바라보며 다만 손에 잡은 지팡이를 바다 위로 내밀었다. 그러자 하나님은 밤새도록 강풍을 일으켜서 바다에 길을 내셨다. 이스라엘 사람들이 바다를 다 건넜을 때 이집트 군도 이 길로 전차를 달리게 했다. 그런데 여기서 모세가 다시 바다 위에 지팡이를 내밀자 길은 다시 바다가 되어 이집트 군은 모조리 바닷속에서 몰사했다. 이같은 확실한 하나님의 구원을 체험하면서도 목적지에 이르기까지의 오랜 여행 중에 이스라엘 민족은 몇 번이고 하나님을 의심했다. 그리고,

"먹을 물이 없다. 왜 목말라 죽게 하느냐?"
"먹을 것이 없다. 고기가 없다."

하고 불평을 늘어놓았다. 이럴 때마다 하나님은 바위에서 물을 내려

주시고, 하늘에서 만나를 내리셔서 배불리 먹게 하셨으며, 메추라기 고기를 주셔서 먹게 하셨다.

출애굽기(이하 가나안 땅으로 들어갈 때까지의 기록을 포함하여)는 참으로 파란 많은 이야기이며 영화 「십계」의 주제가 되기도 했다. 군데군데 율법이 끼어 있지만 줄거리 자체는 쉽게 파악될 수 있을 것이다.

이곳을 읽고 문득 생각나는 것은, 아무리 많은 기적을 베풀더라도 사람들은 하나님을 너무나 빨리 잊어버린다는 사실이다. 아무리 은혜를 베풀어 주시고 도와 주시더라도 사람들은 금방 잊어버리고 만다는 사실이다. 그리고 조금만 어려운 일이 있으면 당장 불평을 늘어놓기 시작한다. 바다를 갈라 길을 열어 주신 것만 생각해도 감사하는 마음을 잊어서는 안 될 텐데, 이곳을 읽어 나가면 어쩐지 조마조마해진다. 그러한 이스라엘 민족에게 하나님은 끈질기게 몇 번이고 구원의 손길을 뻗치신다. 이토록 불신앙의 인간들에게, 이렇게까지 큰 은혜를 베풀어 주시다니 그저 놀랄 수밖에 없다.

그런데 여러 번 되풀이 읽어 보면 이 이스라엘 민족의 모습이 바로 우리 인간의 모습임을 알게 된다. '목젖만 넘기면 뜨거움을 잊어버린다'는 속담대로, 구원을 받고 은혜를 받았을 때에는 고맙게 생각하지만 얼마 안 지나서 그런 일을 까마득하게 잊어버리는 것이 인간이다. "이런 불신앙의 민족에게 왜 혜택을 베푸실까?" 하는 의문이 생기지만 하나님은 원래 그런 분이시다. 불신앙의 인간을 위해 하나님은 그 외아들 예수를 주셨다. 그 외아들을 십자가에 매달 만큼 인류는 죄덩어리다. 사실은 그 십자가에 매달려야 하는 것은 우리들 한 사람 한 사람이다. 그러나 하나님은 예수 한 분이 십자가에 못박힌 것으로 전인류의 죄를 소멸하여 주신다. 하나님의 외아들은 그만큼의 값어치(적절한 말은 아니지만)가 있다. 어쨌든 얼마나 관대한 하나님이신가?

이스라엘 민족이 이집트에서 나오던 시대에는 아직 예수는 탄생하지 않았다. 그렇지만 하나님은 모세의 큰 신앙을 보시고 이스라엘 민족에게 거듭거듭 구원의 손길을 뻗치셨다.

구약의 하나님은 노하시는 하나님이라는 말을 종종 듣는다. 하지만 이 출애굽기를 읽어 보면 인내하시는 하나님이라고 말하는 편이 더 알맞을 듯하다. 어느 쪽이든, 이스라엘은 하나님의 구원과 혜택에 의해 하나님의 인도에 따라 세워진 나라임은 확실하다.

그후 수천 년에 걸친 오랜 역사 속에서 곤경을 겪을 때마다 이 '출애굽'의 체험은 이스라엘을 크게 분기시켰다. 하나님을 체험한 사람은 자기 자신이 어떻게 하나님에게 인도를 받고 있으며, 보호를 받고 있으며, 끊임없는 은총 속에 있다는 체험을 크건 작건 가지고 있을 것이다. 이런 일을 생각하며 출애굽기를 함께 차분히 읽어 나가고 싶다.

왕후 이세벨

(열왕기상 16장 29절 이하, 열왕기하 9장 이하)

열왕기와 역대기에는 역대 왕의 사적과 예언자의 활동이 기록되어 있다.

대체로 왕의 사적을 그 나라의 신하가 기록할 때에는 적당히 왕을 찬양하는 경우가 많다. 단점은 으레 언급하지 않는다. 일본에서도 천황에 대해서 그렇다. 옛날 역사책에서 중궁(中宮)이니 여어(女御)니 하는 것은 결국 첩이라는 말이다. 하지만, 그러한 표현은 금기였다. 그러나 성경이 역대 왕에 대하여 기록한 말에는 아무런 금기도 없다. 이스라엘 민족에게 가장 사랑받는 다윗왕도 그가 범했던 죄를 여지없이 드러내 놓았다.

이것은 절대 유일한 하나님 외에는 그 무엇도 떠받들어서는 안 된다는 계율을 갖고 있기 때문이다. 아무리 공적이 있는 왕이라도 결코 우상화해서는 안 된다는 확실한 신앙이 이 같은 역사서를 낳았던 것이다.

성경의 역사에 불신앙의 왕이 얼마나 하나님의 은총에서 떨어져 나갔는가를 여러 곳에 기록하고 있다. 그러므로 이것은 역사서인 동시에 신앙의 책이라고도 부를 수 있다. 이스라엘을 하나님께로 되돌리기 위한 성스러운 책이다. 이 가운데서 나오는 다윗왕, 솔로몬왕에 관해서는 앞에서 언급한 바 있다.

역대의 왕 중에서 가장 악명높은 왕 중의 한 사람은 아합왕이었다. 이 아합왕에게는 악처랄까 악녀랄까 지독한 아내 이세벨이 있었다. 아합은 이 아내에게 충동되어 악한 짓을 자주 저질렀다는 것이다.

그래서 나는 이스라엘 사상 최대의 악녀 이세벨에 관해 조금 언급하고자 한다. 그녀는 역대의 왕비 중에서 가장 악명높은 여인이었다. 악녀라고 불리는 여인은 어딘지 모르게 매력이 있게 마련이다. 그러나 이 이세벨에게는 그러한 매력적인 것이 하나도 없다. 그녀는 상당히 미녀이며 화장도 화려했던 것 같다. 60세가 가까워서도,

눈화장을 하고 머리를 손질한 다음

이라고 성경에는 기록되어 있다.

이세벨은 타국 왕의 딸로서 아합왕에게도 시집와서까지 바알이라는 우상을 열심히 섬겼다. 그녀는 남편인 아합왕에게도 유일한 하나님을 버리고 우상을 숭배하도록 부추겼다. 그녀는 남편보다 더 억센 여자로서 성경에도,

일찍이 아합처럼 여호와 앞에서 악을 행하는 데만 정신이 팔린 사람도 없었다. 이것은 그의 아내 이세벨이 그를 충동하여 온갖 악을 행하도록 하였기 때문이었다.

라고 기록되어 있다. 그녀는 원래 남편이 믿는 하나님의 예언자 백

명을 박해했다. 왜냐하면 예언자들은 상대가 왕이든 고관이든 간에 악을 악으로 지적하고 두려워하지 않았기 때문이다.

그녀에게 박해를 받은 사람들 중에는 엘리야와 엘리사라는 대예언자가 있었다. 그들은 어떠한 때에도 하나님에게서 떠난 적이 없는 성스러운 예언자로서 숱한 기적을 행했다. 엘리야의 기도로 인하여 3년 반 동안 비가 내리지 않았던 적도 있었다. 그가 다시 기도하니 큰 비가 쏟아졌다. 또 그의 제자 엘리사는 한 가난한 과부를 돕기 위해, 병에 들어 있는 기름과 항아리의 밀가루를 먹어도 먹어도 없어지지 않는 기적을 행했다. 그 밖에 죽은 사람을 되살아나게 했다는 이야기, 문둥병에 걸린 나아만 장군을 고쳤다는 이야기 등등, 어른들에게도 참으로 재미있는 이야기가 많이 나온다. 하나하나 그런 이야기들을 설명할 시간이 없는 것이 아쉽지만, 이런 대목도 꼭 한 번 읽어 주시기 바란다.

그런데 아합왕의 궁전 바로 곁에 나봇이라는 사람의 포도밭이 있었다. 아합왕은 그 포도밭을 갖고 싶어 눈독 들이고 소유자인 나봇에게 말했다.

그 대신 내가 그보다 더 좋은 포도원을 너에게 주겠다. 만일 네가 원한다면 그 값을 후하게 매겨 돈으로 줄 수도 있다.

하지만, 나봇은 조상으로부터의 유업은 팔아 넘길 수 없다고 거절했다. 이스라엘에는 "토지는 대대로 팔아서는 안 된다", "조상의 유업은 단단히 지켜야 한다"는 율법이 있었다. 어쩔 수 없이 땅을 경작할 수 없는 경우에는 가까운 친척이 사기로 되어 있어서, 비록 상대가 왕이더라도 법을 어길 수는 없다. 나봇의 거절은 당연했다. 그러니까 아합왕의 요구는 율법을 어기라고 하는 횡포한 요구이기도 했다. 아합왕은 거절당하자 화도 나고 낙담도 되어 식음을 전폐하고 자리에 누워 버렸다. 생각해 보면 미련스럽기도 하다. 어쩌면 아합왕에게는 그래도 이스라엘 왕으로서의 양심이 다소나마 남아 있었

는지도 모른다. 하지만, 그것을 본 이세벨은,
"당신은 왕이 아니십니까? 뭘 그렇게 끙끙거리고 있어요? 나봇의 포도밭 그까짓것 간단히 당신 소유로 만들어 드릴께요."
라고 말하고 나섰다. 이세벨에게 율법 따위는 아랑곳없었다. 있는 것이라곤 오직 권력뿐이었다. 재빨리 그녀는 왕의 이름으로 편지를 써서 마을의 장로들과 유지들에게 보냈다.
"누군가 속이 검은 두 사람에게 나봇을 고소토록 하라. 그리고 나봇이 하나님과 왕을 저주했다고 증언하도록 해라. 그리하여 나봇을 돌로 때려 죽여라."
허위 날조다. 이스라엘의 율법에는,

주의 이름을 더럽히는 자는 반드시 죽음을 당하리라. 전 회중은 그를 돌로 때려야 한다.

라고 했다. 또 사형에 처하기 위해서는 두 사람 이상의 증언이 필요했다. 이세벨은 율법을 역용했던 것이다. 이세벨 자신은 유일한 하나님을 배반하여 우상을 섬기면서 진실한 신앙을 가진 나봇을 억울한 죄로 몰아넣었던 것이다.
나봇은 억울하게도 돌에 맞아 죽었다. 나봇의 죽음을 이세벨은 남편 아합에게 자랑스럽게 고했다.
"간단히 해치웠어요. 그 사나이는 죽었으니 그의 포도밭을 당신이 가지시면 돼요."
자기 욕심을 위해서는 피도 눈물도 없는 짓을 태연스럽게 해치웠다. 화려한 화장을 한 잔인한 여인, 이것이 이세벨의 인상이다. 이때 예언자 엘리야에게 하나님의 말씀이 임하였다. 엘리야는 하나님의 말씀에 따라 나봇의 밭으로 갔다. 하나님이 말씀하신 대로 아합 왕이 거기에 와 있었다. 엘리야는 아합왕에게 말하였다.

나 여호와가 이렇게 말한다고 일러 주어라. '네가 나봇을 죽이고 그의 포도원까지 빼앗으려고 하느냐? 개들이 나봇의 피를 핥은 곳에서 네

피도 핥을 것이다.'
 그 말을 듣고 아합왕은
　　내 원수야, 네가 나를 찾았느냐?
라고 미움에 가득 찬 어조로 말했으나, 엘리야는
　　당신은 여호와 앞에서 악을 행하는 일에만 전력을 쏟았습니다. 그래서 여호와께서 당신에게 이렇게 말씀하셨습니다.
　　'내가 너에게 재앙을 내려 네 집안에 종이든 자유인이든 남자는 모조리 죽일 것이다.'
　　또 여호와께서는 이스라엘의 개들이 당신의 아내 이세벨의 시체를 뜯어 먹을 것이라고 말씀하셨습니다.
라고 준엄하게 말했다. 엘리야의 기백에 눌려 아합도 두려워 떨었다. 이스라엘의 역사를 아합도 알고 있었기 때문이다. 하나님 앞에서 악을 행한 왕들이 예언대로 멸망해 버린 사실을 아합도 잘 알고 있었던 것이다. 아합은 문득 자기 죄를 깨달았다. 그는 죄를 참회하고, 옷을 찢고, 굵은 베로 몸을 동이고 금식했다. 이것을 보신 하나님은 엘리야에게 말씀을 내리셨다.
　　아합이 내 앞에서 겸손해진 것을 너는 보았느냐? 그가 내 앞에서 겸손한 태도를 보였으므로 내가 그의 생전에 재앙을 내리지 않고 그의 아들 시대에 가서 그 집안에 재앙을 내리겠다.
 여기서도 역시 회개하는 자에게 관대하신 하나님의 마음을 엿볼 수 있다. 그러나 이세벨은 조금도 회개하지 않고 더욱더 교만해졌다. 드디어 아합왕은 죽고 그 아들 요람이 왕위에 올랐다. 요람은 아합보다는 조금 나은 왕이었으나 이세벨은 여전히 권력을 휘두른다. 그 결과, 아합의 신하였던 예후가 요람에게 반역했다.
 예후와 요람은 억울하게 죽은 나봇의 포도밭에서 대결했다. 요람은 예후가 쏜 화살에 심장이 뚫려 죽었다. 그리고 그 시체가 나봇의 포도밭에 내던져졌다. 전에 하나님이 내리신 예언이 여기서 어김없이 이루어진 셈이다.

　승승장군인 예후는 다시 이세벨이 있는 성으로 쳐들어갔다. 이세벨은 '눈화장을 하고 머리를 손질한 다음' 창에서 내려다보고 있었는데, 예후가 다가서자,

　"자기 왕을 죽인 놈아! 네가 여기 무슨 일로 왔느냐?"
하고 조소했다. 예후는 창을 쳐다보며,

　"내 편이 될 자가 누구냐? 이세벨을 내던져라!"
하고 외쳤다. 두세 사람이 이세벨을 붙잡아 창 밖으로 내던지자 말이 이세벨을 짓밟아 죽였다. 예후가 승리의 축배를 들고 있는 동안에 이세벨의 몸은 개에게 뜯어 먹혀 버렸다.

　이렇듯,

　이스르엘의 개들이 당신의 아내 이세벨의 시체를 뜯어 먹을 것이라
고 말씀하신 하나님의 약속은 무서울 만큼 정확히 이루어졌다.

　열왕기, 역대기에는 수많은 왕이 등장한다. 하나님을 배반한 왕이 융성한 예는 하나도 없다. 제아무리 영화를 자랑하더라도 결국은 멸망하고 만다. 이 역사서는 그 증인이기도 하다.

　어쨌든 여러 왕들의 생애는 현대의 우리들에게 인생을 어떻게 살아야 하는가를 시사해 준다. 특히 목숨을 걸고 하나님의 말씀을 외쳤던 예언자들의 생애는 우리들의 자세를 바로잡아 주고 있다.

호세아서

　나의 한 남자 친구는,

　"호세아 같은 행동을 나는 절대로 못 하겠어."
라고 침울한 표정으로 말했다. 나는 동감했다. 또 작가인 후나고시 아끼라(船越昌) 씨는,

　"난 호세아를 쓰고 싶어요."
하고 열렬한 어조로 말한 적이 있다. 나는 언짢은 기분이었다. 남성

에게 있어 호세아는 가볍게 말할 수 있는 인물이 아니다.

그 호세아란 어떠한 사람인가? 그는 요컨대 음탕한 아내를 가진 예언자였다. 이 아내는 불의의 자식 둘을 낳고 남편 호세아를 배반한다. 마침내 창녀로까지 전락하는데 그 아내를 호세아는 은 15세겔과 밀 1호멜 반을 치르고 도로 사왔다.

간음한 네 아내를 사랑하라.

는 하나님의 말씀에 순종했던 것이다.

호세아는 이 음부인 아내에게 진실한 사랑를 쏟는다. 타락한 아내지만 인내를 가지고 구해 내고자 한다. 이 호세아가 처음으로 들었던 하나님의 말씀은,

너는 가서 창녀와 결혼하여 음란한 자녀를 낳아라.

고 하는, 정말 받아들이기 어려운 말씀이었다. 그의 결혼은 애초부터 비극이었다고 말해도 좋다. 호세아의 위대한 점은 이 받아들이기 어려운 하나님의 말씀에 무조건 순종했다는 사실이다. 나는 신앙이란 곧 순종이라고 생각한다. 하나님의 명령이라면, 하나님이 원하시는 일이라면, 하나님의 뜻이라면 기꺼이 하나님을 따른다. 이것이 신앙이라고 나는 생각한다. 하나님에 대한 절대적 신뢰가 신앙이라 말해도 좋지 않을까?

"하나님이 하시는 일에는 틀림이 없다"는 확신, 이것이 우리들을 강하게 하여 순종하게 한다. 순종이란 약함이 아니다. 약한 자는 순종할 수 없다. 인간적으로 도저히 받아들일 수 없는 일을 하나님께 대한 신뢰 때문에 받아들이는 일은 약한 인간에게는 불가능하다.

하나님의 아들 예수가 십자가에 못박히던 전날 밤에 기도드린 말씀은 우리들의 모범이 된다. 예수는,

아버지, 아버지께서는 무슨 일이나 다 하실 수 있지 않습니까? 이 고난의 잔을 내게서 거두어 주십시오. 그러나 제 뜻대로 마시고 아버지의 뜻대로 하십시오.

라고 기도하셨다. 아마 "**뜻대로 하옵소서**"라는 말씀은 예수님의 한결 같은 기도였을 것이다.

"우리는 병에 걸리고 싶지 않다, 재난도 싫다, 죽음도 싫다" 등등, 피하고 싶은 일은 수두룩하다. 그러나 "**뜻대로 하옵소서**"라는 기도를 진심으로 드릴 수 있다면 거기에는 큰 평안이 있을 것이다.

호세아는 하나님의 말씀에 순종함으로써 받아들일 수 없는 여자를 아내로 삼았다. 그리고 남편을 무시하는 음탕한 아내를 진정으로 사랑했을 때 비로소 하나님의 인간에 대한 사랑이 얼마나 깊은가를 알게 되었다.

인간은 하나님 앞에서 결코 진실하지 않다. 항상 하나님을 배신하는 존재이다. 그러한 인간에게 인내를 가지고 하나님은 사랑을 쏟고 계신다. 그것이 얼마나 넓고 깊은 사랑인지는 헤아릴 수 없다. 단 한 사람의 아내의 배신에도 뒤틀리는 자신을 응시하면서 호세아는 헤아릴 수 없는 하나님의 사랑을 깨달았으리라. 그리고 그 때문에 그는 유일한 하나님을 버리고 우상 숭배로 치닫는 사람에게 인내 깊이 하나님의 말씀을 고할 수 있었던 것이다.

참고로 이 음탕한 여인과의 결혼에 관한 해석에는 여러 가지 설이 있는 것 같다. 처음부터 음탕한 여인을 아내로 맞았다든가, 결혼 후 호세아를 배반하여 창녀가 된 그녀를 되찾아 왔다든가 하는 설이 있는데 확실한 것은 알 수 없다. 그러나 요컨대, 거듭 남편을 배반한 여인이었음은 틀림이 없는 듯하다.

말라기

구약성경의 마지막 책이 말라기서이다. **태초에 하나님이 우주를 창조하셨다**로 시작한 구약성경이 어떠한 말씀으로 끝을 맺는지 흥미로운 일이다.

말라기라고 함은 '나의 사자'라는 뜻이라고 한다. 이 예언이 이루어졌던 시대는 불신앙의 시대였던 듯하다. 그 점에 있어서 현대적이라고 말할 수 있을지 모른다. 아니, 인간은 어느 시대나 불신앙이라고 말할 수 있다. 그리스도도, "아 어쩌면 이다지도 불신앙적이며 비뚤어진 시대인가!" 하고 탄식하셨다.

예언자 말라기는 하나님의 말씀을 다음과 같이 전하고 있다.

너희는 나를 공경하지 않느냐?

너희는 나를 존경하지 않느냐?

불신에 대한 날카로운 지적이다. 더구나,

너희는 또 '이 일이 얼마나 번거로운 일인가!' 하며 코웃음을 치고 있다.

내 이름을 멸시하는 제사장들아.

라고 하나님은 말씀하신다. 제사장이란 하나님을 섬기는 사람이다. 지금으로 말하면 목사나 신부가 불신앙으로 빠졌다는 말이 된다. 하나님을 섬기는 사람들이 하나님을 멸시하고 있다면 말이 되지 않는다. 불신도 극에 달했다고 말할 수 있다. 그 불신앙의 발로로서 하나님께 바치는 소나 양이 병든 것, 상한 것들이었다. 다시 말해서 버려도 아깝지 않은 상한 것을 하나님께 바치고도 부끄럽게 생각지 않는 시대였다.

인간끼리의 경우에도 손님을 대접할 때에는 고기도 생선도 가장 큰 것을 대접하고자 신경을 쓴다. 만일 손님에게 가장 작은 고기나 생선을 내놓거나, 상해서 버려야 할 과일이나 과자를 내놓고 자기들은 크고 신선한 것을 먹는다면 어떻게 될까? 그런 사람의 손님이 된다면 우리들은 두 번 다시 그 집에는 가지 않을 것이다. 일생 동안 절교할는지도 모른다.

그러나 생각해 보면 우리 신자들이 하나님께 드리는 헌금도 이와 비슷한 것이 아닐까? 헌금의 경우에도 하찮은 것을, 그것도 몹시 아까워하면서 바치고 있지 않을까? 하나님께서는 우리들에게 돈을 요구하고 계시지는 않다.

하나님의 은혜를 구하여라.

고 말라기서에 있는 대로 하나님은 참으로 하나님께 은혜를 구하기를 바라고 계신다. 그것은 곧 하나님에 대한 신뢰이다. 헌금은 그 신뢰가 바깥으로 드러난 것에 불과하다. 3장 10절을 보면,

너희는 온전한 십일조를 성전에 바쳐 내 집에 양식이 있게 하고 내가 하늘 문을 열어 쌓을 곳이 없도록 너희에게 복을 쏟아 붓지 않나 나를 시험해 보아라.

라는 유명한 말씀이 기록되어 있다. 수입의 10분의 1이라면, 10만 엔 월급을 받는 사람은 1만 엔, 100만 엔인 사람은 10만 엔이라는 액수가 된다. 이것은 좀 힘에 겨운 액수이리라. 얼마 전 우리 교회의 친구가 "헌금은 다소 힘에 겨운 액수로 하고 있어요"라고 말했다. 이 말은 결국 "버려도 아깝지 않은 것을 하나님께 바치는 신앙이 아니다"라는 뜻이다.

사람에게는 제각기 생활이 있다. 나만 하더라도 부모나, 오랫동안 병을 앓고 있는 형제나 친척을 다달이 돕고 있다. 갖가지 사정 속에서 살고 있는 우리들에게 수입의 '10분의 1'이란 분량은 어려울 경우도 있다. 반대로 '10분의 1'은 고사하고 '10분의 9'라도 힘겹지 않은 재력이 있는 사람도 있을지 모른다. 요는 최소한도 '약간 힘에 겨울 정도'가 필요하다. 그 정도의 '10분의 1'이라도 바치면 하나님은 하늘 문을 열고 넘치는 복을 주신다는 말씀이다.

정말 그렇게 해주시는지 어떤지?

온전한 십일조를 성전에 바쳐 내 집에 양식이 있게 하고 내가 하늘 문을 열어 쌓을 곳이 없도록 너희에게 복을 쏟아 붓나 붓지 않나 나를 시험해 보아라.

라고 하나님은 말씀하신다. 하나님을 시험해 본다는 것을 성경은 금하고 있다. 그런데도 굳이 이렇게까지 말씀하시면서 하나님은 사람

들에게 신뢰를 촉구하고 계신다. 이것으로 보아 당시도 십일조를 바치는 자가 적었다는 말이 된다. 지금도 마찬가지다.

'힘이 겨울 정도로 바치고 있다'고 말할 수 있는 신앙은 어느 시대에도 쉽사리 찾아보기 어려울지도 모른다. 되풀이하지만 액수가 남보다 많으냐 적으냐가 문제가 아니라, 자기에게 그 액수가 '버려도 아깝지 않은 것'이 되어서는 안 된다는 말이리라.

신약성경의 마가복음 12장에는 다음과 같이 씌어 있다.

예수님은 헌금함 맞은편에 앉아서 사람들이 헌금하는 것을 보고 계셨다. 여러 부자들이 와서 저마다 많은 돈을 넣는데 한 가난한 과부는 렙돈 두 푼 곧 한 고드란트를 넣었다. 그러자 예수님은 제자들을 가까이 불러 말씀하셨다. "내가 분명히 말하지만 이 가난한 과부가 헌금함에 돈을 넣은 다른 모든 사람보다 더 많이 헌금하였다."

주 하나님은 우리들의 금액의 다소를 보시지 않고 신앙에 주목하신다. 그리스도가 보고 계시는 앞에서 헌금을 바친다면 우리들이 헌금하는 액수는 달라지지 않을까? 하나님은 언제나 우리들을 응시하고 계신다.

전재산을 바친 과부를 따라가기는 어림도 없지만 하다못해 '다소 힘에 겨운 액수'를 기꺼이 바칠 수 있는 신앙이라도 갖고 싶다.

말라기서를 읽어 보면 나는 곧 학개서가 생각난다. 학개서에는,

이 백성들이 성전을 건축할 때가 아직 되지 않았다고 말하고 있다.
내 성전은 황폐한 채로 있는데 너희는 호화 주택에 살고 있느냐?
내 집이 황폐한데도 너희가 자기 집안 일에만 급급하였기 때문이다.
너희는 산에 올라가서 목재를 가져다가 성전을 건축하라.

이 말씀을 교회당 건축을 결의할 때에 우리의 마음을 파고드는 말씀들이다.

신앙의 독립을 바라고 미국에 건너갔던 이주민들은 자기네 집을 짓기 전에 먼저 교회당부터 지었다고 한다. 우리들의 생활은 자신의

생활을 중심으로 삼느냐 아니면 하나님을 중심으로 삼느냐, 이 문제를 여기서 다시 한 번 생각하게 한다.

  구약이든 신약이든 성경은 자신의 생활 속에서,

  "나라면 어떻게 할까?"

  "나는 어떻게 해야 할까?"

를 물으면서 읽어야 한다고 나는 생각한다. 그렇지 않으면 성경이 진정으로 나에게 부딪쳐 오지 않는다. 즉 성경의 깊이를 제대로 이해할 수 없게 되는 것이다. 참된 빛이 비칠 때 우리들은 어둠 속에서 밝은 빛으로 옮겨지게 된다.

  이 빛을 찾아서 성경을 읽어 주시기 바란다. 구약성경의 첫머리에 하나님은 "빛이 있으라"고 말씀하셨다. 그 말씀이 지닌 무게를 다시금 생각게 한다.

옮긴이 김 유 곤

고려대학교 영문과 졸업
충남대학교 대학원 졸업
서울장로회 신학대학 수료
동양전문대학 교수
우석출판사 편집주간
문학사상사 편집고문 역임
현, 전문 번역문학가로 활동중임(일본어)
번역서:『우찌무라 간조(內村鑑三)전집』전 20권 중 열다섯 권(설우사, 1975-1981) 다카하시 사브로『무교회주의 탐구』(설우사, 1981) 미우라 아야코『보랏빛 사연들』(설우사, 1985) 토마스 아켐피스『그리스도를 본받아』(설우사, 1986) 빌리 그레이엄『행복의 비결』(설우사, 1986) 스즈키 히로유키『사랑이 나를 다시 살게 했습니다』(가야넷, 2001) 호시노 토미히로『극한의 고통이 피워 낸 생명의 꽃』외 번역서 다수

빛과 사랑을 찾아서 - 설우특선⑨

1975년 5월 20일 초판 1쇄 발행
2010년 8월 27일 재판 5쇄 발행

지은이 미우라 아야꼬
옮긴이 김유곤
펴낸이 임만호
펴낸곳 설우사

등 록   제16-13호(1978. 7. 20)
주 소   135-867 서울 강남구 삼성2동 38-13
전 화   02)544-3468~9
FAX   02)511-3920
ⓒ 설우사, 2010

e-mail : holybooks@naver.com

Printed in Korea
ISBN 89-87911-08-x 03830

정 가   10,000원